Simone Weil
シモーヌ・ヴェーユ

L'enracinement
根をもつこと

山崎庸一郎［訳］

春秋社

ニューヨークにおいて、1942年

本書はアルベール・カミュ監修による Simone Weil, *L'enracinement* Gallimard, Collection ESPOIR, 1949 の全訳である。なおこの書物は、『人間の義務に関する宣言のためのプレリュード』(Prélude à une dèclaration des devoirs envers l'être humain)なる副題をもつ。底本としては、一九五二年刊行の第二八版を使用した。

巻頭に収録したT・S・エリオットの序文は、アーサー・ウィルス(Arthur Wills)による英訳、*The Need for Roots* Routledge & Kegan Paul, London, 1952 から訳出したものである。

訳注は、比較的短いものについては〔 〕をもって本文中に挿入し、他は各章末に収録した。本文中で著者が用いた引用文は、訳者の調べえたものにかんして、できるかぎりその出典を明示するように努めた。

英語版のための序文

T・S・エリオット

シモーヌ・ヴェーユの著作といつまでも共にある序文が存在するとすれば、それはただ一つ、『重力と恩寵』に付されたギュスターヴ・ティボン氏の序文のように、彼女を直接に知っていた人によって書かれたものであろう。彼女の作品に接する読者は、気むずかしく激越で、しかも複雑な人格に直面する。したがって、幸運にも彼女とながいこと議論したり文通したりすることのできた人びと、なかんずく、晩年の五年間、特殊な情況のもとにおかれていた時代の彼女を知っていた人びとの口添えは、今後かわることのない価値を持つことになるであろう。私はそういった資格に欠けている。この序文を書くにあたって私がめざしたのは、まず第一に、この著者とこの独自な書物の重要性にかんして、私なりの信念を公表することであり、第二に、読者にたいして、早まった判断やおおまかな分類をしないように警告すること、すなわち、おのれの偏見を抑制すると同時に、シモーヌ・ヴェーユの偏見についても忍耐づよくなるように説得することなのである。ひとたび彼女の著作が世に知られ、受け入れられるようになれば、このような序文は蛇足となるべき性質のものである。

シモーヌ・ヴェーユの著作は、すべて死後に出版された。『重力と恩寵』——これは彼女の厖大なノートからティボン氏が編集した選文集で、フランスで最初に世に出た著作——は、その内容においてまさに感嘆に値する。しかしその形式は、いささかひとの誤解を招く種類のものである。パスカル（この作家について、シモーヌ・ヴェーユはときとして辛辣な語り方をした）との比較が、極端なまでに強調されることにもなりかねない。抜粋の持つ断片的な性格は、深い洞察力と息を呑ませるような独創性とを明るみに引き出す。だが、そのような彼女の独創性が、ときおり現われる霊感の閃きを秘めた精神にすぎないというふうにもほのめかしているのだ。『神を待ちのぞむ』と本書とを読んだ私は、まず著者の人となりを理解するようにこちらから努めるべきであることを知った。そして、彼女の全著作をなんども繰り返して読むことこそ、理解するというこの緩慢なプロセスに必要なことだと悟ったのである。彼女を理解しようとするとき——はじめて読む場合にはほとんど避けがたいことであろうが——どの程度まで、あるいはいかなる点で彼女に共鳴するか、ないしは意見を異にするかを考えて気を散らしてはいけないのだ。われわれはひたすら、ひとりの天才的な女性、その天才が聖者のそれにも似た一女性の人格におのれをさらさなければならない。

おそらく《天才》という言葉は妥当ではあるまい。かつて彼女を相手に、その信仰と懐疑について論じ合った唯ひとりの聖職者は、「彼女の魂は、彼女の天才とは比較にならないほど気高いものだと思う」と述べている。この言葉は、はじめてシモーヌ・ヴェーユに接したわれわれの体験が、賛成とか反対とかいう言辞で表現されるべきでないということを別のかたちで示しているのだ。彼女の見解に全面的に賛成する人、あるいは彼女のいくつかの見解と激しく対立しないですむ人を想像することはできない。しかし同意や拒絶は二義的な問題である。重要なのは、一つの偉大な魂に触れることだ。シモーヌ・ヴェーユは、聖者にもなりえた女性であった。この域に達したある種の人びととおなじく、彼女もまた、われわれ一般の人間以上に、克服しなければならない大きな障害を持っていたし、またそれを乗り越える力にも恵まれていた。聖者たる素質を有する人は、きわめて気むずかしい人物になりかねない。思うに、シモーヌ・ヴェーユは、ときとして我慢のならないような人間になったのではあるまいか。われわれは、あちこちで、ほとんど人間を超えた謙虚さと、ほとんど腹立たしさを感じるほどの尊大さとが対照的に現われるのに接して、つよい衝撃を受ける。さきに述べたフランス人聖職者の文章には、つぎのような意味深長なくだりがある。すなわち彼によれば、「シモーヌ・ヴェーユは、客観的であろうとする高潔な望みを抱いていたが、そういう彼女が議論の最中で譲歩した」という記憶はないという。この評言は、すでに出版された大部分の彼女の作品に、解明の光を投げかけてくれる。私とて、彼女がおのれの論争の手腕に有頂天になってしまい——かかる身勝手は、『田舎の友への手紙』のパスカルも危く陥りかけた悪徳ではないかと私は思っている——論争において、相手を打ち負かす力を誇示することにかまけていたなどと信じているわけではない。むしろ、彼女の思考がすべて、真剣な体験を経たものだったために、どんな意見を放棄するに際しても、彼女の全存在になんらかの修正が要求されたのだと言うべきであろう。この変化は、苦痛なくしては起こりえなかった。言いかえれば、会話のなかで起こりうべくもなかったのだ。さらに——とくに青年たち、なかんずく、シモーヌ・ヴェーユのように諧謔を解する感覚がまったく認められぬような人びとにあっては——自己愛と自己放棄とが、われわれの目から見ると両者をとり違えてしまうほどたがいに似通っていることもありうるのだ。

しかしながら、シモーヌ・ヴェーユの「魂は、彼女の天才とは比較にならないほど気高いものだ」という証言は、もし、それが彼女の知性を軽視しているがごとき印象を与えるとするなら、誤解されたことになる。たしかに、彼女には不公平で奇矯な側面があった。彼女は驚くべき錯誤や誇張の罪をなんどか犯した。しかし、読者に忍耐を強要するかずかずの極端な断定は、彼女の知性にあるなんらかの欠陥に由来するのではなく、あまりに激しいその気性に由来しているのだ。彼女は、知的才能にはこと欠かぬ家系に生まれた。──兄は著名な数学者であり、彼女自身の精神について言えば、それを駆使した魂にふさわしいものであった。だが知性というものは、とりわけシモーヌ・ヴェーユを苦しめたような問題に向けられた場合、遅々とした歩みを続けてはじめて円熟の域に達する。われわれはシモーヌ・ヴェーユが三十三歳〔原文のまま〕にして死んだ事実を忘れてはならない。彼女の社会・政治思想の円熟ぶりは、とくに本書においてきわめて顕著であると思う。しかし彼女は、なにかに向かって成長していく深遠な魂の持ち主だった。したがって彼女の三十三歳のときの哲学を、それより二十歳ないしは三十歳も上の人の哲学であるかのように論評すべきではないのだ。

このような作者の著作においては、最初から逆説にぶつかることを予期しなければならない。シモーヌ・ヴェーユは、最高の度合において、同時に三つの存在であった。すなわち、フランス人、ユダヤ人、そしてキリスト者だったのである。彼女は同胞のために苦しんで死ぬことを厭わず、許されるなら歓んでフランスへ送還されようとした愛国者だった。彼女は一九四三年、ケント州アシユフォードのサナトリウムで息を引きとらねばならなかったが、それも一つには、当時のフランスにおける一般人の公認配給量以上に食物を摂ろうとしない禁欲主義の結果であったと考えられる。また、本書が示すように、当時のフランスの過失と精神的弱点とをはっきり見ていたという意味でも、彼女は愛国者だった。シモーヌ・ヴェーユは、ミサで熱心な祈りを捧げるキリスト者だったが、洗礼を拒絶したし、彼女の書いたものの多くは、怖るべき教会批判となっている。また彼女は熱烈なユダヤ人であり、ドイツにおけるユダヤ人迫害に苦しみ抜いた。しかし一方では、ヘブライの預言者のごとき峻厳さをもって、イスラエルを叱責した。*預言者たちはエルサレムで石を投げつけられたとき〔ヘブライ人への手紙一一・三七〕。いまシモーヌ・ヴェーユは、さまざまな陣営から投石の危険にさらされている。政治思想の面で、右翼および左翼両者にたいし仮借なき批判者の姿をとっているからである。彼女は保守主義者と自称する大部分の人びとよりもはるか誠実に秩序と階級制を愛し、同時に社会主義者と自称する大方の人びとよりもはるか真摯に民衆を愛している。

彼女のローマ教会にたいする態度と、イスラエルにたいする態度とについて、序文の紙面が許す範囲で、ひとことだけ指摘しておきたい。この二つの態度は、単に両立しうるばかりでなく、たがいに密着しており、不可分なものと考えるべきである。じじつ、彼女をきわめて異端的なキリスト者にしたのは、イスラエルの否定であった。旧約聖書のわずかな部分をのぞき（自分の受け入れたもののなかに、カルデアおよびエジプトの影響の痕跡を彼女は認識していた）[1]、他のすべてを拒否することによって、彼女はマルキオン派[2]の異端と酷似したところへ落ち込んでいる。また、イスラエルの聖なる使命を否定することによって、キリスト教教会の根底となるべきものをも拒絶している。まさにここから、彼女にあれほどの精神的苦しみを与えた困難が生まれたのだ。はっきり断言しておくが、彼女の精神構造には、プロテスタントの影響はいっさい見られない。彼女にとって、キリスト教教会とはローマ教会でしかありえなかった。教会にかんして、彼女に見えないものや不思議に沈黙を守っているものがたくさんある。たとえば、聖母マリアのことは少しも考慮していないらしいし、聖人たちについては、聖トマス・アクィナス（おそらく十分に知らなかったからであろうが彼女はこの聖人を嫌っている）や、十字架の聖ヨハネ[3]（霊的方法の深遠な知識のゆえに彼女はこの聖人に敬服している）のような、その著作によって彼女の興味を惹いた人しか相手にしようとしない。

一見したところ、彼女には、ある点で東方の神秘主義を通じてしか信仰生活への道を見出すことのできない現代の知識人たち（多くは、漠然とした寛大なプロテスタント的背景を持っている）と共通したものがある。また、あらゆるギリシア的なるもの（秘教祭儀をも含む）に傾倒する彼女の熱狂は限度を知らなかった。彼女の目には、イスラエルに現われた啓示は存在せず、カルデア人、エジプト人、およびヒンズー教徒に与えられた無数の啓示のみが存在したのである。究極の秘義的真理はただ一つであり、すべての宗教はその真理の影をなんらかの形で示している以上、偉大な宗教のどれに帰依するかはたいした問題ではないとするのが普遍救済論者（ユニヴァーサリスト）たちの主張である。彼女の態度は、この派の人びとの立場に接近する危険があるように見えるかも知れない。しかしシモーヌ・ヴェーユは、救世主の人格に傾倒しつくすことにより——これこそ、嘆賞し感謝すべきことである——この誤謬に陥らずにすんだ。

彼女のユダヤ教、キリスト教批判について、われわれはみずからつぎの三つの問題点を識別し、自己に問わなければならない。すなわち、その批判はどの程度まで正しいのか？　論破されるべき重大な異論がどのくらいあるのか？　さらに、誤謬にかんしては、彼女のすぐれた情熱的人格がまだ未完成だったということを理由に、どの程度まで情状酌量する余地があるのか？　ということである。われわれの分析はさまざまで、おのおの非常に異なるであろう。しかし、われわれは自己に問い、みずからこれらの問題に答えなければならない。

私は、彼女がどれほどすぐれたギリシア学者だったか知らない。また、東地中海の文化史にどれほど通暁していたかも知らない。彼女はサンスクリットで『ウパニシャッド』を読むことができたのだろうか？　かりにできたとしても、きわめて高度に発達した言語であるばかりか、その思考方法の難解さが、ヨーロッパの学習者にとって、勤勉に学べば学ぶほどますます手に負えなくなるといえるものを、彼女がどれくらいうまく使いこなせたかはわからない。とにかく、私は彼女がこの分野で歴史学者としての才能を見せているとは考えない。ギリシアと《東方の知恵》に追従する場合も、ローマとイスラエルを軽蔑するときと同様、私には彼女が故意にやっているように思われる。一方の側では、自分の崇拝できるもののみを見る。他方の側では、十把ひとからげに否認する。彼女はローマ帝国を嫌うがゆえにヴェルギリウスを嫌うのだ。彼女の賞讃は、嫌悪感から発していない場合でも、すくなくとも嫌悪感によって強められていると思われる。（ヨーロッパにおけるローマ人やアメリカにおけるスペイン人のように）地方文明を滅亡させて膨脹する帝国主義的国民の残虐さを憎悪するという点では、彼女に共感をおぼえる人がいるであろう。けれども、ローマ人告発を強化するために、彼女がドルイド教徒[4]たちの文化のために弁じようと企てるとき、この消滅した教団にかんするわれわれの乏しい知識では、彼女の憶説に一つとして根拠を与えることができないような気がする。また、アルビ派[5]の異端弾圧の際におこなわれた残虐行為にたいして彼女がみせる激しい反撥は、われわれもそれに共感することができる。にもかかわらず、プロヴァンス特有の文明がその生産力を枯渇させずにいられたかどうかと考えこんでしまう。さらに、もしイギリス海峡と地中海のあいだに、フランスとして知られている一つの文化ではなく、半ダースもの異なった文化が開花していたとしたら、今日の世界はもっと住みよい場所になっていたと言えるだろうか？　シモーヌ・ヴェーユは、はじめ炯眼(けいがん)をもって論をすすめてゆくのだが、彼女の感情の論理が、意味がなくなるほど広大な一般化へと彼女を連れ去ってしまうのだ。もし事態が別の経過をたどっていたら、現在の世界はどうなっていたかという問題について、われわれは皆目見当がつかない状態にいる以上、ローマの征服による西ヨーロッパのラテン化が、はたして良かったか悪かったかというような質問には答えることができないと抗議してもいいであろう。しかし、このような彼女の空想の飛躍にもかかわらず、《根をおろす》というその基本的観念と、極度に中央集権化した社会の悪にたいする警告とが価値を持たないと考えてはならない。

　この書物は、ロンドンのフランス司令部で働いていたころ、つまりシモーヌ・ヴェーユの生涯のおよそ最後の年あたりに書かれたもので、私の理解するところでは、解放後に実施される政策にかんして彼女が提出した覚え書きから生まれている。したがって、当時の時事問題が彼女の考察の大半を占めている。しかし、大戦中ならびに解放直後、自由フランスが従うべき計画について論じたページもまた、永遠の価値を有するまでにみごとな先見の明と判断力の円熟を示している。思うに本書こそ、すでに出版された彼女の作品のなかでも、彼女がみずから公表を決意したらこうでもあったろうと思われる形式にもっとも近い著作である。

以上私は、彼女の過失と誇張を多少強調しながら、主として、彼女のどの著作においても出会うと思われる、いくつかの思想について論じてきた。私がこの手順を踏んだのは、多くの読者が冒頭から知的には不信感を、感情的には敵愾心を呼び起こしがちななにかの断定にぶつかり、せっかく偉大な魂と天才的頭脳に近づきになったのに、その出会いを活用しなくなる怖れがあると信じたからである。シモーヌ・ヴェーユは、おそらく彼女にこのうえなく敬服し、もっとも高く彼女を評価した友人たちからも忍耐を要求したように、彼女の読者たちからも忍耐を強要するのだ。しかし、好悪の感情の激しさや、さきに実例を挙げた種類の不当なる一般化にもかかわらず、とりわけ本書においては、均衡のとれた判断と、この若さでは驚くほどの極端を避けようとする知恵とが見られる。彼女は、ギュスターヴ・ティボンとの会話を通じて、かの賢明でよく釣り合った精神と接触し、その結果、自分で意識していた以上に益するところがあったのかも知れない。

政治思想家としてであれ、いや、その他いかなる分野の思想家としてであれ、シモーヌ・ヴェーユを分類することはできない。彼女の憐れみの逆説的性格は、平衡を生み出す有力な原因となっている。一方において、彼女は一般大衆、とりわけ抑圧されている人びと――ある人間たちの邪悪と強欲とに抑圧されている人びとや、現代社会の無名の暴力に抑圧されている人びと――のための熱烈な闘士であった。彼女は、都市や農村の人びとと生活を共にするために、ルノー工場で働いたことがあったし、農業労働者として働きもした。ところが、他方では、彼女が《集団》と呼んだもの――近代の全体主義が生んだこの怪物――を激しく厭悪する、生まれながらの隠者であり個人主義者であった。彼女が心をくだいていたのは、人間の魂であった。人間の権利と義務にかんする彼女の研究は、戦争中に精神的興奮剤として使われ、かつ、今日でもなおおこなわれているある種の饒舌の欺瞞性をあばき出す。君主政治の原理を検討している部分も、彼女の明敏さと均衡と良識とをかなり印象的に示す好例であるし、フランス政治史にかんする簡単な考察は、フランス大革命の断罪であると同時に、王政復古の可能性を否定する強力な論証となっている。彼女は、反動思想家とも社会主義者とも分類することはできない。

この書物は、政治家たちがほとんど読むことのない、そしてまた、政治家たちの大部分には理解されることも、その適用法を知られることもないあの序論（プロレゴーメナ）という部門において、政治学に属している。このような書物は、同時代の国政の運営に影響を与えることはない。すでに政界に乗り出して、政治という市場の隠語に引っ込みがつかぬほど縛られている男女にとって、この種の書物が現われるのはつねに遅すぎるのだ。本書は、余暇が失われてしまわぬうちに、思考能力が政界場裡の生活や国会のなかで破壊されぬうちに、青年たちによって研究されるべき書物の一つである。われわれとしては、このような書物の効果が、別の世代の精神的態度に判然と現われるであろうことをねがうほかはない。

一九五一年九月

【原注】

＊ 私は「イスラエル」という言葉を彼女が使ったのとおなじ意味で使った。もちろん、現在ある国家とは無関係である。

【訳注】

（1） シモーヌ・ヴェーユは、旧約聖書を権力の思想としてとらえ、イザヤ書、ヨブ記、ダニエル書、雅歌、詩篇の若干などをのぞいて認めない。そして、これらの諸篇にみられる善と愛の神の思想は、エジプトや、ギリシア人が《カルデアの知恵》と呼んだバビロニアなどの影響によるものと解している。

（2） マルキオン（八五？―一六〇？）は、グノーシス派の影響を受け、教会から分離して禁欲的団体をつくり、徹底したパウロ主義者としてユダヤ教と旧約聖書を否定し、パウロの書簡とルカ福音書のみを正典とした。

（3） 一五四一―一五九一。スペインのカルメル会修道士で、同会の改革に尽した。『カルメル山登攀』『霊魂の暗夜』など、すぐれた神秘文学的著作がある。

（4） 古代ケルト民族の宗教。ガリア、イギリスなどで栄え、霊魂の不滅と輪廻転生を信じ、死の神を世界の主宰者と考えたといわれる。

（5） 十二世紀、南フランスのトゥールーズを中心とするアルビ地方に深く滲透し、大きな政治勢力ともなったカタリ派の一分派。マニ教に似た善悪二元論に立脚し、すべて肉的なものを悪と規定した。教会はこの派を異端として禁圧し、三度にわたるアルビジョワ十字軍をもって武力弾圧をおこない、一二二九年にこれを全滅させた。

目次

根をもつこと

第一部

魂の要求するもの

義務の観念は権利の観念に優先する。権利の観念は義務の観念に従属し、それに依存する。一つの権利はそれ自体として有効なのではなく、その権利と対応する義務によってのみ有効となる。一つの権利が現実に行使されるにいたるのは、その権利を所有する人間によってではなく、その人間にたいしてなんらかの義務を負っていることを認めた他の人間たちによってである。義務は、それが認められたときすぐさま有効となる。だが、一つの義務は、たとえだれからも認められない場合でさえ、なんらその存在の十全性を失うことはない。ところが、だれからも認められない権利は、取るにたりぬものである。

人間は一方において権利を有し、他方において義務を有すると言うことは意味をなさない。この二つの言葉は、観点の相違を表現しているにすぎない。この二つの言葉の関係は、客体と主体との関係である。ひとりの人間は、個人として考えられた場合、自己自身にたいするある種の義務をも含めて、ただ義務のみを有する。これに対して、かかる個人の観点から考えられた他人たちは、ただ権利のみを有する。だが、その個人も、彼にたいして義務を負っていることを認めた他人たちの観点から考えられるとき、こんどは権利を所有することになる。宇宙にたったひとりしかいないと仮定するなら、その人間はいかなる権利も有せず、ただ義務のみを有することとなろう。

権利の観念は、客体的範疇に属するものであるから、外在性と現実性の観念と不可分である。それは、義務が事実の領域にくだってくるとき出現する。したがって、かならず、ある程度まで、事実としての事態と個々の情況にかんする考慮を含むものである。したがって権利は、かならずある種の条件と結びついたかたちで現われる。義務のみが無条件的でありうる。義務はいっさいの条件を超えた領域に位置している。なぜなら、この世を超えたところにあるからである。

一七八九年の人間たちは、かかる領域が実在することを認めなかった。彼らが認めたのは、人間的事象の実在性のみである。このために、彼らは権利の観念から出発した。だが、それと同時に絶対的原理をも措定しようとのぞんだ。この矛盾が彼らを、言語と思想の混乱のなかにおとしいれたのであり、その混乱は、現在における政治的社会的混乱のなかにも多分に尾を引いている。永遠なるもの、普遍的なるもの、無条件的なるものの領域は、事実としての諸条件の領域とは別の領域であり、そこには、人間の魂の深奥にある部分に結びつくさまざまな観念が宿っている。

義務は個々の人間しか拘束しない。したがって、集団としての集団にたいする義務なるものは存在しない。しかしながら、一つの集団を構成し、それに奉仕し、それを指導し、あるいはそれを代表するいっさいの人間にたいしては、集団に関係した生活の部分においても、それから独立した生活の部分においても義務が存在する。

同一の義務がいっさいの人間を拘束している。ただそれらの義務が、情況にしたがってさまざまな行為に関係するにすぎない。なんぴとたるを問わず、いっさいの人間は、いかなる事情においても、この義務から脱れ出るときかならず罪をおかすことになる。ただし、現実に課せられた二つの義務が、実際には両立しえないものであって、その人間がどちらか一方を放棄せざるをえない場合は例外である。

社会秩序の不完全さは、それが内包するこの種の情況の量によって測られる。

しかしながら、右の場合にも、放棄された義務がただ単に事実として放棄されたにとどまらず、さらに否定された場合には罪が生じる。

義務の対象は、人間的事象の領域においては、つねに人間としての人間それ自体である。相手たる人間が一個の人間であるというただ一つの事実によって、いっさいの人間にたいする義務が生じるのだ。他のいかなる条件も介入せしめるべきではないし、相手がいかなる義務も認めない場合でさえ然りである。

かかる義務は、事実としてのいかなる情況にも、法規にも、慣習にも、社会構造にも、力関係にも、過去の遺産にも、歴史の仮定された方向にも依拠しない。なぜなら、いかなる事実としての情況も、義務を生じさせることはないからである。

また、かかる義務はいかなる契約にも依拠しない。なぜなら、いっさいの契約は、契約当事者の意志によって修正可能であるのにくらべて、人間の意志にいかなる変化が生じようと、義務におけるなにものをも修正しえないからである。

かかる義務は永遠のものである。それは人間の永遠の運命に照応するものである。人間存在のみが永遠の運命を有する。人間の諸集団はそれを有しない。したがって、それら集団にたいしては、永遠のものとされるがごとき直接的義務は存在しない。人間としての人間それ自体にたいする義務のみが永遠である。

かかる義務は無条件的である。それがなにものかのうえに基礎づけられているとしても、そのなにものかはこの世のものではない。この世では、義務はなにもののうえにも基礎づけられていない。これこそ、人間的事象にかんするもののうち、いかなる条件にも服さない唯一の義務である。

かかる義務は、この世に基礎を有しないとはいえ、普遍的な意識の同意のなかで確認されている。そして、われわれにまで伝えられた最古の文献のいくつかのなかにも表現されている。また、それが利害や情念によって打ち倒されなかった個々の場合を通じて、万人によって認められている。進歩の度合が測られるのは、かかる義務との関係においてである。

かかる義務の認識は、実定法と名づけられているものを通じて、混乱した不完全なかたちで——とはいえ、場合によって不完全さの度合は異なる——表現されている。実定法が義務と矛盾すればするだけ、まさに正確にそれだけ、その実定法は不当性の刻印を受けるのである。

かかる永遠の義務は人間の永遠の運命に照応するものであるとはいえ、その運命を直接の対象としてはいない。人間の永遠の運命は、いかなる義務の対象となることもない。なぜなら、それは外的行動に従属するものではないからである。

人間が永遠の運命を担っているという事実からは、たった一つの義務しか生じない。それは敬意である。この義務が成就されるのは、敬意が、虚構としてではなく、実際的なかたちで、効果的に表明される場合のみである。だから、敬意は人間の地上的要求を媒介としてしか表明されることはない。

人間の意識は、この点にかんしてけっして変化したことはない。数千年まえ、エジプト人は、一つの魂が死後に義とされうるのは、その魂が、「わたしはなんぴとも飢えの苦しみに放置したことはない」と言うことができる場合のみであると考えた。あらゆるキリスト教徒は、いつの日か、キリスト自身から彼らにむかって、「わたしは飢えていたのに、あなたはわたしに食べものを与えなかった」〔マタイ福音書二五・三五〕と言われる危険にさらされていることを知っている。すべての人間は、進歩というものを、まずもって、人びとが飢えに苦しまない社会状態への移行として想い描いている。もし一般的な表現で、だれかに問うてみるならば、だれひとりとして、ある人間がありあまる食糧を所有しながら、まさに飢えで死のうとしている者が戸口に現われたとき、なにも与えずにやりすごしてしまったとしたら、その人間を無実だとは考えないはずである。

したがって、自分に相手を救ってやる機会がある場合、その人間を飢えの苦しみに放置しないことは、人間にたいする永遠の義務の一つである。この義務はこのうえなく自明のものであるから、すべての人間にたいする永遠的義務のリストを作製するにあたって、範例となるべきものである。そのリストが厳密なかたちで確立されるためには、この最初の実例から類推を通じておこなわれるべきであろう。

したがって、人間にたいする義務のリストは、飢えに類似した、人間の生命的要求のリストに対応するものとなるはずである。

それらの要求のうち、ある種のものは、飢え自体のごとく肉体的なものである。それらを列挙することはさして困難ではない。暴力に対する保護、住居、衣服、暖房、衛生、病気の場合における看護などにかんするものである。

それらの要求のうち、他のものは、肉体的生活とではなく精神的生活と関係をもつ。とはいえ、やはり前者とおなじく地上的なものであって、われわれ人間の知性がうかがい知るかぎりにおいて、人間の永遠の運命と直接の関係を有してはいない。精神的要求は、肉体的要求とおなじように、この世の生活の必要に属しているのだ。すなわち、それらの要求が満たされなければ、人間はしだいに多かれ少なかれ死に類似した状態、多かれ少なかれ純然たる植物的生活に近い状態に転落してしまうのである。

こうした精神的要求は、肉体的要求よりもはるか以上に、認識したり列挙したりすることが困難なものである。しかしながら、それらの要求が存在することは万人が認めている。征服者が屈従を強いられた住民たちに加えうるいっさいの残酷さ、虐殺、傷害、組織化された飢餓、奴隷化、集団的な強制移送などは、自由や祖国が肉体的要求に属していないとはいえ、一般に、すべて同種類の手段と考えられている。だが、身体を侵害せずして人間の生命を侵害する残酷さが存在することも、万人は意識している。それは、人間から魂の生活に必要なある種の糧を奪い取る残酷さである。

無条件的なものであろうと相対的なものであろうと、永遠的なものであろうと変化するものであろうと、直接的なものであろうと間接的なものであろうと、人間的事象にかんするいっさいの義務は、例外なく、人間の生命的要求から生じるものである。特定の人間に直接関係しない義務でさえ、そのすべてが人間にたいして糧に類似した役割をもつ事物を対象としている。

ひとは麦畑にたいして、それ自体のゆえではなく、それが人間にとって糧であるがゆえに敬意を払わなければならない。

同様に、祖国、家族、あるいは、その他なににもよらず、なんらかの集団にたいして敬意を払うべきだとされるのは、それ自体のゆえではなく、それがある数の人間の魂の糧であるからである。

この義務は、実際においては、さまざまな情況にしたがって、さまざまな態度と行為を課してくる。しかしながらそれ自体として考えられた場合、この義務は万人にとって絶対的に同一である。

とりわけ、情況の外側にある人間たちにとっては、絶対的に同一である。

人間の集団にたいして払うべきとされている敬意は、以下の考察によって明らかなように、きわめて高い段階にある。

まず第一に、各集団は独自の存在であって、もしそれが破壊されるなら、他の集団によってかえることはできない。一つの麦の袋は、いつでも他の麦の袋と取りかえることができる。一つの集団がその成員の魂に与える糧は、全宇宙のなかにも等価値のものを見出すことはできない。

第二に、かかる集団はその持続を通じて、すでに未来のなかにはいり込んでいる。したがって、それは現に生きている人間たちの魂にたいしてのみならず、つぎにつづく諸世紀に生を享けるであろうところの、いまだ生まれざる人間たちの魂にたいする糧をも含んでいるのである。

最後に、そのおなじ持続を通じて、かかる集団は過去にその根をおろしている。したがって、死者たちによって蒐められた霊的な富を保存する唯一の機関、死者たちがそれを介して生ける者たちに語りかけることのできる唯一の伝達機関をなしている。この地上において、人間の永遠の運命と直接のつながりを保つことのできる唯一無二のもの、それは、世代から世代へと伝達されるこの運命にかんして、十全なる意識をもつことのできた人びとの輝きである。

以上のような理由によって、危殆に瀕した集団にたいする義務は、全面的な犠牲行為にまでいたることもありうる。しかしながら、だからといって、その集団が人間存在の上位にあるということにはならない。同様に、悲嘆の淵に沈むある個人を救うという義務が、全面的な犠牲行為にまでいたらなければならないということも起こる。だがこのことは、救われる人間の側になんら優越性があることを意味しない。

農民は、ある種の情況において、おのれの畑を耕すために、疲労、病気、ないしは死の危険さえ賭さなければならないことがある。しかし彼は、そのとき問題になっているのはただパンにすぎないということをつねに念頭に置いているのだ。

おなじように、全面的な犠牲行為が要求されるときでさえ、いかなる集団にたいしても、糧にたいして払うべき敬意に類似した敬意以外のものを払うようには求められていない。

きわめてしばしば、かかる役割の逆転が起こる。ある種の集団は、糧として役立つどころか、まったく逆に、魂を啖いつくす。このような場合には、社会的病患があるのだ。したがって、第一の義務は治療を試みることである。場合によっては、外科的手段を援用することが必要となる。

この点にかんしてもまた、集団内部の人間にとっても、集団外部の人間にとっても、義務は同一である。

ある集団が、その成員たちの魂に不十分な糧を与えることも生じる。その場合には、集団を改善しなければならない。

最後に、魂を貪り食うことがないかわりに、それを養いもしない死んだ集団というものも存在する。過渡的な仮死状態にあるのではなく、その集団がまさに死んでいることが完全に明らかであるとき、そういう場合にかぎって、その集団を絶滅しなければならない。

第一におこなうべきは、食糧、睡眠、暖房など肉体的生活の要求に対応する、魂の生活の要求にかんする研究である。それらを列挙し、定義しなければならない。

右の要求を、欲望、気まぐれ、空想、悪徳などと混同視してはならない。かつまた、本質的なものと偶然的なものとを区別しなければならない。人間は、米とかジャガイモとかではなく、糧を必要としている。薪とか石炭とかではなく、暖熱を必要としている。同様に、魂の要求にたいしても、おなじ要求に対応する、さまざま異なりはするが、等価値の充足のあることを確認しなければならない。同時に、魂の糧と、しばらくのあいだ、それに代わりうるような錯覚を与える毒とを区別しなければならない。

以上のような研究が存在しないとき、政府はたとえよき意図を有している場合にも、行き当たりばったりに盲動せざるをえなくなる。

以下、いくつか目安になるものを示しておく。

秩序

魂の第一の要求、その永遠の運命にもっとも密接な関係にある要求は秩序である。すなわち、なんぴとも、ある厳正なる義務を遂行するために他の厳正なる義務を侵害することを迫られないような、社会的諸関係の織り目である。右の侵害を迫られる場合にのみ、魂は外的情況の側から加えられる精神的侵害を受けることになる。なぜなら、ある義務の遂行にあたり、ただ死や苦痛の脅迫によって阻止されるにすぎぬ場合、その人間はその脅迫を無視してすすむことができ、彼の肉体のみが傷つけられるにすぎないからである。しかし、周囲の情況が、いくつかの厳格な義務によって命じられた行為を、事実上、両立不可能におとしいれる場合、その人間は善への愛において傷つけられることになり、その傷を受けないようにすることはできない。

今日、きわめて高い度合において、義務と義務とのあいだの混乱、不両立がみられる。

この義務の不両立を助長するようなかたちで行動する人間は、すべて無秩序の煽動者である。逆に、それを減少させるようなかたちで行動する人間は、すべて秩序の要因となる。問題を単純化するためにある種の義務を否定する人間は、すべて、おのれの心の内部において犯罪と契約を結んだのである。

不幸にして、この義務の不両立を減少せしめる方法はない。また、いっさいの義務が両立しうるような秩序の観念は虚構ではないという確信すらもちえない。義務が事実の次元に降るとき、それぞれ独立したきわめて多くの関係が問題になってくるために、義務の不両立が両立よりはるかに可能性がつよいように思われるのである。

しかしながら、われわれは毎日のように宇宙の実例を目撃している。この宇宙においては、それぞれ独立した無限の機械的働きが、一つの秩序を実現するために協力し、その秩序は、さまざまな変化を立ち超えて不動である。そのゆえにこそ、われわれは世界の美を愛でるのである。なぜなら、その美の背後に、われわれが善への渇望を充足させるために手に入れたいとねがう知恵に類似したあるものの現存を感じ取るからである。

もっと低次の段階に属するが、真の意味で美しい芸術作品は、それぞれ独立した諸要素が、理解を絶した仕方で、唯一無二の美を実現するために協力している統一体の実例を提供している。

最後に、さまざまな義務の感情は、かならず、唯一にして不動なる善への渇望から、すなわち揺籃より墓場まで、万人にとってすぐそれ自体として確認される善への渇望から生じる。この渇望がわれわれの奥底でたえず活動しているために、義務が両立しえないような情況に忍従することはできない。われわれは、あるいは義務が存在することを忘れるために虚言に援けを求め、あるいは義務の存在から脱れようとして盲滅法にもがくのである。

真の芸術作品なり、いやむしろ世界の美なり、あるいはそれ以上にわれわれが渇望している知られざる善の美なりを観照するなら、われわれの第一の目的たるべき人間の秩序をたえず思惟しようとする努力において、励ましが与えられることになる。

暴力の主なる煽動者たちでさえ、機械的かつ盲目なる力が全宇宙をいかに支配しているかを考察して、みずからを鼓舞したのである。

彼らよりもよく世界をみつめ、数かぎりない盲目な諸力が、われわれには理解できぬにせよ、われわれが愛し、美と名づけているあるものによって、いかに制限され、いかに均衡状態をなすように結合され、いかに統一に協力するよう誘われているかを考察するならば、われわれは彼らより大きな勇気を与えられるであろう。

もし、真の人間的秩序への想念をたえず脳裏にとどめ、そのときに直面すれば、全面的な犠牲行為をも厭うべきでない対象としてこの秩序を考えるならば、われわれは、導き手もなく闇のなかを歩みつつ、しかも、おのれがたどろうと欲する方向をたえず想いめぐらす人間の境位に立つことになる。こうした旅人には、大いなる希望がある。

真の人間的秩序は、もろもろの要求の第一に位するものであり、厳密な意味における要求を超えたところにあるとさえ言うことができる。このことに想いいたるためには、他の要求のなんたるかを認識しなければならない。

要求を欲望や気まぐれや悪徳と分かち、糧を珍味や毒と分かつ第一の特徴は、要求がそれに対応する糧と同様に限界を有するということである。吝嗇漢はいくら金貨を所有してもこれでよいということがない。しかしながら、ひとはだれでも、好きなだけパンを与えられた場合、もうけっこうだと言う瞬間がくる。糧は満腹感をもたらす。魂の糧についても同様である。

第二の特徴は、第一の特徴と関連がある。それは要求が対をなす逆の要求によって支配され、均衡状態をつくり出すようなかたちで結合しなければならないということである。人間は糧への要求をもつ。だがまた、食事と食事のあいだの間隔をも要求する。暖房と涼気、休息と鍛練を要求する。魂の要求についても同様である。

中庸といわれるものは、実際には、相反する要求のどちらをも満足させない。中庸は、相反する要求が相互的十全性のなかで充足を見出す真の均衡状態の戯画にすぎない。

―自　由―

人間の魂に欠くべからざる糧は自由である。語の具体的な意味における自由は、選択の可能性に存する。もちろん、ここでいう可能性とは、実際的な可能性である。共同生活があるところではどこでも、共同の利益のために課せられる規律が選択を制限することは避けられない。

しかしながら自由は、その制限の範囲が狭いか広いかにしたがって、大きくなったり小さくなったりするものではない。自由はそれ固有の十全性をもち、その十全性の諸条件は、そんな安易な尺度で測ることはできない。

規律は、十分に合理的かつ単純なものであって、そのようにのぞみ、また中程度の注意力をそなえた人間ならだれでも、それらの規律に対応する利益と、それらの規律を課した事実上の必要とを理解できるといったものでなければならない。また規律は、外国のものとか、敵のものとかみなされない権威、それに服する人間たちのものとして愛される権威から発する規律でなければならない。さらに十分に安定し、十分に数少なく、十分に一般的であって、思考はそれらを決定的なかたちで自己に同化し、なにか決心しようとするたびごとにそれらと衝突することがないといった規律でなければならない。

こんなわけで、善意の人間たちの自由は、事実上は制限を受けるけれども、自己の意識においては完全な自由なのである。なぜなら、規律は彼らの存在自体と一体になってしまうために、禁じられた可能性は彼らの思考に現われず、拒否される必要がないからである。これと同様に、嫌悪すべきもの、ないしは危険なものを食べないという習慣が教育によって植えつけられている場合には、その習慣は、正常な人間であるかぎり、食物の面における自由の制限として感じられない。制限を感じるのは子供だけである。

善意を欠く人間たち、子供から抜け出せない人間たちは、どんな社会状態においてもけっして自由ではない。

選択の可能性が共同の利益を損うまでに広範囲におよぶ場合、人間は自由にたいして歓びを感じない。なぜなら、無責任、幼稚な言動、無関心といった避難場所、つまり、倦怠しか見出すことのできない避難場所に援けを求めるか、さもなければ、他人を侵害するのではないかという危惧によって、ことあるごとに責任の重圧に押しひしがれてしまうか、このどちらかの状態に追い込まれてしまうからである。このような場合、人間は、おのれが自由を所有すると誤認し、しかもその自由を享受していないと感じる結果、ついには、自由は善ではないと考えるにいたるのである。

服従

服従は人間の魂の生命的な要求の一つである。服従はつぎの二種類に分かたれる。すなわち、既成の規律にたいする服従と、首長とみなされた人間への服従である。服従の前提になるのは、受けた個々の命令にたいする同意ではなく、万一の場合には良心の要請に従うという唯一の留保条件のもとに、決定的なかたちで与えられる同意である。懲罰にたいする恐怖、ないしは報酬の誘惑ではなく、この同意こそ、事実上、服従の主要なる原動力をなすものであり、服従には隷属のかけらすらないということが、一般に、とりわけ首長たちによってぜひ認められなければならない。また、命令をくだす人間も、彼らの側において服従しているのだということが認識されなければならない。さらに、階級組織全体は、一つの目的、すなわち最上位にある者から最下位にある者まで、すべての人間によってその価値と偉大さとが感じ取られているがごとき目的をめざしていなければならない。

服従は魂に必要な糧の一つであるから、決定的なかたちでそれを奪われた人間はすべて病者となる。したがって、なんぴとにたいしても責任を有しない最高指導者に統率されるいっさいの集団は、病者の手にゆだねられているのだ。

このゆえに、ひとりの人間が一生を通じて社会組織の頂点に据えられる場合には、イギリス国王の例のように、首長としてではなく象徴としてでなければならない。また同時に、儀礼がその人間の自由を、個々の国民の自由よりもきびしく制限しなければならない。こうすれば、事実上の首長たちは、首長でありながら、自己のうえにある人間をもつことになる。他方、彼ら首長たちは、持続を絶ち切ることなく交代することができるし、このことによって、各自、必要欠くべからざる服従の分け前を受けることができるのである。

人間の集団を拘束と残酷さとによって屈服させる者たちは、配下の人間たちから自由と服従という二つの生命的糧を奪うことになる。なぜなら、それらの集団にとって、自己が服する権威に内的同意を与えることが不可能となるからである。利益の誘惑が主要な原動力となるような事態を助長する者たちは、人間から服従を奪い取ることになる。なぜなら、服従の原理である同意は金で売られるべき性質のものではないからである。

多くの徴候から、現代の人間たちは、ながいあいだ服従に飢えていることがうかがわれる。だがある人間は、彼らに隷従を与えるためにこの事情を利用したのである。

責任

自発性と責任、すなわち有用な存在であり、さらには不可欠な存在であろうとする感情は、人間の魂の生命的要求である。

この点にかんして完全な喪失状態にあるのは、失業者の場合である。よしんばその人間が、衣食住を与えられるというかたちで救済されていても同様である。彼は経済生活においてなにものでもなく、政治生活における彼の役割をなす投票用紙も意味を有しなくなる。

人夫もまた、これとほとんどおなじ状態に置かれている。

右の要求が満たされるためには、自己自身とは直接関係がないが、広い意味では自己とかかわりがあると感じている利害をめぐる問題にかんして、その問題の大小を問わず、しばしば決定をくだしうることが必要である。また、彼がたえず努力を惜しまなくなるような情況が必要である。最後に、彼がくだすべき決定も、与えるべき意見もなんら有しない領域をも含めて、おのれがその一員である集団の事業全体を思惟によってわがものにすることができなければならない。そのためには、彼にその集団の事業を認識させ、彼がそれに関心をもつように要求し、その価値なり、有用性なり、あるいは、もし必要なら、その偉大さが彼に感じ取られるようにし、その事業における彼の役割をはっきりと自覚させることが必要である。

いかなる種類のものたるを問わず、その成員にかかる満足を与えないような集団は、損われてしまう。したがって変貌させられなければならない。

多少とも力づよい個性の持ち主なら、自発性の要求は指揮の要求にまでいたる。地方における充実した集団生活、多くの教育事業、青年運動などが、その能力をもつ者たちに、生涯のある時期、指揮する機会を与えてやらなければならない。

平等

平等は人間の魂の生命的要求の一つである。平等とは、おなじだけの敬意と考慮がいっさいの人間にたいして払われるべきであるという、全般的かつ実効的な公けの確認、制度と慣習とによって実際に示された確認に存する。なぜなら、敬意は人間としての人間自体に払われるべきであって、度合などありうべくもないものだからである。

したがって、人間相互間には不可避的な差異が存在するとはいえ、その差異が敬意の度合における差異を意味してはならない。右の不可避的な差異がかかる意味をもつもののごとく感じられないためには、平等と不平等とのあいだにある種の均衡が必要である。

平等と不平等の一つの組合わせは、可能性の平等によってつくり出される。だれでも自分が果たしうる職務に見合った社会的地位にいたることができるならば、また教育が十分に普及して、なんぴともただその出生の事情によってはいかなる能力も奪われることがなくなるならば、希望はいっさいの子供たちにとっておなじものとなる。そうなれば、おのおのの人間は、若いあいだは自己自身にかんして、のちには子供たちにかんして、だれによらず相手と希望において平等であるということになる。

しかしながら、このような組合わせも、ただそれのみが幅をきかせ、他の諸要素のなかの一要素として作用しない場合には、均衡をつくり出すどころか、大きな危険をはらむにいたる。

まず第一に、低い地位にあり、かつそのことを苦にしている人間にとって、その立場が自己の無能力によって生じたものであり、それが周知の事実だということを知るとき、けっして慰めにはならず、逆に苦しみを倍加させてしまう。それぞれの性格によって、ある者はそのために意気阻喪してしまうし、またある者は犯罪に引き込まれる。

第二に、そのような場合、社会生活のなかに、かならずや、高いほうに吸上げるポンプのようなものができあがる。その結果、下降運動が起こって上昇運動と均衡を保つにいたらない場合には、社会的な病患が生じることになる。作男の倅が将来大臣になることが現実に可能になればなるだけ、まさにそれとおなじ度合において、大臣の息子が将来作男になることも、現実において可能とならなければならない。この後者の可能性の度合は、きわめて危険な度合における社会的強制手段なしには考えられない。

この種の平等は、それだけが無制限におこなわれる場合には、社会生活にたいして、それを崩壊させかねないほどの流動性を与えることになろう。

平等と差別とを組合わせるにあたって、これほど極端ではない手段も存在する。第一の手段は比例である。この比例は平等と不平等の組合わせとして定義される。そして、この宇宙のいたるところで、比例は均衡の唯一の要因となっている。

この比例が社会的均衡に適応される際、おのおのの人間にたいして彼が所有する権力と物質的満足とに見合った任務、および、無能力や過誤を示した場合には、おなじくその権力と物質的満足とに見合った危険が課せられることになる。たとえば無能な雇用主、ないしは労働者にたいして過誤をおかした雇用主は、無能な人夫、ないしは雇用主にたいして過誤をおかした人夫より、おのれの魂と肉体とにおいて、はるかに多く苦しみを受けるべきである。さらにまた、すべての人夫は、このような事情を知らなければならない。かかる処置は、一方においては、危険にたいする一種の合理化を意味し、他方、刑法においては、刑の決定にあたって、社会的序列が加重情状のかたちで、かならず大きな比重を占めるような刑罰の観念を意味する。いわんや、高い公的職務の遂行には、重大な個人的危険を伴うべきであることはいうまでもない。

平等を差別と両立させるもう一つの方法は、できるかぎり、差別からいっさいの量的性格を除去することである。度合の差ではなく、質の差しか存在しないところには、いかなる不平等も存在しない。

金銭をあらゆる行為の唯一の原動力、ないしはほとんど唯一の原動力となし、また金銭をあらゆる事物の唯一の尺度、ないしはほとんど唯一の尺度となすことによって、人間はいたるところに不平等の害毒をまき散らした。なるほどこの不平等は移動する。それはだれにも属さない。なぜなら、金銭は手に入り、そして失われてゆくものだからである。だが、にもかかわらず、不平等は厳然と存在するのだ。

二種類の不平等があり、それに対応する二種類の異なった刺戟剤がある。旧制度のフランスのように、不平等がほとんど不変のものである場合には、上位の人間たちにたいする偶像崇拝——といっても押しかくされた怨恨がそこに混じり合っていないわけではない——と、上位の人間たちの命令にたいする服従とが生じる。これに反し、不平等が不安定で流動的な場合には、上位にあがろうとする欲望が生じる。流動的な不平等は、不変の不平等と同様、平等から遠いものであり、かつ、おなじように不健全なものである。一七八九年の革命は、平等を前面に押し出したものの、実際には、ある形式の不平等を他の形式の不平等と置き換えることを是認したにすぎない。

社会のなかに平等が多くなればなるほど、右の不平等の二形式に結びついた二種の刺戟剤の作用は弱まる。その結果、他の刺戟剤が必要になってくる。

人間のさまざまな身分が、たがいに程度の差として認められず、純粋に質的な差とみなされる度合に応じて、平等もまたそれだけ増大する。鉱夫の職業と大臣の職業とは、詩人の天職と数学者の天職と同じように、まったく別個の二つの天職である。鉱夫の身分に結びついた物質的な苛酷さは、それを耐え忍ぶ人間の名誉に数えられるべきである。

戦時において、軍隊がそれにふさわしい精神を保持しているかぎり、兵士は司令部にいるより砲火のもとにあることに幸福と矜持とを感じる。また将軍は、戦闘の帰趨が自己の判断にゆだねられていることに幸福と矜持とを感じる。そして兵士は将軍を讃えると同時に、将軍は兵士を讃えるのだ。このような均衡が平等をつくり出す。この種の均衡が見出されるとき、もろもろの社会的身分のあいだに平等が存在することになろう。

そのとき、おのおのの社会的身分にたいして、その身分にふさわしいものである尊敬のしるし、虚言ではない尊敬のしるしが示されることになろう。

階級制

階級制は人間の魂の生命的要求の一つである。階級制は、上位の人間たちにたいする、ある種の崇敬、ある種の献身によって成り立つ。ただし、この場合、これら上位の人間たちは、その人間個人としてでも、彼らが行使する権力としてでもなく、ただ象徴として考えられる。上位の人間が象徴しているのは、いっさいの人間を超えたところにある領域、この世においては、おのおのの人間の同胞にたいする義務を通じてしか表現されない領域である。真の階級制は、上位の人間が象徴としてのおのれの機能を自覚し、その機能こそ、下位の人間たちが示す献身の正当なる唯一の目的であると意識することを前提とする。真の階級制が実現されるとき、その結果として、各人は自己が占める位置に精神的な意味で据えられることになる。

名誉

名誉は人間の魂の生命的な要求の一つである。それぞれの人間に人間として払われるべき敬意は、たとえそれが実際に払われたとしても、この要求を満足させるに十分ではない。なぜならば、敬意は万人を通じて同一であり、不変だからである。それにひきかえ、名誉はただ単に人間として考えられた一個の人間のみならず、その人間を取り囲む社会のなかで考えられた人間にも関係する。この名誉の要求が完全に満足されるのは、ある人間を成員とする各集団がその過去のなかに秘蔵している偉大さ、しかも外部から公けに認められている偉大さの伝統の一部を彼に授与するときのみである。

たとえば、職業生活のなかで名誉の要求が満足されるためには、それぞれの職業に対応するそれぞれの集団があり、しかもその集団が、数々の輝かしい偉大さ、ヒロイズム、廉直、寛仁、天才の思い出を真に生き生きとしたかたちで保持する能力を有し、それらの貯えが職業の実践を通じて、各成員にふんだんに与えられなければならない。

いっさいの抑圧は、名誉の要求の涸渇をもたらす。なぜなら抑圧される人びとが所有する偉大さの伝統は、社会的威信なくしては認められないからである。

征服はかならずこのような結果をもたらす。ヴェルサンジェトリックス[1]はローマ人にとって英雄ではなかった。もしイギリス人が十五世紀にフランスを征服していたなら、ジャンヌ・ダルクは、われわれフランス人たちからさえ、大方は忘れ去られてしまっているだろう。現在われわれは、安南人〔旧フランス植民地、現在のヴェトナム地域の人々〕やアラブ人にむかって彼女のことを語りきかせる。ところが彼らは、われわれの国で彼らの英雄や聖人の話がきけないことを知っている。だから、われわれが彼らを押し込めている状態は名誉にたいする侵害である。

社会的抑圧もおなじような結果をもたらす。ギヌメール[2]やメルモーズ[3]の名は、航空界のもつ社会的威信のおかげで公衆の意識のなかに植えつけられた。ところが、いくたりもの鉱夫や漁夫が示した、しばしば信じがたいほどのヒロイズムは、鉱夫や漁夫の世界にほとんど反響を見出さずに終わっている。

名誉喪失の最極端は、ある範疇に属する人間たちにたいしてなされる全面的な敬意の欠如である。フランスにおいては、さまざまなかたちをとるが、売春婦、前科者、警官、移民や植民地原住民などの下級労働者がこれに属する。……かかる範疇は存在してはならない。

犯罪のみが、それを犯した人間を社会的敬意の埒外におくべきであり、刑罰が彼を社会にふたたび組入れるべきである。

刑罰

刑罰は人間の魂の生命的要求の一つである。刑罰には、懲戒的なものと刑法的なものとの二種類がある。前者の種類に属する刑罰は、過失を防止する保障を提供するものであって、過失をなくそうとする戦いは、もし外側からの支えがなければ、過重の負担を人間に強いることになろう。しかしながら、魂にもっとも欠くべからざる刑罰は、犯罪にたいする刑罰である。犯罪をおかすことによって、人間はみずから、おのおの人間を他のもろもろの人間に結びつける永遠の義務の網目のそとに出ることになる。その人間がふたたびこの網目のなかに復帰しうるのは、刑罰によってのみである。この際、当人の側からする同意があるならば、完全なかたちで復帰が許されるが、そうでない場合には、復帰は不完全なかたちにとどまる。飢えに苦しむ人間にたいして敬意を示す唯一の方法は、その人間に食べるものを与えることであるが、それと同様に、法のそとに置かれた人間にたいして敬意を示す唯一の方法は、法が命じる刑罰に服させることによってその人間をふたたび法のなかに復帰させることである。

刑罰への要求は、一般の場合のように、刑法がただ単に恐怖による拘束手段にすぎないようなところでは満足させられない。

この要求が満足させられるためには、なによりもまず、刑法にかんするいっさいのものが、厳粛かつ神聖なる性格を持たなければならない。すなわち、法の尊厳が、法廷、警察、被告、受刑者に伝えられ、さらには、あまり重要でない事件にかんしても、もしその事件が自由の剥奪を招きうる場合には、同様の処置がとられなければならない。また刑罰は名誉とされ、犯罪の屈辱を拭い去るだけでなく、公益にたいする最高度の献身へひとを強制する補助的教育とみなされなければならない。さらに刑の厳しさは、侵害された義務の性質に釣り合ったものであるべきで、けっして社会の安全という利害に釣り合ったものであってはならない。

警察にたいする不信、司法官の軽率さ、懲役制度、前科者の徹底的な身分喪失、十回の軽い窃盗行為にたいして、一回の強姦やある種の殺人にたいしてよりはるかに苛酷な刑を規定し、単なる不運にたいしても刑を規定するといった刑罰の序列、こういったいっさいは、われわれのあいだに、なにによらず刑罰の名に値するものが存在することを妨げている。

過失にたいしても犯罪にたいしても、無罪となる度合は、社会的身分の序列をのぼるにしたがってではなく、それをくだるにしたがって増大すべきである。さもなければ、受刑者に課せられた苦痛は、拘束として、さらには権力の濫用として感じられ、刑罰として成立しなくなる。刑罰が存在しうるのは、課せられた苦痛が、たとえ刑期後の思い出のなかにおいてなりと、ある時期に、正義への感情を伴う場合のみである。音楽家が音によって美への感情をめざめさせるように、刑法制度は苦痛によって、また、やむをえぬ場合には死によって、受刑者の心のなかに正義への感情をめざめさせうるものでなければならない。徒弟がけがをすると、「職がその身に入った」などといわれるが、刑罰もまた、肉体の苦痛を通じて、受刑者の魂に正義を入らしめる手段なのである。

刑罰をまぬがれようとする陰謀が、上層部でおこなわれるのを阻止するにあたって、その最良の方法はなにかという問題は、もっとも解決困難な政治的課題の一つである。この課題の解決は、ひとりないし数人の人間が、かかる陰謀を阻止する任につき、かつ彼らが、みずからそれに加担する誘惑を感じないような位置にあるときにのみ可能となる。

言論の自由

言論の自由と結社の自由とは、一般にひとまとめにして言われる。しかし、それは誤りである。自然的集団化の場合をのぞいて、結社は要求ではなく、実際生活上の便法である。

これに反し、いかなる言論であれ、いっさいの制約や条件を伴わない、全面的で無制限な表現の自由は、知性の側からの絶対的な要求である。したがって、それは魂の要求である。なぜなら、知性が束縛を受けるとき、魂全体が病いにおかされるからである。この要求に対応する満足感の性質と限界とは、その魂の諸能力の構造自体のなかに内包されている。なぜなら、矩形の長さを無限に延長してもその幅は制限されたままにとどまりうるように、一つのものは、制限されると同時に制限されないことが可能だからである。

人間においては、知性は三つの仕方で行使される。まず、技術的問題にたいして働く。すなわち、すでに措定された目的のための方法を探求する。つぎに、ある方向の選択にかんして意志の決定がおこなわれる際、なんらかの手がかりを提供する。最後に、他の諸能力から切り離されて、ひとり純粋に理論的な思弁のなかで働き、その思弁からは、一時的に、いっさいの行動にかんする配慮は除外される。

健康な魂にあっては、知性はかわるがわる、さまざまな度合の自由のもとに、以上の三つの仕方で行使される。第一の機能においては、知性は奉仕者である。第二の機能においては、知性は破壊者である。したがって、完全の域に達していないあらゆる人間にみられるように、つねに悪の側にくみしようとする魂の部分にそれが論拠を提供しはじめた場合には、ただちに沈黙させられなければならない。しかしながら、知性が単独に、切り離されたかたちで働くときには、絶対的な自由が与えられなければならない。さもなければ、人間は本質的なあるものを欠くことになる。

健康な社会にかんしても同様なことが言える。したがって出版の領域においては、絶対的自由の特例が設けられることがのぞましい。ただし、いうまでもなく、出版された著作が、いかなる度合にせよ著者を拘束せず、かつ読者にたいしてはなんらの忠告も含まないようにすべきである。この場合、悪しき立場を擁護するいっさいの論拠が、その完全なかたちにおいて公表されることになろう。それらの論拠が公表されるのはよいことであり、かつ有益なことである。だれでも、その際、おのれがもっとも排斥する論拠にたいして敬意を表してかまわない。だが、その種の著作が目的とするところは、人生の諸問題にたいする著者の立場を決定することにあるのではなく、予備的探究を通じて、各問題に関係する所与の完全かつ正確なリスト作製に貢献するにあるということが周知の事実になるべきである。さらに、この種の著作の出版が、著者にたいして、いかなる種類のいかなる危険をも招かぬよう、法律によって保護すべきである。

これに反し、言論といわれるものに、つまり、実際に生活の指針に影響を与えることを目的とする出版物は、行為を構成するものであるから、いっさいの行為とおなじ制約にしたがわなければならない。言いかえるなら、それらの出版物は、いかなる人間にたいしても、いっさい不当な損害を与えるべきではないし、とりわけ人間にたいする永遠の義務にかんして、それらの義務がひとたび法律によって厳粛に確認された以上は、明白なかたちにもせよ、暗黙のうちにもせよ、それらを否定するような要素を含むべきではない。

行為の埒外にある領域と行為に属する領域——この二つの領域の区別は、法律上の表現で紙上に成文化することは不可能である。しかし、それにもかかわらず、この区別は完全に明瞭である。この二つの領域の分離は、ただそれを達成しようとする意志が十分に強力であるかぎり、実際にはその実現が容易なものなのである。

たとえば、日刊および週刊の出版物は、すべて第二の領域に属することは明らかである。雑誌類も同様である。なぜなら、これらの出版物は、ことごとく、ある種のものの考え方にたいして、一つの光源をなしているからである。かかる機能を放棄した出版物のみが、全面的自由を主張することができる。

文学についてもおなじことが言える。最近、道徳と文学の問題をめぐって論争がもちあがり、才能あるすべての人びとが、職業的連帯意識のゆえに一方の側にくみし、馬鹿者や卑怯者だけが他方の側にくみしたために問題が曖昧になってしまったが、以上の考え方はこの論争に解決をもたらすことができよう。

ところで、それら馬鹿者や卑怯者の立場は、やはり、少なからざる度合において理性にかなったものだったのである。作家は一石二鳥の役割を演じることは許されないようにできている。今日における ほど、作家が良心の指導者としての役割を主張しながら、かつその役割を果たしていない時代はない。じじつ、今次大戦に先立つ数年間、学者たちをのぞいて、だれも作家たちとこの役割を争おうとする者はなかった。この国の道徳生活において、かつて司祭たちが占めていた地位は、物理学者や小説家が占めるようになっていた。このことは、われわれの進歩の価値を測るに足るものである。ところが、だれかが作家たちにたいして彼らの影響の方向について決済を要求すると、彼らは怒って芸術のための芸術という聖なる特権の背後に身をひそめてしまったのである。

たとえば、疑いもなく、ジッドはいつでも、『地の糧』や『法王庁の抜け穴』といった作品が、何百名もの青年たちにおいて、人生にたいする実際的態度に影響をおよぼしていたことを知っていたのだし、彼はそのことを誇りにもしていたのである。だとすれば、このような書物を芸術のための芸術という手の触れられぬ柵のうしろに置く理由も、進行中の汽車からひとを突き落とす青年を投獄する理由も、[4]いっさいないことになる。さらにまた、芸術のための芸術という特権をふりかざして犯罪を弁護することもできるはずである。かつてシュールレアリストたちは、それに遠からざる振舞いをした。あれほど多くの馬鹿者たちが、わが国の敗北における作家の責任にかんして耳にたこができるほど繰り返したことはすべて、不幸にして確かに真実なのである。

もしある作家にして、純粋な知性に与えられるべき全面的自由を利用して、法によって確認された道徳原理に反した著作を出版し、そののち彼が周知の事実として影響の中心になった場合には、その著作が彼の立場を表現したものでないということを公けに認識させる用意があるか否かを問うことは容易である。その用意がない場合には、彼を処罰することは容易である。また嘘をついている場合には、彼の名誉を奪うことは容易である。さらに、ある作家が世論を導く影響力の一員に数えられるようになった瞬間から、無制限の自由を主張することは許されないということが認められねばならない。この際にもまた、法的な定義は不可能である。しかしながら、事実を識別することは、実際には困難ではない。もちろん、法律の条文として表現しうる事象の領域においては、法の主権を制限するなどということは不当である。なぜなら、法の主権は衡平法(エキテ)[5]にもとづく判決を通じてもりっぱに行使されるからである。

さらに、知性にきわめて本質的なものである自由の要求自体も、執拗な教唆、宣伝、影響力などからの保護を必要とする。これらもまた拘束の一形式である。つまり、恐怖とか肉体的苦痛とかいったものはともなわないが、暴力であることにはかわりがない特殊な拘束の一形式である。現代の技術は、これにたいして極度に有効な手段を提供する。このような拘束は、性格として集団的なものであり、人間の魂はその犠牲となっている。

いうまでもなく、国家は、公安というやむをえない必要の場合をのぞき、すすんでこのような拘束を用いるなら犯罪をおかすことになる。むしろ、国家はすすんで、その行使を妨げるべきなのである。たとえば、広告は法律によって厳しい制限を受けるべきであり、その総量はいちじるしく減少させられるべきである。思想の領域に属する論題に触れることは、広告にたいして厳重に禁止されねばならない。

同様に、出版、放送、およびこれに類したいっさいのものにたいしては、抑圧が加えられることがありうる。これらのものによって、公けに認められている道徳原理が侵害されるからだけではなく、口調や考え方の下劣さ、悪しき趣味、卑俗さ、さらには、陰険なかたちで人心を腐敗させてゆく道徳的雰囲気がつくられるからである。かかる抑圧がおこなわれたとしても、言論の自由はいささかなりと損われることはない。たとえば、ある新聞が廃刊をせまられたとしても、その編集者たちは、彼らによしと思われるところで出版をつづける権利を失わないようにすることも、また、これほど重大でない場合には、そのままとどまって別の名称のもとにおなじ新聞を刊行しつづけるようにすることも可能であろう。ただ、その新聞は公けに屈辱の刻印を受けることになり、かさねてそれを受ける危険にさらされるだけである。言論の自由は、ひとりジャーナリストだけが――ただし条件づきで――受けるべきものであって、新聞が受けるべきものではない。なぜなら、ジャーナリストだけが言論を形づくる能力を有するからである。

一般的にいって、表現の自由にかんするいっさいの問題は、この自由が知性の要求であり、知性はひたすら、個人として考えられた人間のうちにのみ宿るということを認めるならば、解決の糸口がひらけてくるであろう。知性の集団的行使なるものは存在しない。したがって、いかなる集団も合法的なかたちで表現の自由を主張することはできない。なぜなら、いかなる集団もなんらそのような要求をいだいてはいないからである。

それどころか、思想の自由を保護するためには、集団が一つの見解を公表するのを法が禁じることこそ必要である。なぜなら、集団が見解を有しはじめるときには、かならずやそれを成員に強制しようとするであろうから。そして、遅かれ早かれ、各個人は、さまざまの重要度を有する多くの問題にかんして、その厳しさには程度があるにせよ、集団のそとに出ないかぎり、集団の見解に反する見解を公表することができなくなるであろう。しかしながら、おのれが属する集団との断絶は、かならずさまざまな苦悩、すくなくとも感情的な苦悩をともなうものである。そして、苦悩の危険や可能性が行動の健全かつ必要な要素とみなされればみなされるだけ、それらの要素は知性の行使において不健全なものとなる。たとえわずかなものであろうと、恐怖はかならず、その人間の勇気の度合に応じて、屈曲なり硬化なりを惹き起こす。そして、知性が組み立てる極度に微妙かつ脆弱な精密機械が狂わせられるためには、それ以上のものを必要としないのである。この点にかんしては、友情さえ大きな危険となる。思惟の表現が、はっきりと、あるいは暗黙裡に、《われわれ》という短い言葉に先立たれるようになるやいなや、知性は敗北する。そして、知性の輝きがかげりをみせるとき、かなり短時間のあいだに善への愛も踏み迷うことになるのである。

直接的かつ実際的な解決策は、政党の廃止である。第三共和制下におこなわれたごとき政党間の抗争は、堪えがたいものである。もちろん、このことから不可避的に生じる帰結としての単一政党は、悪の極限である。したがって、政党を認めない公生活という可能性しか存在しない。今日、このような考え方は、斬新かつ大胆な考え方としてひびくであろう。それならますますよし。なぜなら、いまは新しさが要求されているからである。しかしながら、実際には、このような考え方は単に一七八九年の伝統にほかならない。一七八九年の人間たちの眼には、まさに他の可能性は存在していなかったのである。この半世紀間の公生活のごときは、彼らからみるなら、おぞましい悪夢であったにちがいない。国民の代表がある政党の従順なる成員に堕するまでにその尊厳を放棄することが可能であるなどと、彼らがどうして信じることができたであろうか。

そのうえルソーは、政党間の抗争が自動的に共和制を殺すということをはっきりと証明してくれた。彼はその結果を予言してくれたわけである。いまの時代にこそ、『民約論』を読むように奨励することがのぞましい。じじつ、現在、政党が存在していたところでは、民主主義は滅びてしまった。イギリスの諸政党が、他に比類のない伝統、精神、機能を有していることはだれもが知っている。また、アメリカ合衆国の競合する政治チームが政党をなしていないことは、だれもが知っている。公生活が政党間の抗争によって成り立っているがごとき民主主義は、そのような民主主義の打破を表面上の目的とするような政党の結成を妨げることはできない。もし特別法をつくるなら、民主主義は窒息してしまう。またそれをつくらなければ、民主主義は蛇に魅入られた鳥のように危険な状態となる。

そこで、二種類の集団を区別しなければならない。すなわち、組織とか規律とかがある程度まで許可される利益集団と、それらが厳しく禁止されるべき思想集団とである。現在のごとき情況下では、人びとにたいして、彼らの利益、すなわち、賃金なりこれに類したものを防衛するために集団をつくることを許可し、きわめて狭い範囲内で、しかも公的権力のたえざる監督のもとに、それらの集団の活動を認めることがのぞましい。しかしながら、彼らにたいし、思想に手を出させてはならない。一方、思考活動がおこなわれる集団は、集団であるよりはむしろ、多かれ少なかれ流動的な場（ミリュー）でなければならない。そこにおいてある行動の計画が立てられたとき、それに賛同する人びとでないかぎり、その実行に参画するいわれはないのだ。

たとえば労働運動において、右の区別は収拾のつかない混乱に終止符を打つことができるだろう。戦争に先立つ時代には、三つの指導方針がたえず全労働者を煽動し、迷わせていた。まず第一に、賃金のための闘争。つぎに、かつての古い労働組合主義（サンディカリスト）精神、つまり理想主義的で、多かれ少なかれ絶対自由主義的な精神の、しだいに弱まりつつはあるが、いぜんとして若干の活力を保っている生き残り。最後に、さまざまな政党。だから、ストライキ中にしばしば、苦しみ戦っている労働者たちでさえ、問題は賃金にあるのか、古い労働組合主義精神の突きあげにあるのか、あるいは、ある政党によって推進される政治的戦術にあるのか、まったく理解できなかったはずである。そして、外部からは、もはやそれを理解しうる者はなかったのである。

このような状態はありうべからざる状態である。戦争が勃発したとき、フランスの労働組合は、数百万の加盟者があったにもかかわらず、いや、その加盟者たちのために、死んでいるか、ほとんど死に瀕していたのだ。彼らは、ながい仮死状態のあと、侵略者に対する抵抗を機に生命の萌芽をとりもどした。だからといって、それがながく生命を保つという証拠はない。労働組合は、それぞれ別個に致命的な二つの毒によって殺されるか、殺されかかっていたことはきわめて明瞭である。

労働者が、工場における出来高払いの仕事中に賃金に執心するのと同程度に組合運動においてもそれに執心するならば、労働組合は存続することができない。なぜなら、まず第一にその結果として、金銭への執心から、かならず一種の道徳的な死が生まれるからである。第二に、現在の社会状態のもとでは、労働組合は、国家の経済生活をたえず攪乱する要因となり、かならず最後には、公的生活において服従すべき、強制的な、単一職業別組織に変貌させられるであろう。そのとき、労働組合は死体のごとき状態に陥ることになる。

他方、労働組合が政党とともには生きえないということもまた、おなじように明白である。これには、力学的法則の範疇に属する不可能がある。さらに、類似の理由から、社会党は共産党とともには生きえない。なぜなら後者は、あえていうならば、政党としての性質をはるか高い程度にそなえているからである。

また賃金への執心は、共産主義の勢力を増大させる。なぜなら、金銭の問題は、なるほど、大部分の人間の心をきわめてつよく動かしはするが、それと同時に、すべての人間にたいして、きわめて致命的な倦怠を解き放つ結果になるため、共産主義者の解釈にしたがえば、革命の黙示録的見通しなるものが埋合せとして不可欠になってくるからである。資本家たちがおなじ黙示録的なものの必要を感じないのは、高額の数字が有する詩と魔力とが、金銭に結びついた倦怠を若干弱めてくれるからである。それにひきかえ、金銭がスー単位で数えられる場合、倦怠は純粋な状態にとどまることになる。しかしながら、ファシズムにたいして大小の資本家が示す愛着は、なにはともあれ、彼らもまた倦怠を感じていることを示しているのだ。

ヴィシー政府は、フランスにおいて、労働者のために、強制的な単一職業別組織をつくりあげた。不幸にして、それらの組織には、最近の流行にしたがって、同業組合(コルポラシオン)(6)の名称が与えられた。だがこの名称は、本来、まったく異なった、きわめて美わしいあるものを示しているのだ。しかしながら、それらの死んだ組織は、さいわいなことに、労働組合活動の死んだ部分を引き受けてくれるために存在したのである。したがって、それを廃止することは危険であろう。むしろそれにたいして、賃金なり、いわゆる直接的な権利要求なりのための日常活動を負わせるべきであろう。政党にかんしては、それらすべてが、自由な全般的雰囲気のなかで厳重に禁止されるならば、すくなくとも、その非合法的な存続は困難になると期待すべきであろう。

その場合、労働組合は、もしいまだ真の生命の火花を残しているならば、しだいに労働者の思想の表現に、労働者の名誉の代弁機関にもどりうるであろう。フランスの労働運動は、つねに全世界にたいして責任をもつものとみなされてきたが、その伝統にしたがって、労働者たちは、正義にかんするいっさいの問題に関心をもつようになるだろう。——もちろん、やむをえざる場合には、賃金の問題もこの運動に含まれるが、しかし間隔をおいて、人間を悲惨から救うためにのみ提起されるべきである。

いうまでもなく彼らは、法律によって定められた方法にしたがって、職業別組織に影響をおよぼすようにしなければならない。

おそらく、職業別組織にたいしてはストライキの指令を禁じ、労働組合にたいしてそれを許すならば、それに越したことはない。ただし後者の場合も、いくつかの制限を設け、かかる責任にはそれ相応の危険が伴うようにし、いっさいの強制を禁じ、経済生活の持続を確保するようにしなければならない。

ロックアウトにかんしては、これを全面的に禁止すべきでないとする理由はない。

思想的集団の許可は、つぎの二つの条件にしたがうべきである。その一つは、除名が存在しないということ。成員の徴募は思想的親近性を介して自由におこなわれるが、なんぴとも、成文化された文章のなかに凝縮された主張全体に同意するよう求められてはならない。ただし、ひとたび加盟を許された成員が除名されるのは、名誉にそむく過失、ないしは細胞づくりという違反がおこなわれた場合にかぎられるべきである。後者の違反は不法な組織化を意味するから、よりきびしい懲罰を受けることになる。

その際には、真の意味での公安的措置がとられなければならない。なぜなら、全体主義的国家は全体主義的党派によって樹立され、全体主義的党派は、言論の違反にたいしては除名手段を用いて自己を強化してゆくのであって、このことは経験が証明しているからである。

もう一つの条件は、仮綴じ本、雑誌、タイプ印刷の会報などが発行され、そのなかで一般論的問題が研究されるといったかたちで、実際に思想の交流がおこなわれ、かつ、交流がおこなわれているという明白な証拠が存在しなければならないということである。あまり大きすぎる意見の一致は、その集団を疑わしいものにするであろう。

さらにまた、いっさいの思想的集団は、みずからよしと考えるところにしたがって行動することが許されるべきであろう。ただし法を侵害したり、なんらかの規律によって成員を拘束したりしないことを条件とする。

利益集団にかんしては、その監督は、まずもって一つの区別を伴うものでなければならない。利益という言葉はときには要求を意味し、また、ときにはまったく別のものを意味するからである。貧しい労働者が問題である場合、利益とは、食糧、住居、暖房を指す。雇用主にとっては、利益は別のものを意味する。この言葉が第一の意味に用いられる場合、公的権力の活動は、主として利益の防衛を促進し、支持し、保護することを目的とすべきである。逆の場合には、利益集団の活動は、たえず監督され、制限されなければならないし、必要な場合には、公的権力によって禁圧されなければならない。いうまでもなく、もっとも厳しい制限と苛酷な刑罰とは、本来もっとも効果的なものとされる制限にふさわしいものである。

結社の自由と呼ばれている自由は、現在までのところ、実際には、結社のもつ自由にほかならなかった。ところが、結社は自由である必要はないのだ。それらは道具であって、服従しなければならない。自由は人間にしかふさわしくない。

思想の自由にかんしては、この自由がないなら思想はないと言うとき、大体において真実を語っている。しかしながら、思想がないなら思想もまた自由ではないと言ったほうがより真実である。最近数年間には、多くの思想の自由が存在した。しかし思想は存在しなかった。これはほとんど、肉もないのにそれに振りかける塩を要求する子供の立場である。

安全

安全は魂の本質的要求の一つである。安全とは、魂が不安や恐怖の重圧のもとにないことを意味する。ただし、偶然的な事情が重なった場合のごく稀な短期間にかんしては、このかぎりではない。持続的な魂の状態としての不安や恐怖は、その原因が失業の可能性であろうと、警察の弾圧であろうと、外国人の征服者の存在であろうと、起こりうると予想される侵略であろうと、あるいは、人間の力を超えるように思われる他のもろもろの不幸であろうと、そのすべてはほとんど致命的な毒である。

ローマの主人たちは、玄関のなかの奴隷たちから見えるところに、鞭を掛けておいた。それを見ると、奴隷たちの魂は、隷従に不可欠な半死の状態に陥ることを知っていたからである。他方、エジプト人にしたがえば、義人は、その死後、「私はなんぴとにも恐怖を与えなかった」と言うことができなければならぬとされていた。

恒常的な恐怖が単なる潜在状態をなし、苦悩として自覚されることがきわめて稀な場合でさえ、その恐怖はつねに一つの病いとなる。それは魂の半麻痺状態である。

危険

危険（リスク）は魂の本質的要求の一つである。危険の欠如は、一種の倦怠を生み出し、その倦怠は、恐怖とは別様なかたちではあるが、ほとんどおなじ程度に人間を麻痺させる。しかもはっきりとした危険を感じさせず、次第に蔓延する不安を暗示しながら、同時に二つの病いを伝染させる情況というものもあるのだ。

危険とは、熟慮された反応を惹き起こす程度の危険を指す。すなわち、魂の有するもろもろの手段を凌駕し、魂を恐怖のもとに押しつぶしてしまうほどのものではない。ある場合には、賭の余地を含んでいる。また別の場合、すなわち明確な義務がひとにそれと対決することを迫るときには、最高度の刺戟剤となる。

不安や恐怖から人間を保護すべきであるとしても、このことは危険の絶滅を意味しない。それどころか、社会生活の諸局面に、ある量の危険がたえず存在することを意味するのである。なぜなら危険の欠如は勇気を弱め、万一の場合に、いささかも恐怖に対して内面から自己を守ることがないような状態に魂を追い込むからである。ただ、運命の感情に変貌してしまわないような条件のもとに危険が現われるようにしなければならない。

―私有財産―

私有財産は魂の生命的な要求の一つである。もし、いわば四肢の延長としておのれのために存在する事物に囲まれていないならば、魂は孤立し、失われてしまうであろう。人間はだれでも、労働なり、娯楽なり、あるいは生活上の必要のために、ながいあいだやすみなく使用してきたいっさいのものを、観念のうえで自分のものだとしてしまう傾向を抜きがたくもっている。たとえば庭師は、しばらくたつと、その庭を彼のものだと感じはじめる。しかしながら、自分のものだとするこの感情が法的所有権と一致しないとき、人間はたえず、きわめて痛ましい剥奪の意識にさらされることになる。

私有財産が要求として認められるということは、あらゆる人間にとって、日常の消費物資以外のものを所有する可能性を意味する。この要求の形式は、それぞれの事情によっていちじるしく異なる。しかしながら、大部分の人間が、その住居と周囲の若干の土地、および技術的な困難のない場合には、労働用具の所有者であることがのぞましい。土地と家畜とは、農民の労働用具のなかに含まれる。

管理人の命令のもとに、土地が農業労働者や農場の使用人たちによって耕され、かつその収益を手に入れる都市生活者によって所有されるとき、私有財産の原則は侵害を受ける。なぜなら、その土地と関係をもつ人間たちのうち、なんらかのかたちで、それにたいして無縁であってよい人間など存在しないからである。その土地は、小麦という観点からではなく、それが所有の要求に与える満足という観点から無駄にされているのだ。

右の場合と、家族いっしょに自分の所有地を耕す農民の場合とは両極をなすが、この両者のあいだに多くの場合が介在し、そのいずれにおいても、程度の差こそあれ、人間の所有化の要求は無視されている。

共有財産

共有の富への参与、ただし、物質的享有にではなく所有の感情にもとづく参与は、私有財産への要求におとらず重要な要求である。ここで問題なのは、法的規定よりも精神の状態である。真の意味での公民生活がおこなわれているところでは、各人はそれぞれ、公共の建物、公園、祭典において繰りひろげられる絢爛豪華の所有者であると感じているし、ほとんどすべての人間が欲する奢侈(しゃし)は、このようなかたちで、もっとも貧しい者たちにも与えられている。しかしながら、この満足感を与える義務を有するのはひとり国家のみではない。あらゆる種類の集団もまたそうである。

近代的な大工場は、所有の要求にかんする面で、大きな無駄をおこなっている。労働者も、重役会に雇われている監督も、工場を見たことのない重役たちも、工場の存在さえ知らない株主たちも、工場のうちにこの要求にたいする最低限の満足さえ見出すことができずにいるからだ。

交換と取得の形態は、それが物質的精神的糧の浪費を招くにいたるとき、変革されねばならない。所有と金銭とのあいだには、なんら本来的な関係は存在しない。今日成立している関係は、ただ単に、いっさいの可能的原動力を金銭に集中させた体制がしからしめたところにすぎない。この体制は不健全なものであるから、今日とは逆の方向にむかって分離がおこなわれねばならない。

所有にとって、真の基準は、その所有が現実のものであればあるほど合法的なものだということである。もっと正確にいうなら、所有にかんする法律は、万人のうちに共通に宿る所有への要求を満足させるために、この世の富のなかに含まれる可能性から利益を引き出しうるものであればあるほど、よいものだということになる。

したがって、取得と所有の現在的形態は、所有の原則の名において変革されねばならない。私有であろうと共有であろうと、いかなる人間の所有への要求も満足しえぬ所有形態は、その種類のいかんを問わず、無効とみなされて然るべきである。

とはいっても、所有は国家に移譲されねばならぬという意味ではない。むしろ、それより真の所有をつくり出すよう努力しなければならない。

真実

真実への要求は、他のいかなる要求にもまして神聖なものである。しかしながら、いままでこのことははっきり言明されなかった。もっとも著名な著述家の書物のなかにまで、破廉恥にも、どれほど多くの、またどれほど途方もない俗悪な虚偽がひけらかされているかをひとたび理解すると、ひとは読むことに恐怖をおぼえる。そうなると、書物を繙くことは、まるでいかがわしい井戸の水を飲むようなものになる。

日に八時間働き、夜は夜で、知識をひろめるために大いに読書に励んでいる人びとがいる。彼らは大図書館のなかで真偽の検証に没頭することはできない。だから、書物を字義通りに信じ込む。彼らに偽りのものを食べさせる権利はだれにもない。著述家たちは誠意ある人間であるとして、彼らを弁護することにいかなる意味があるというのか？　彼らは、肉体的に日に八時間働いてはいない。彼らが時間をもてるように、誤謬を避ける努力をおこなえるように、社会は彼らを養っている。脱線事故を起こした転轍手(てんてつしゅ)は、たとえ自分が誠意ある人間であると申し立てたとしても、暖い眼で迎えられることはないであろう。

ましてや、ときに真実を故意に歪曲することに同意しないなら、いかなる寄稿家もその職にとどまることができないということが周知の事実であるのに、そのような新聞の存在を黙認するなどということはまさに恥辱である。

大衆は新聞に不信をいだいている。ところが、その不信によって大衆が保護されるわけではない。新聞が真実と虚言との双方を含んでいることを大ざっぱには知っているために、彼ら大衆は、報道されたニュースを、この二つの項目のどちらかに分類する。しかし、それもいい加減だし、自分の好みに左右されてしまう。かくして彼らは誤謬に陥ってしまうのである。

虚言の組織化と混同視されるようになるとき、ジャーナリズムは犯罪を構成する。このことはだれもが知っている。しかしながら、ひとはそれが罰しえない犯罪であると信じている。一つの活動がひとたび有罪であると認められたというのに、なにゆえそれを罰することができないのか？　罰しえない犯罪というこの奇妙なる観念はどこから生じるのか？　これこそ法の精神のもっとも醜怪なる変形である。

いまこそ、識別しうるいっさいの犯罪は罰しうるものであり、その機会に際しては、いっさいの犯罪を罰することを決意するむね、はっきりと言明すべきときではあるまいか？

公衆衛生にかんする簡単な若干の措置が、真実に対する侵害から民衆を保護するであろう。

その第一の措置は、真実の保護のための特別法廷の設定である。この法廷は、高い権威を与えられ、特別に選定され教育された司法官によって構成されなければならない。これらの法廷は、公けの弾劾にもとづき、いっさいの回避さるべき過誤を罰するように求められ、禁錮刑を宣告しうると同時に、たび重なる累犯によって悪意が証明され、情状が加重されるべき場合には、懲役刑をも宣告することができなければならない。

たとえば古代ギリシアのある讃美者が、マリタンの最近のある著作のなかに、「古代最大の思想家たちも、奴隷制を弾劾しようとは考えもしなかった」という文章を読んで、右の裁判所の一つにマリタンを告訴したとしてみよう。この讃美者は法廷に、奴隷制にかんしてわれわれに伝わる唯一の重要な行文、すなわち、アリストテレスの行文を提出するだろう。そして、つぎのごとき文章を裁判官に読ませるだろう。いわく、「ある人びとは、奴隷制が自然と理性とに絶対に背馳したものであると主張している。[7]」ついで彼は、このある人びとが、古代最大の思想家たちの数に入っていなかったという想定を許すものはなにもないと指摘するだろう。法廷は、誤謬を避けることがきわめて容易であったにもかかわらず、無意識にもせよ、一文明全体に対する耐えがたい中傷を構成するがごとき虚偽の断定を印刷に付したとして、マリタンを譴責するだろう。そして、いっさいの日刊紙、週刊誌その他、および、いっさいの雑誌、放送は、法廷の譴責、ならびに、必要な場合にはマリタンの回答を公衆に知らせる義務を負うことになる。ただしこのような明確な場合には、回答を得ることは困難であろう。

「グランゴワール」誌[8]は、パリのある大会で演説するように予告されていたスペインのアナーキストが実際におこなったと称して、ある演説を詳細にわたって公表した。ところが、実際には、最後のときになって、彼はスペインを離れることができなかったのである。この際、かかる裁判所の存在は無用のものではなかったであろう。このような場合、悪意は二プラス二が四であるより明瞭である以上、禁錮か懲役をもってしてもおそらく厳しすぎるということはなかったであろう。

この制度が確立されれば、いかなる人間にたいしても、印刷物やラジオ放送なりのなかに当然避けられるべき誤謬を認めた場合、それを右の裁判所に告発することが可能になるであろう。

第二の措置は、ラジオや日刊紙によるあらゆる種類のあらゆる宣伝を絶対的に禁止することである。この二つの手段にたいしては、無傾向の報道に奉仕することしか許されるべきではない。

上述の裁判所は、報道が傾向的にならないように監督する。

また、報道機関にたいして、おなじ裁判所は、誤った断定ばかりでなく、故意にもとづく傾向的な黙殺をも裁くことができなければならない。

思想の流通がおこなわれる世界、かつ、その思想を広めることをのぞんでいる世界は、週刊、半月刊、月刊の機関誌にのみ権利を有することになる。人間にものを考えるように求め、人間が白痴化することをのぞまないなら、これ以下の間隔はまったく必要とされない。

用いられる説得方法の妥当性は、おなじ裁判所の監督によって保証され、あまりにもしばしば真実が改変される場合には、その機関誌は裁判所によって発行停止を命じられる。ただしその編集者は、他の名称のもとにそれを再発行することが許される。

あらゆる場合に、公共の自由に対していささかの侵害もおこなわれてはならない。つねに人間の魂のもっとも神聖なる要求、すなわち、示唆行為と誤謬とから保護されたいという要求が満足されていなければならないのである。

しかしながら、裁判官たちの公正さはだれが保障してくれるのか？　という反論も出るはずである。彼らが完全な独立を保持するということはもちろんだが、それ以外に唯一の保障と目されるべきは、彼らが各種の社会的環境からの出身者で構成され、広く、明るく、正確な知性を生まれながらにそなえ、法律的教育ではなく、まず第一に精神的教育、ついで知性の教育がおこなわれる学校で養成されるということである。彼らはそこにおいて、真実を愛するという習慣を身につけなければならない。

この目的のために真実を愛する人たちを見出すことができないなら、一国民における真実への要求を満足させうるいかなる可能性もないことになる。

【訳注】

（1）前四六年没。ガリアのアルヴェルニ族の族長。カエサルに反抗し、ときに勝利を得たが、アレシアで包囲されて降伏。ローマでながく投獄されたのち処刑された。

（2）一八九四―一九一七。フランスの軍人、第一次大戦で多数の敵機を撃墜し、その沈着と勇気によって伝説的英雄となった。

（3）一九〇一―一九三六。サン＝テグジュペリ、ギヨメなどとともに、フランス―南米航空路の開拓に功績があった。南太西洋上で消息を絶つ。

（4）『法王庁の抜け穴』の主人公ラフカディオは、無動機の行為を証明するために列車から乗客を突き落とす。のち、別人が容疑者として逮捕されるにおよび、良心の苛責を受け、自首を考えるにいたる。ただし、この小説では、実際に自首して刑に服するところまでは描かれていない。解釈によっては、ジッドはラフカディオが自首するか否かの問題を未解決に残したとも考えられる。

（5）実定法に対して、その欠陥と厳格さとを補うために、道徳律にしたがって補正することを目的とする。
（6）一九四一年十月、《労働憲章》の発布によって、公務員をのぞく全労働組合の再編成が計画された。この計画は一部しか実現されなかった。なお、ファシスト政権下の《corporation》は、一般に「職能団体」と訳されるが、ここではヴェーユが名称のみ伝統的なものが用いられたと述べているので、あえてギルドの訳語である「同業組合」を用いた。
（7）アリストテレスには、この通りの文章はない。しかし、『政治学』第一巻、五章および六章に、おなじ趣旨の主張がみられる。
（8）一九二八年、ジョゼフ・ケッセルらによって創刊された週刊誌。政治的には右翼で、好ましからざる傾向を見せた。一九四四年まで、占領時代も南仏で発行されていた。

第二部　根こぎ

根づくということは、おそらく人間の魂のもっとも重要な要求であると同時に、もっとも無視されている要求である。これはまた、定義することがもっとも困難な要求の一つである。人間は、過去のある種の富や未来への予感を生き生きと保持している集団の存在に、現実的に、積極的に、かつ自然なかたちで参加することを通じて根をおろすのである。自然なかたちの参加とは、場所、出生、職業、境遇によって、自動的におこなわれた参加をさす。人間はだれでも、いくつもの根をおろす要求をいだいている。つまり、道徳的、知的、霊的生活のほとんどすべてを、彼が自然なかたちで参加している環境を介して受け取ろうとする要求をいだいているのである。

各種の環境相互間における影響の交換は、自然的な境遇のなかに根をおろすことにおとらず、必要不可欠である。しかしながら、ある特定の環境は、外部からの影響を、持寄り財産としてではなく、自己本来の生命をより強力なものにする刺戟剤として受け入れなければならない。したがってその環境は、外部から持ち込まれたものを、消化したのちみずからの糧とすべきであるし、かつその成員たる各個人は、それを自己の環境を介して受け入れなければならない。真に価値ある画家が美術館にゆくとき、彼の独創性はそれによって強固なものとなる。地球上のさまざまな住民、各種の社会環境にかんしてもおなじことが言えるはずである。

軍事的征服がおこなわれるたびごとに、根こぎの現象がみられる。この意味で、征服はほとんどつねに悪である。征服者が移住者たちであり、征服した国に定着してその住民に混じ、みずから根をおろすときには、根こぎは最小限にとどめられる。ギリシアにおけるヘラス人[1]、ガリアにおけるケルト人、スペインにおけるモール人などの場合がそれである。しかしながら、征服者がみずから所有者となった領土にたいして外国人としてとどまるとき、根こぎは、征服された住民たちにとって、ほとんど致命的な病いとなる。ドイツによって占領されたヨーロッパや、ニジェール河彎曲部地方[2]におけるように、強制的な集団移住がおこなわれた場合や、(ゴーギャンやアラン・ジェルボー[3]の言葉を信じるべきなら)オセアニアのフランス領におけるように、いっさいの地方的伝統が乱暴に禁圧された場合には、根こぎの度合はもっとも悲痛なものとなる。

たとえ軍事的な征服がおこなわれなくても、金銭の力や経済的な支配は、根こぎの病いを惹き起こしうるほどの外国の影響力を強制することができる。

最後に、おなじ一国内部における社会関係が、根こぎのきわめて危険な要因となる場合もある。今日、わが国の諸地方においては、征服を別にしても、二つの毒が存在して、この病いをひろめている。その一つは、金銭である。金銭は、その侵入するところ、いっさいの原動力を駆逐して金儲けの欲望をのさばらせ、もろもろの根を破壊する。この欲望は、いとも容易に他のすべての原動力を打ち負かしてしまう。なぜならそれは、他の原動力にくらべて、きわめて小さな注意力しか要求しないからである。数字より明瞭かつ単純なものは存在しない。

労働者の根こぎ

一生涯、完全に金銭にしばられている社会階級がある。それは賃金労働者である。とりわけ、出来高払いの賃金が、労働者めいめいにたいして、注意力をつねに金銭勘定に集中させるようになってから以後の彼らである。根こぎの病いがもっとも悲痛なものになるのは、この階級においてである。わが国の労働者は、なんといってもフォード氏の労働者のように移民ではない、とベルナノスは書いた。しかし現代の主要なる社会的難題は、ある意味において、わが国の労働者も移民になったという事実に由来する。地理的にはおなじ場所にとどまっているとはいえ、彼らは精神的に根こぎにされ、追放され、その後あらためて、いわばお情けで、働く肉体という資格で容認されているのである。いうまでもなく、失業は根こぎの二乗である。彼ら労働者は、工場のなかにも、住居のなかにも、彼らのためのものと称されている党や労働組合のなかにも、娯楽の場所にも、その場を得ていない。また、たとえ彼らがそれを吸収しようと努めても、知的文化のなかにもその場を得ていない。

なぜなら、根こぎの第二の要因は、今日理解されているようなかたちでの教育にあるからである。ルネサンスは、いたるところで、文化人と一般大衆とのあいだに断絶をもたらした。しかし、国民的伝統から文化を切り離すにあたって、すくなくともその文化をギリシア的知恵の伝統に浸すことだけは怠らなかった。それ以後、国民的諸伝統との絆は回復されなかった。あまつさえ、ギリシアも忘れ去られてしまった。この結果、世界から隔離されたきわめて狭い社会のなかで、閉じこもった雰囲気のうちに、一つの文化が発達することになった。それは、いちじるしく技術の方向をめざし、技術によって影響を受け、きわめてプラグマティズムの色彩が濃く、専門化によって極度に細分され、此岸の世界との接触も、彼岸の世界へ通じる道もまったく有しないといった文化だった。

現在では、教養ある社会と称されるものに属する人間でありながら、一方では、人間の運命にかんしてなんらの観念もいだかずに済ませられるし、また他方では、たとえば、すべての星座がいつの季節にも見えるわけではないということを知らずにいられるのである。今日、小学校に通っている農民の子供は、ピュタゴラス以上にそれについて知っていると一般には信じられている。子供が従順に、地球は太陽のまわりを廻っていると受け売りするからである。ところが、実際には、子供はもはや星を見てはいないのである。教室で教えられる太陽は、子供にとって、彼が見る太陽となんらの関係も有しない。ひとは子供を、彼を取り囲んでいる世界から引き離してしまう。ちょうど、ポリネシアの子供たちに、「わが祖先なるガリア人は金髪だった」とむりやりに復唱させて、彼らをその過去から引き離すのとおなじように。

今日、大衆教育と称されるものは、このように閉ざされ、堕落し、真理に無関心な環境のなかでつくりあげられた、以上のごとき近代文化を採用することであり、まだかろうじて、そのなかに残っている純金のいっさいを排除してゆくこと（これが大衆化と称されている作業なのだ）であり、まるで鳥たちに餌をちびちび啄ませるように、勉学意欲に燃えている不幸な人びとの記憶のなかに、残り滓をそのままのかたちでのみ込ませることなのである。

あまつさえ、勉学のために勉学しようという意欲、真理への意欲はきわめて稀なものになってしまった。著名な学者や作家たちにおもねる社交界の人士においても、息子が教師になることを夢みる農民や、息子が高等師範学校に入ることを夢みる教師においても、文化の威信は、ほとんどひたすら社会的なものになってしまっている。

試験は、学校に通う青年たちのうえに、賃金が出来高払いの仕事に従事する労働者のうえにおよぼすのとおなじ呪縛力をおよぼしている。畑を耕す農民にして、自分が農民であるのは教師になるだけの知力がなかったからだと考えるようになるならば、その社会体制は深く病いにおかされているのである。

マルクシズムの名で知られている、漠然とした、多かれ少なかれ虚偽である思想の混合物、マルクス以後、ほとんど凡庸なブルジョワ知識人のみが参画したかの混合物もまた、労働者にとっては、まったく異質の、自己に同化しえぬ、また、それ自体として糧となる価値を有しない持寄り財産にほかならない。なぜなら、人びとはマルクシズムから、マルクスの著作に含まれているほとんどいっさいの真理を奪い去ってしまったからである。あまつさえ、ときには、かかるマルクシズムに、もっと低級な理論的大衆化がつけ加えられた。こうしていっさいは、労働者の根こぎをその極限にまでもってゆくことになるのである。

根こぎは、人間社会のずばぬけてもっとも危険な病患である。なぜなら、根こぎは増殖してゆくからである。完全に根こぎにされた人間には、ほとんどつぎのどちらかの態度しか許されない。すなわち、古代ローマ時代の奴隷たちの大部分とおなじように、死にほとんど等しい魂の無気力状態に陥るか、さもなければ、まだ根こぎにされていない者たち、ないしは、部分的にしか根こぎにされていない者たちを、しばしばこのうえなく暴力的な手段によって、根こぎにすることをめざす活動に飛び込むか、である。

ローマ人は一握りの亡命者にすぎず、それが人為的に寄り集まって都市をなしたのである。彼らは地中海地域の諸住民から、その固有の生活、祖国、伝統、過去を奪い去ったが、それがあまりにも徹底的だったので、後世は彼ら自身の言葉を信じてローマ人をこの地域における文明の創始者とみなしてしまったのである。ヘブライ人は脱走した奴隷だった。彼らはパレスティナ地方の全住民を駆逐するか、隷属状態に陥れるかしてしまった。ドイツ人は、ヒトラーが彼らを掌握した当時、彼自身がたえず繰り返し言っていたように、完全なるプロレタリアートの国家、すなわち根こぎにされた者たちの国家だった。一九一八年の屈辱、インフレ、極端な工業化、なかんずく、このうえなく深刻な失業の危機が、極度に悪化した道徳的病患を彼らのうちにもたらし、その結果、無責任が生じてきたのである。スペイン人やイギリス人は、十六世紀以降、有色人種を虐殺したり奴隷化したりしてきたが、彼らのほとんどは、母国の深い生命とは接触をもたない冒険家たちだった。フランス植民地の一部にかんしてもおなじことがいえる。とにかくそれらの地域は、フランスの伝統の生命力が弱まった時代につくられたものである。根こぎにされたものは他を根こぎにする。根をおろしているものは、他を根こぎにすることはない。

革命というおなじ美名のかげに、しばしば類似の合言葉や宣伝文句のかげに、完全に対立する二つの考え方がかくされている。その一つは、労働者が社会に根をおろすことができるようなかたちで社会を変革することである。もう一つは、労働者がすでに蒙っている根こぎの病いを社会全体に押しひろげることである。第二の行動が第一の行動の序曲になりうるなどと言ったり、あるいは考えたりしてはならない。それは偽りである。この二つの行動は、たがいに逆の方向をめざし、けっして結合することはない。

第二の考え方は、今日、活動家たちのあいだにも、また労働者の集団のなかにも、第一の考え方よりもはるかに多く認められる。いうまでもなく、根こぎの状態が長引き、荒廃の度をつよめてゆくにしたがって、しだいに第二の考え方は第一の考え方を押し流すようになる。だから、いつか病いは不治のものとなるはずであり、このことを理解するのは容易である。

保守主義者たちの側にも、おなじような曖昧さが見られる。彼らのなかには、少数だが、労働者をふたたび根づかせることを真剣にねがっている者がいる。ただ、彼らのねがいに結びついている表象の大部分は、未来につながるものであるどころか、過去から、しかもその一部が虚構であるような過去から借用されたものなのである。その他の者たちは、単純直截に、プロレタリアートが陥っている人間の物質的条件を維持するか、あるいは悪化させることをねがっている。

こんなわけで、真剣に善をねがっている人びとはすでにごく少数なのに、その彼らが、なんら共通のものをもたぬ二つの敵対する陣営に分裂することによって、ますますその勢力を弱めているのである。

フランスの突然の崩壊は、いたるところで人びとの驚きとなったが、崩壊はただ単に、この国がどれほど根こぎにされていたかを示したにすぎない。根がほとんど完全に蝕まれてしまった樹木は、最初の打撃で倒れてしまう。フランスがヨーロッパの他のいかなる国よりも見るに耐えない光景を現出せしめたのは、近代文明が、その毒ともども、ドイツをのぞいてはどこよりも深く、この国に食い入っていたからである。ただし、ドイツにおいては根こぎが攻撃的な形態を取ったのに、フランスにおいては仮死状態と茫然自失の形態を取った。この差異は、多かれ少なかれ隠された原因にもとづくものであるが、探そうとするならば、その原因のいくつかは発見できるはずである。これとは逆に、ドイツの恐怖の最初の波を受けながら、はるかによく持ちこたえた国は、伝統がもっとも生命力をもち、もっともよく保持されている国、つまりイギリスである。

フランスにおいては、プロレタリア階級の根こぎは、労働者の大部分を無気力な自失状態に陥れ、残余を社会にたいする闘争的態度のなかに投げ入れた。労働者世界の根を乱暴に断ち切ったかのおなじ金銭は、ブルジョワ世界の根をも蝕んでしまった。なぜなら、富は祖国をもたぬものだからである。ブルジョワジーにおける国家への愛着は、脆弱ながら無疵のまま残されていたが、とりわけ一九三六年以後、労働者にたいする恐怖と憎悪によってすっかり乗り超えられてしまった。農民もまた、一九一四年の大戦以降、ほとんど根こぎにされてしまい、彼らが演じた肉弾としての役割、彼らの生活においてますます大きな場所を占めるようになってきた金銭、および都市の腐敗とのあまりにも頻繁な接触などによって、その精神の質を失ってしまった。知性にかんしては、ほとんどその火は消えてしまった。

国中にひろがったこの病患は、一種の惰眠のかたちを取ったため、内戦が起こらずにすんだ。フランスは、その惰眠をさまたげる危険のある戦争を憎んでいた。そして一九四〇年五月および六月、猛烈な攻撃を受けて半死半生になり、まやかしの安全のなかで眠りつづけるためにペタンの腕のなかに飛び込んでしまったのである。それ以後、敵の圧迫のもとに、その惰眠は痛ましい悪夢に変わり、いまやフランスは寝返りをうちながら、自分をめざめさせてくれるような外部の援助を不安のうちに待ちのぞんでいるのだ。

戦争の影響下に、根こぎの病いはヨーロッパ全体において悪化を見、いまやそれに恐怖を感じるのが当たりまえというところまできている。だが、ただ一つ、ある希望につながる徴候がある。それは、たとえばフランスにおける一七八九年の思い出のごとき、それ以後ほとんど死んでしまっていた思い出に、苦悩がある程度の生命を蘇らせてくれたということである。

東洋諸国にかんしては、数世紀来、とりわけこの五十年来、白人は、彼らの苦しみの原因である根こぎの病いを持ち込むにいたっているが、日本の態度は、この病患の積極的なかたちが彼らのうちでどのような悪化の途をたどるかを十分に示している。インドシナは、その消極的なかたちの一例である。インドでは、伝統がまだ生命を保っているが、その伝統もかなりの病毒におかされており、伝統の名において公然と語る人びとでさえ、彼らの国土のうえに、西欧的な近代国家を建設しようと夢みているほどである。中国はきわめて謎めいている。いぜんとして、なかばヨーロッパ的で、なかば東洋的なままであるロシアもまた、おなじように謎めいている。なぜなら、ロシアを栄光裡に覆っているエネルギーは、最近二十五年間の歴史を考えるとまず信じたくなることだが、ドイツ人の場合のように、積極的なかたちの根こぎから生じたものなのか、あるいはまた、なによりもまず、諸時代の奥底から湧き出し、深所ではほとんど無疵のまま残されているこの国民の深遠な生命力が問題なのか、ひとは知るべくもないからである。

アメリカ大陸にかんしては、その人口の増加が、なによりもまず移民を基礎としてきたものだけに、おそらくこの大陸がおよぼしはじめようとしている有力な影響は、大いに危機を悪化させるであろう。

ほとんど絶望的なこの情況のもとでは、この地球上に点在して生き残っている過去の小さな島々のなかにしか、この世では救いを見出すことはできない。といっても、古代ローマ帝国のまわりでムソリーニがおこなっているお祭り騒ぎを是認せよとか、それとおなじ流儀でルイ十四世を利用せよとかいうのではない。征服は生命に通じない。おこなわれたまさにその瞬間から、征服は死に通じる。パリであれ、タヒチであれ、場所を問わず、いたるところで細心に保持しなければならないのは、生きている過去の一滴一滴なのだ。なぜならば、地球全体のうえにそれはあまりたくさん存在しないからである。

未来のことのみを考えようと過去に背を向けても徒労におわる。そのような態度に可能性があるかのように信じるのは危険な錯覚である。未来と過去との対立など、馬鹿げた考えなのだ。未来はわれわれになにものももたらさないし、なにものも与えてくれない。未来を築きあげるために、未来にいっさいを与え、生命そのものさえ捧げなければならないのは、われわれ自身にほかならない。だが、与えるためには所有しなければならない。ところがわれわれは、過去より承け継がれ、われわれによって消化され、同化され、再創造された宝以外には、生命力も精気も所有してはいない。人間の魂のいっさいの要求のうち、過去より生命的な要求は存在しない。

過去への愛は、反動政治のめざすところとなんの関係もない。いっさいの人間活動とおなじく、革命もまた、伝統からすべての精気を汲み取る。マルクスはこの事情をよく感じ取っていたからこそ、革命の伝統をもっとも古い時代にまでさかのぼらせ、階級闘争を歴史解釈の唯一の原理にしようとしたのである。今世紀の初頭にはまだフランス・サンディカリスム――これこそわが国における同業組合精神の唯一の反映である――ほど中世に近いものは、ヨーロッパにほとんどその類をみなかった。このサンディカリスムのわずかな生き残りは、いますぐに風を送ってやらなければならない燠(おき)のうちに数えられている。

数世紀まえから、白色人種に属する人間たちは、自分のところであろうと、あるいは自分以外のところであろうと、いたるところで、愚かしくも盲目的に過去を破壊してきた。にもかかわらず、ある点ではこの時期においても真の進歩がみられたが、それはかかる狂気のゆえではなく、狂気にもかかわらず、まだ生きながらえているわずかな過去に支えられて実現されたものなのである。

破壊された過去はもはやけっして戻ってこない。過去の破壊は、おそらく最大の犯罪である。今日では、残存するわずかな過去を保存することが、ほとんど一つの固定観念となるべきである。たとえもっとも残酷ならざる形態のもとにおいてであれ、ヨーロッパ人の植民地方策がもたらさずにはおかない怖るべき根こぎを阻止しなければならない。勝利のあとは、敗れた敵を罰することはさし控えなければならない。敵をますます根こぎにするだけである。敵を絶滅することが可能でもなければ、またのぞましいことでもない以上、敵の狂気を悪化させたりするなら敵以上に愚かだということになろう。また社会的反響をおよぼしうるような、政治的、法律的、ないしは技術的ないっさいの改革に際しては、なによりもまず、人間にたいしてふたたび根をおろすことを可能ならしめるような処置を忘れないようにしなければならない。

だが、これは根まわしをすることを意味しない。それどころか、根に風を通してやることほど必要不可欠なことはなかったのだ。根をおろすことと接触を殖やすこととは、たがいに補足的なことがらである。たとえば、技術がそれを可能ならしめるところで（この方向にわずかな努力をするだけで、技術はそれを大幅に可能ならしめるであろう）、労働者が分散させられ、各人が家屋と、なにがしかの土地と、機械との所有者になるということになれば、そのかわり、青年にたいして、必要なら国際的規模に拡大されたかたちにおけるかつてのフランス巡歴[4]を復活させるならば、さらにまた彼ら労働者が、しばしば、自分たちの製造した部品が他のすべての部品に組合わされる組立工場へ実地見学にゆく機会なり、あるいは見習工の養成を援けにゆく機会なりをもつようになるならば、これに給与上の有効な保護がつけ加えられた場合、プロレタリア階級の不幸は解消するであろう。

基幹産業の国有化であれ、私有財産の禁止であれ、あるいはまた、労働組合に与えられている団体契約締結権であれ、職場代表権であれ、あるいは、雇用の規制であれ、法的処置によってプロレタリアの条件を打破することはできまい。革命的というレッテルが貼られていようと、改革的というレッテルが貼られていようと、一般に提案される処置はすべて、純粋に法律的なものばかりである。だが、労働者の不幸とその不幸の救済手段は、法律の次元にはないのである。マルクスにしても、もし彼が自己の思想に誠実さをもって対したならば、このことを完全に理解したはずである。なぜならば、このことは『資本論』の最良のページのなかにはっきりと現われている自明性なのだから。

労働者の権利要求のなかに、彼らの不幸にたいする救済手段を求めることはできない。想像力をも含めて、肉体も魂も不幸のなかに埋没している彼らが、どうして不幸の刻印の押されていない状態を想像することができるであろうか？　もし彼らがその不幸から脱け出すために烈しい努力をすることになれば、黙示録的な夢想に陥るか、あるいは、国家の帝国主義と同様に奨励すべからざる労働者の帝国主義のなかに補償を求めるかになるであろう。

彼らの権利要求のなかに見出すことができるものは、苦悩のしるしである。そもそも、それら権利要求のすべて、ないしはそのほとんどすべては、根こぎの苦悩を表現しているのだ。彼らが雇用の規制や国有化をのぞむのは、完全なる根こぎ、すなわち失業の恐怖に取り憑かれているからである。私有財産の廃止をのぞむのは、お情けで入らせてもらう亡命者のように職場に入れてもらうことに、もううんざりしているからである。これはまた、一九三六年六月の工場占拠[5]における心理的原動力だった。数日のあいだ、彼らはそのおなじ職場で、まるでわが家にいるような混りけのない純粋な歓びを味わったのだ。それは明日を思いわずらわない子供の歓びだった。だれひとりとして、分別をもってしては、明日はよいと信じることはできなかったのである。

大革命に端を発するフランスの労働運動は、本質的には、いっさいの抑圧された人間たちにたいする運命の苛酷さをまえにしたときの、反抗の叫びというよりは、抗議の叫びだった。集団的運動というものから当然予想されるところに比較して、この運動のなかには多くの純粋さがあった。だが、この運動は一九一四年で終わりを告げた。それ以後は、その空しいこだましか残らなかった。それを取り巻く社会の害毒が、不幸の意味さえも腐敗させてしまったのである。この運動の伝統を再発見するように努力しなければならない。だが、運動そのものを復活させることをのぞんではならない。苦悩の叫びの響きがいかに美わしいものであろうと、ふたたびそれを聞こうとのぞんではならないのだ。苦悩を癒そうとすることのほうがより人間にふさわしい。

労働者の苦悩の具体的なリストをつくれば、変革すべきことがらのリストもおのずと明らかになろう。まず第一に、十二歳か十三歳の小さな子供が学校を卒業してから工場にゆく際、彼らが受ける打撃をなくさなければならない。労働者のなかには、このときの打撃がいつまでもうずく傷口を残しさえしなければ、それだけで完全に幸福になりうる者もあるはずである。だが彼らは、その苦悩が過去に由来することを自分では知らないのだ。学校に行っているあいだ、子供は、よい生徒だろうと悪い生徒だろうと、その存在を認められた人間であり、人びとは彼の能力を伸ばそうと努め、彼における最良の感情に呼びかけてくれたのである。ところがたちまちにして、彼は機械の付属品、いや、もの以下ともいうべき存在になりさがる。そして彼が服従するかぎり、もっとも低劣な動機にうごかされて服従していようと、相手はなんら意に介さない。大部分の労働者は、すくなくとも、人生のこの時期に、一種の内的眩暈を伴った、もはや存在していないというこの印象を受けたのである。そして知識人やブルジョワは、たとえその最大の不幸のなかにおいてであろうと、このような印象を知る機会をごく稀にしか持たないのである。こんなに早い時期に受けたこの最初の衝撃は、しばしば消すことのできない痕跡をとどめるものだ。それは労働への愛を決定的に不可能にしてしまう。

つぎのごときものを改善する必要がある。すなわち、労働時間中における注意力の管理法、怠惰や疲労を克服するようにうながす刺戟——今日では、これは恐怖と労賃にほかならなくなってしまった——の性質、服従の性質、労働者に要求される自発性、熟達、反省などのあまりにも貧弱な現状、思考と感情とを介して企業の全体に参与することの不可能性、彼らが生産する製品の価値や社会的有用性や目的にかんする、しばしば完全なる無知、職場の生活と家族の生活との完全なる離反などがそれである。このリストは、殖やそうと思えばもっと殖やすことができる。

改革への意欲を別にすれば、三種の要因が生産体制のなかで働いている。技術的要因、経済的要因、軍事的要因がそれである。今日、生産における軍事的要因の重要性は、戦争の遂行における生産の重要性に対応する。言いかえるなら、軍事的要因の重要性はきわめて大きいわけである。

軍事的見地からするならば、巨大な徒刑場のごとき工場のなかに数千の労働者を集中し、しかも、そのなかに真に有能な労働者がきわめて数少ないという体制は、二重の意味で不合理である。現在における軍事的諸条件は、一方において、工業生産が分散されることを要求し、また他方において、平和産業の労働者の大部分が、経験を積んだ熟練工から構成され、国際的危機、ないしは戦時においては、その命令下に、多くの婦人、少年、成年男子を編入して、ただちに生産量の増加がはかれることを要求している。有能な労働者の不足ほど、英国の戦時生産をあんなにも麻痺させるに貢献したものはなかったのである。

しかしながら、高度の技術を有する熟練工にたいして、機械にすがりつく人足のごとき役割をやらせるわけにはいかない以上、戦争が終わればこの種の役割も終わらなければならない。

軍事的必要が人間の最良の憧憬と一致し、それと矛盾しないということはきわめて稀であるから、この事実をよき教訓としなければならない。

技術的見地からするならば、電気というかたちのエネルギーは比較的輸送が簡単であるから、かならずや大規模な集中排除が可能になるであろう。

機械にかんしては、まだ生産機構の改革が可能になる点まではいっていない。しかしながら、現在実用化しつつある自動制御装置にうかがわれるさまざまな徴候から、ひとが努力するならば、おそらくその努力は報いられるであろう。

一般的に言って、社会主義のレッテルをつけて並べられたいっさいの措置よりもはるかに大きな社会的重要性をもつ改革があるとすれば、技術的研究の観念自体における改革であろう。現在にいたるまで、新型機械にかんする技術的研究にたずさわっている技術者が、つぎの二重の目標以外のものを考慮に入れうるとは想像もされなかった。すなわちその一つは、それらの研究を命じた企業の利潤を増大させること、もう一つは、消費者の利益に奉仕することである。なぜなら、このような場合、生産上の利益について語ることは、より多く、より安く生産することを意味するからである。すなわち、生産上の利益は、実際においては消費上の利益なのである。この二つの言葉は、たえず両用の意味で使用されている。

だが、その機械を動かすことになる労働者については、だれも考えようとしない。彼らのことを考えることが可能であるとさえだれも思わないのだ。たかだか、ときとして、安全のための装置を漠然と考えてみるだけである。ところが実際には、指が切断されるとか工場の階段に鮮血が流れるということは、いぜんとして日常茶飯事なのである。

しかし、そのようなわずかな注意の兆しがすべてなのだ。ひとは労働者の精神的満足のことなど考えようとしない（これを考えるには、並大抵の想像力の努力ではとても足るまい）。だが、そればかりでなく、労働者の肉体を傷つけないようにすることさえも考えようとはしないのだ。もし考えていたとしたら、たとえば鉱山において、それにすがりついている人間を、八時間のあいだ休みなく揺さぶりつづけるあの怖るべき圧搾空気の鑿岩機ではなく、別の機械を発明したはずである。

さらにまた、新しい機械が、資本の固定と生産の非順応性を増大せしめることによって、失業の一般的危機を悪化させることにならないかどうかも考えようとはしない。

たとえ労働者たちが、闘争の結果、賃金の引き上げや規則の改善をかち取ったとしても、そのあいだに、どこかの研究所の技術者たちが、なんら悪しき意図もなく、彼ら労働者の肉体や魂を疲労困憊させたり、あるいは、経済的困難を増大させたりするような機械を発明したとするなら、いったいその闘争がなんの役に立つのか？　それら研究所の精神が変わらないとするなら、経済の部分的ないしは全面的国有化が労働者たちにとってなんの役に立つのか？　現在までのところ、ひとの知るかぎりにおいて、国有化がおこなわれた場所でその精神が変わったという話はきかない。ソビエトの宣伝すら、ロシアにおいて、プロレタリア独裁によって使用されるにふさわしい根本的に新しいタイプの機械が発見されたとは主張していない。

しかしながら、マルクスを研究してゆくとき、抵抗しがたい力づよさをもって生まれてくる一つの確信がある。その確信とは、とりもなおさず、階級間の関係の変化は、技術の変貌、つまり新しい機械のなかに結晶されるその変貌を伴わないかぎり、純然たる幻想にとどまるだろうということなのだ。

労働者の立場からみて、機械は三つの特質をそなえていなければならない。まず第一に、機械は、筋肉、神経、ある器官を消耗させることなく――また、まったく例外的な場合をのぞいて、肉を切り裂いたりすることなく、操作されうるものでなければならない。

第二に、失業の一般的危険に関連して、生産機械は総じて、注文の変化に即応できるよう、可能なかぎり順応性に富んだものでなければならない。したがって、おなじ一つの機械が、いくつかの用途、できうるならばきわめて多様な、ある程度まで限定されざる用途に耐えうるものでなければならない。このことはまた、平時態勢から戦時態勢へ最大限の円滑さをもって移行するための軍事的必要でもある。さらには、労働の歓びをはぐくむ要因でもある。単調さは倦怠と嫌悪感とを生み出すが、労働者からきわめて怖れられているその単調さを、われわれはこのようにして回避することができるからである。

第三に、機械は大体において、有能な熟練工の仕事に見合ったものでなければならない。このこともまた、軍事的必要からではあるが、それ以上に、労働者の尊厳と精神的満足感とに欠くべからざるものなのである。ほとんど大部分がすぐれた熟練工によって形成されている労働階級は、プロレタリアートではない。

多角的に使用しうる、制御可能な自動式の機械が大幅に開発されるならば、以上の要求は相当な程度まで満たされるであろう。この領域における最初の実用化はすでにおこなわれているし、この方向にはきわめて大きな可能性があることは確かである。この種の機械は、機械にすがりつく人足という身分を消滅させる。ルノーのような巨大な企業においては、働きながら幸福そうな様子をしている労働者はほんの少数である。そういった特権的人間のなかに、カム〔軸の回転を種々の運動に変える装置〕によって自動制御装置を運転している者たちが数えられる。

しかしながら、機械が労働者の精神的満足におよぼす影響にかんする問題を技術用語で提起しようと考えることこそ、肝要なことである。ひとたび提起されるや、技術者はそれを解決しさえすればよいのだ。彼らはすでに他の多くの問題を解決したのだから。ただ、彼らがそれを解決しようという気持ちになることだけが必要なのである。そのためには、新しい機械が開発される場所が、もはやまったく資本家の利害関係の網目に埋没していないということにならなければならない。国家が補助金を出して彼らを掌握するのは当然のことである。また助成金を出して労働者の組織体が掌握しても不都合はなかろう。このほか、影響や抑制の手段がいろいろあることはいうまでもない。労働組合が真に生命のあるものとなりうるなら、彼ら労働組合と新しい技術の構想が生まれる研究所とのあいだに、不断の接触がおこなわれるはずである。技術者を養成する学校のなかに労働者にたいして好意的な雰囲気をつくり出すようにするならば、このような接触を準備することができるであろう。

現在までのところ、技術者は、生産面で要求されるもの以外のことを考慮に入れたためしはない。だが、もし彼らにして、生産にたずさわる者たちの要求をたえず念頭におくようになるならば、生産技術全体は徐々に変貌するはずである。

このことは、技術者を養成する学校、および技術部門のあらゆる学校において、教育の――ただし、真の実質を有する教育の――眼目となるべきであろう。

おそらく、この種の問題にかんする研究は、いまからそれをはじめても利益こそあれ害はないはずである。

この研究のテーマは容易に規定することができる。ある教皇はつぎのように言った。「死せる物質は工場から高貴な姿になって出てくるが、労働者は品位を奪われた姿で出てくる。」〔ピオ十一世『クワドラジエシモ・アンノ』（一九三一年）〕マルクスは、もっと力づよい表現で、まさにおなじ考えを表明している。技術的進歩を遂行しようと努力している人びとはすべて、つぎのような信念をつねに心にいだいていることが肝要である。すなわち、生産の現状のうちに指摘しうるあらゆる種類の怠慢のうち、克服することがなかんずく絶対的なかたちで緊急事とされているのがほかならぬ右の怠慢であり、その怠慢を助長するがごときことはいっさいおこなってはならないし、それを減少させるためにこそすべてはなされねばならない、と。かかる考え方は、それ以後、工場内でなんらかの責任を有する人たちにおいて、職業上の義務感、職業上の名誉心の一部となってしかるべきものなのである。もし労働組合にして、それを遂行する能力があるならば、万人の意識のなかにかかる考え方を滲透させることこそ、その本質的な仕事の一つとなるべきであろう。

もし、労働者の大部分が高度な技術を有する熟練工であり、きわめてしばしば、考案と独創の才を証明し、自己の製品と機械とに責任をもつべきものとされているならば、現行のごとき労働規制はもはや完全にその存在理由を失うであろう。労働者のある者は自分の家で仕事ができるだろうし、またある者は小さな製作所で仕事し、それらの製作所は、しばしば、協同組合方式で組織化されることになろう。今日では、大工場より小工場において、専横が我慢できないかたちで幅をきかせているが、それは小工場が大工場の猿真似をしているからである。それにひきかえ、ここでいう製作所は小工場ではない。それは新しい精神の息吹きのかよう、新しい型の工業組織である。小規模であるとはいえ、それらの製作所のあいだには、ともに一つの大企業を形成するに足るほど強力な有機的関係が存在する。大企業のなかには、そのいっさいの欠陥にもかかわらず、今日労働者たちが愛している一種独特な詩があるのだ。

出来高払い制は、労働者の集団拘束が打破された暁には、もはやなんらの不都合も有しないであろう。この制度は、是が非でも早く数多くやらなければという偏執を意味しなくなり、自由に遂行される仕事にたいする健全な報酬の方式となるであろう。服従とはもはや各瞬間の屈従ではなくなるであろう。ひとりの労働者、ないしはある労働者の集団は、与えられた期限内に完了できるある数の注文を引き受け、仕事の段取りにかんしても自由な選択が可能になるであろう。かかる状態は、ある命令がくだされるなら、いつまでだか不明だが、とにかく一つのおなじ動作を繰り返すべきであって、その動作は、新しい命令がきて、またもや不定の期間、別のおなじ動作がはじまるまさにその瞬間までつづくという認識とは別種のことがらである。時間にたいするまったく受動的な事物にふさわしい関係が存在するし、また、時間にたいする思惟する人間にふさわしい関係も存在するのだ。両者を混同することは誤りである。

協同組合的であろうとなかろうと、右の小製作所は兵営であってはならない。労働者はしばしば、自分が働いている場所なり、機械なりをその妻に見せてやれなければならない。ちょうど、一九三六年六月、工場占拠のおかげでそれが実現され、彼らがきわめて幸福であったように。子供たちは、学校が終わってから、父親を仕事場にたずね、仕事が遊びのうちでぬきんでて夢中になれるものである年齢から、仕事を学ぶようにすべきである。その後、見習いの時期になったとき、彼ら子供たちは、すでにほとんど仕事を習いおぼえていて、自分の意志でその習いおぼえた仕事の腕を磨くなり、あるいは第二の仕事を習得するなりできるようになろう。こうすれば、その仕事は、子供時代に受けた驚嘆の念によって、一生のあいだ詩情に輝くことになるであろうし、一生のあいだ、最初の体験の衝撃によって悪夢のような色彩をもつことはなくなるであろう。

現在みられる意欲低下のさなかにおいても、農民は労働者にくらべて、たえず他から発破をかけられる度合が少ないが、このことは以上の差異にもとづくものだと考えられる。九歳か十歳にして野良で働くというのは、子供にとって不幸なことであるかも知れないが、かならずといっていいくらい、労働がその子供にとって、大人たちにだけ与えられているすばらしい遊びのように思われる瞬間があったはずなのである。

労働者の大部分がほぼ幸福だという状態になるならば、表面的には重大かつ憂慮すべきものに思われるいくたの問題は、解決されるのではなく、廃棄されるであろう。解決されることなく、かつてその種の問題が提起されたことが忘れられてしまうであろう。不幸は、虚偽の問題の肉汁培基である。それはさまざまな固定観念を生み出す。それらの固定観念を鎮める方法は、それらが要求するものを提供することにではなく、不幸そのものを消滅させることにあるのだ。腹に傷を負ったために渇きを訴える人間がいるなら、水を飲ませるのではなく、傷をなおしてやらなければならない。

残念なことに、変えることが可能なのはほとんど青年たちの運命だけである。したがって、若い労働者たちの育成に、さしあたっては彼らの修業に大きな努力が払われなければならない。国家がその責任を担うべきであろう。社会の他のいかなる単位もそれをなしえないからである。

修業にたいする雇用主たちの無関心ほど、資本家階級の徹底した怠慢を証明しているものはない。これは、ロシアにおいては犯罪的無関心と呼ばれている種類のものである。この点にかんしては、いくら強調しても強調しすぎるということはないし、単純で異論の余地がなく、理解するに容易なこの真実は、公衆にいくら広めても広めすぎるということはない。雇用主たちは、この二、三十年来、よき熟練工の養成を考えることを忘れている。老練な労働者の不足は、他のいっさいの要因ともども、この国の衰亡に貢献しているのである。一九三四年、一九三五年といった、失業の危機がもっとも痛感されていた時期、生産が瀕死の状態にあったときでさえ、機械や航空機の製造工場では、すぐれた熟練工を求めながらそれが得られずにいたのである。労働者は入社試験がむずかしすぎるといって不平をこぼしていた。だが、その試験を受けられるような仕方で彼らは教育されていなかったのである。こんな有様で、どうしてわれわれは十分な軍備を持つことができたであろうか？　のみならず、熟練工の不足は年とともに増大し、たとえ戦争が起こらなくても、ついには経済生活自体が不可能とならざるをえない状態にあったのである。

雇用主は、資本主義体制が彼らに負わせている責任を実際に果たすことができなかったのであり、こんどこそ、あらゆる国のあらゆる関係者にこの事実を教えなければならない。彼らは果たすべき一つの職務をもっているが、それはこの職務ではない。なぜなら、経験によって、この職務は彼らにとってあまりにも重荷であり、かつ、あまりにも広汎なものであることがわかっているからである。ひとたびこの事情が了解されるなら、もはや労働者は彼らを怖れることはなくなるだろうし、また彼らのほうも、必要な改革に反対することをやめるであろう。そして、彼ら本来の職務のつつましい枠内にとどまることになるであろう。それが彼らにとって唯一の救いの機会である。労働者がこんなにしばしば彼らを排除しようと考えるのは、彼らを怖れているからにほかならない。

彼らは労働者にたいして、食前酒をたしなむのを目撃すると、先見の明がないと非難しはしたが、彼ら自身の知恵も、もし見習工を養成しないなら、二十年後にはすくなくとも労働者の名に値する労働者がいなくなることを予見するまでにはいたらなかったのである。あきらかに彼ら雇用主は、二年か三年以上の先を考えることができないのだ。おそらく彼らはまた、そのひそかな下心から、工場のなかに、不幸な人間たちの家畜、根こぎにされ、いかなる資格においてもなんらの尊敬も受けない人間たちの家畜を飼うことのほうを選んでいたのだ。奴隷たちの屈従が自由な人間たちの屈従より完全だとしても、奴隷たちの反逆もまた、はるかにより怖ろしいものであることを彼らは知らなかったのだ。彼らはそれを経験したのだが、その経験がなんたるかを理解しなかったのである。

見習工養成の問題にたいする労働組合の怠慢は、別の観点から、まったくおなじように非難さるべきものである。労働組合は生産の将来にかんして腐心する必要はなかったにしても、その唯一の存在理由が正義の擁護である以上、小さな子供たちの精神的苦悩に心を痛めてしかるべきだったのである。じじつ工場に働く者たちのうちで真に悲惨な部分をなす青少年、女性、移民、外国人、植民地人などの労働者はかえりみられなかった。彼らの苦悩の総和は、組合活動においては、すでに十分な報酬を受けている者たちの昇給問題にくらべて、はるかに重んじられることが少なかったのである。

集団活動が実際に正義をめざすことがいかに困難であるか、不幸な人間たちが実際に擁護されることがいかに困難であるかをこれほどよく証明しているものはない。彼らは自分の力でその身を守ることができずにいる。不幸のため彼らはそうすることを阻まれているからである。また彼らは外部からも守ってもらえない。人間本来の傾向は、不幸な人間たちに注意を向けないところにあるのだから。

カトリック青年労働者連盟（J.O.C.）[6]のみが、青少年労働者の不幸と取り組んだ。このような組織の存在は、おそらく、キリスト教がわれわれのあいだで滅んでしまっていないという唯一の確実なる証拠である。

資本家たちが、ただ単に、民衆の利益、国家の利益のみならず、自分たち自身の利益をもないがしろにするという犯罪をおかしてその天職を裏切ったとおなじように、労働組合もまた、労働者の戦列にある不幸な人間たちの保護をないがしろにし、特定の利益の擁護にのみ眼を向けることによってその天職を裏切ったのである。労働組合も、権力の濫用をおかすことの責任とその誘惑とを受ける日がくるかも知れないが、以上の事実は、その日のことをおもんばかって世に知らしめておく価値があろう。強制的な単一職業別組織に変貌してしまった労働組合の屈従は、かかる精神的変化の必然的不可避的な帰結であった。結局のところ、この点にかんしてヴィシー政権の働きかけはほとんどなかった。労働総同盟（C.G.T.）は、ヴィシーの側からする強姦の犠牲者ではなかった。ずっと以前から、もはやその犠牲者になりうる資格を有していなかったからである。

不幸な人間たちの保護にあたって、国家はとくに適任であるというわけではない。緊急かつ明白な公安上の必要や、世論の高まりによって強制されないかぎり、国家はほとんどそれをおこないえないとさえいえるのである。

若い労働者の養成にかんして、公安上の必要はこのうえなく緊急かつ明白である。世論の高まりのほうは、これを盛りあげてゆくようにしなければならないし、本来の意味での労働組合的な諸組織、カトリック青年労働者連盟、各種の研究会、公認のものを含めて、各種の青年運動などの萌芽を利用しつつ、いまよりすぐそれに着手しなければならない。

ロシアのボルシェヴィキは、大工業の建設を提唱することによって民衆を熱狂に誘った。われわれは、新しいタイプの労働大衆の実現を提唱することによって、わが国の民衆を熱狂に誘うことはできないであろうか？　かかる目的はフランス精神にこそふさわしいものといえよう。

若い労働者の養成は、単なる職業訓練の域を越えたものでなければならない。当然のことながら、すべての青少年の養成とおなじように、そこには教育が含まれていなければならない。このためには、修業は学校でおこなわれず、はじめから生産自体の雰囲気のなかに浸されていることがのぞましい。学校では修業がうまくおこなわれることはないからである。とはいっても、工場に修業をまかせてしまうこともできない。この点にかんしては、いろいろな新しい工夫の努力が必要である。実業学校の長所と、工場における修業の長所と、現在みられる型の青少年訓練所[7]の長所と、その他多くのものの長所を組み合わせたようなものが必要となるであろう。

しかしながら、若い労働者の養成は、とりわけフランスのような国においては、同時に、一般教育、つまり知的文化への参与をも意味する。彼らが思惟の世界においても気づまりを感じないようにならなければならない。

ところで、いかなる参与、いかなる文化が問題なのだろう？　この問題にかんしては、ながいあいだ論争がつづいている。かつてある種の人たちのあいだでは、労働者の文化ということが大いに論じられた。また別の人たちのあいだでは、労働者の文化とか労働者のものでない文化とかいうものはなく、あるのはただ文化だけだと主張された。後者の意見は、その結果として、結局のところ、もっとも知的で勉学意欲に燃えている労働者たちに、なかば愚鈍な中高校生に与えられる扱い方とおなじ扱い方を与えることになった。ときにはもう少しましな場合もあったが、全体としてみるなら、これが教育の大衆化の原則であり、今日人びとは、教育の大衆化をこのようなかたちで理解しているのである。この大衆化という言葉は、その実態とおなじようにいただけない。ほぼ満足のゆく状態が得られたときには、その状態を指すための別の言葉を見つけ出さなければなるまい。

そもそも、真理は唯一つであるが、誤謬は数多い。どんな文化でも、人間にとってはごく限られた場合にすぎない完璧な場合をのぞき、そのなかには真理と誤謬との混合物がみられる。もしわれわれの文化が完璧さの域に近いものであるならば、それはいっさいの社会的階級を超えたところにあるはずである。ところが凡庸なものであるがゆえに、その大半はブルジョワ知識人の文化となり、もっと限定していえば、しばらくまえから、官僚知識人の文化にすぎなくなってしまっている。

　分析をこの方向に推し進めるならば、マルクスのある種の考え方のなかに、われわれはみかけよりはるか多くの真実があることを発見するであろう。とはいえ、そのような分析をいつかおこなうことになるのはマルクシストたちではない。なぜなら、まずもって彼らは、自分の姿を鏡に映してみなければならなくなろうが、それはあまりにも苦しみの多い手術となるだろうから。それにふさわしい勇気を与えてくれるのは、ひとりキリスト教独自の徳のみである。

　われわれの文化がこんなに民衆に伝えられにくくなったのは、それがあまりにも高いところにあるからではなく、あまりに低いところにあるからである。民衆にこま切れにして分配するまえに、ますますその質を低下させるとは、奇妙な解決法をえらんだものだ。

　民衆が文化に接近するのを妨げる二つ〔原文のまま〕の障害が存在する。その一つは時間とエネルギーの不足である。民衆には知的努力にさくことのできる余暇がほとんどない。かつまた、疲労のため努力の集中度が制限されてしまうのである。

　だが、かかる障害はなんら重大なものではない。すくなくとも、それを重大視する過誤をおかさないなら、なんら重大なものであるはずはないのだ。真理はその純粋さの度合に応じて魂を照射するのであって、いかなる種類の量にも左右されない。重要とされているのは、金属の量ではなくて不純物の度合である。この領域においては、わずかの純金が多くの純金に匹敵する。わずかの純粋な真理が多くの純粋な真理に匹敵する。同様に、完璧なギリシア彫刻の一体は、完璧なギリシア彫刻の二体とおなじだけの美を含んでいるのだ。

ニオベの罪[8]は、量が善となんらの関係も有しないという真理を知らなかったことにある。そのために彼女は子供たちの死によって罰を受けたのである。われわれも毎日、おなじ罪をおかしている。そしておなじふうに罰を受けているのだ。

もしひとりの労働者が、飽くことを知らぬ忍耐づよい一年の努力を通じて幾何学のいくつかの定理を学んだとするなら、彼の魂のなかには、おなじ一年のあいだ、おなじ情熱を傾けて高等数学の一部をわがものにした学生とおなじだけの真理が宿ることになるだろう。

このことはほとんど信じられないというのが事実であり、おそらくこのことを証明するのは容易ではあるまい。だが、すくなくともキリスト教徒にとっては、もし彼らにして、真理は福音書がパンにたとえている純粋な宝のなかに数えられるものであって〔マタイ福音書一三・三三、ルカ福音書一三・二〇〕、パンを求める者に石が与えられることはない〔マタイ福音書七・九、ルカ福音書一一・一一〕ということを思い出すならば、信仰箇条となるべきものである。

形而下的障害――余暇のないこと、疲労、天分の欠如、病気、肉体的苦痛――は、文化の低次ないしは中位の要素を獲得するための障害にこそなれ、そのうちに含まれるもっとも貴重な富を獲得するための障害にはならない。

労働者の文化に対する第二の障害は、労働者という境遇には、他のすべての境遇と同様、それに対応する固有の感受性の傾向があるということである。したがって、他人によって他人のためにつくられたもののなかには、すべてなにかしら異質のものが存在することになる。

これにたいする解決策は、翻案への努力である。つまり、大衆化への努力ではなく翻案への努力である。この両者はまったく別種のものである。

つまり、知識人の文化のなかに含まれている、すでにしてあまりにも貧弱すぎる真理を取りあげて、それらの質を低下させ、こま切れにし、それらの滋味を失わせてしまうのではなく、ただ単に、パスカルの言葉を借りるなら、心情に感じられるようにすることのできる言葉を通じて、労働者という境遇によって形づくられた感受性を有する人たちのために、それらの真理を十全なるかたちで表現してやることなのである。

真理を置換する技術は、もっとも基本的な、しかももっとも知られていない技術の一つである。この技術が困難とされるのは、それを実践するにあたって、当人がすでに真理の中核に身を置いた経験がある、すなわち、偶然にその真理が開示された特殊な形式を越えて、赤裸々なかたちでそれを所有した経験があることが必要だからである。

かつまた、置換は、それが真理か否かを識別する公準の一つである。置換されえないものは真理ではない。同様に、視点にしたがって外観を変えないものは実物の対象ではなく、実物のように描かれた絵にすぎない。思惟のなかにもまた三次元の空間がある。

文化を民衆に伝達するために適した置換の形式が探究されるならば、その探究は民衆にとって救いになろうが、はるかそれ以上に文化自体にとって救いとなるであろう。また文化にとって、かぎりなく貴重な刺戟剤となるであろう。そうなれば文化は、それが現在閉じこめられているがごとき、息ができないほど閉ざされた雰囲気から抜け出すであろう。また、専門家たちの独占物ではなくなるだろう。けだし、現在のところ、文化は上から下まで――ただし、下にむかうにつれて質の低下したものになる――専門家たちの独占物なのだから。現在、労働者たちはすこし愚鈍な中高校生のように扱われているが、おなじように、中高校生たちはかなり疲労した大学生のように扱われている。さらにまた、大学生たちは、健忘症に苦しむ、再教育の必要がある教師かなにかのように遇されている。文化は、教師たちを製造するために教師たちによって操作される道具であって、その製造された教師たちが、こんどは新たに教師たちを製造するのである。

根こぎの病いが現在示しているあらゆる形態のなかで、文化の根こぎはもっとも警戒を要しないものというわけにはいかない。この病いのもたらす第一の結果は、あらゆる領域を通じて相互の関係が切断されるために、個々のものがそれ自体で目的とみなされるということにある。根こぎは偶像崇拝を生み出す。

われわれの文化の畸型化の一例をあげよう。たとえば、幾何学的推論に必然としての性格を保持するという配慮は、それ自体として絶対的に正当なものであるが、人びとはこの配慮のゆえに、中高校生にたいして、幾何学を世界と絶対的につながりをもたないものとして示すようになってしまった。そのため生徒たちは、幾何学にたいして、ほとんど遊戯にたいするような興味しかいだかない。さもなければ、ただよい点数を取るために興味をいだくのである。どうして彼らはそこに真理を見ることができるだろう？

大部分の人たちは、いつでも、単純なものであれ、あるいは高度に組み合わされたものであれ、いっさいのわれわれの行動は幾何学的観念の適応であること、われわれの生活している宇宙は幾何学的諸関係が織りなす世界であること、幾何学的必然は空間と時間のなかに閉じこめられた被造物としてのわれわれが実際に服している必然そのものであることを知らない。人びとは、幾何学的必然を、それが恣意的なものに思われるようなかたちで示すのである。恣意的必然以上に不合理なものがあるであろうか？　その本性からして、必然とは強制されるものなのである。

他方、幾何学を大衆化し、それを経験に近づけようとする場合には、論証がなおざりにされる。すると、まったく興味のないなにがしかの公式しか残らなくなってしまう。幾何学は、その味わい、その本質を失ってしまった。幾何学の本質は、必然、すなわち、実際にこの地上を支配するかのおなじ必然を対象とする研究だということにあるのに。

こうした畸型化は、いずれの場合も、回避することは容易なはずである。論証か経験かのどちらかを選ぶ必要はない。チョークをもってしても、木なり鉄なりをもってしても、われわれはおなじように容易に論証できるのだ。

実業学校のなかに、学習と職場とを結びつけるかたちで幾何学的必然を導き入れる簡単な方法がある。たとえば、生徒たちにつぎのように言うとしよう。「さあここに、なし遂げなければならないいくつかの仕事があります（たとえば、これこれの条件を満足させる物品を製作すること）。そのうちのある仕事は可能ですが、ある仕事は不可能です。可能な仕事をやってみなさい。製作できない仕事については、それが不可能であることを私に納得させてごらんなさい。」このような裂け目から、幾何学全体を労働のなかに導き入れることができる。製作は、可能性にたいする十分なる経験的証明である。しかしながら、不可能にたいしては経験的証明は存在しない。そこで論証が必要になる。不可能は必然の具体的な形式である。

その他の科学にかんしても、古典的科学に属するいっさいは（アインシュタインと量子論を労働者の文化のなかに持ち込むことはできない）、人間の営みを支配している諸関係を自然の領域に移し変えるという、一つの類推方法から主として生まれている。したがって、これらもまた、労働者に提供する方法さえわかれば、中高校生よりもはるか自然なかたちで彼らのものとなるべきものである。

ましてや、《文学》なる項目のもとに並べられる文化の部分にかんしても、右とおなじことがいえる。なぜなら、文学の対象はつねに人間の条件であり、人間の条件にたいするもっとも現実的で直接的な経験を有しているのは、民衆にほかならないからだ。

例外はあるが、総じて二流ないしはそれ以下の作品は、選良たちによりふさわしいものであり、完全に一流の作品は民衆によりふさわしいものである。

たとえば、ギリシアの詩歌は不幸をそのほとんど唯一の対象としているが、民衆とかかる詩歌とのあいだに接触がおこなわれるならば、どんなに強度の理解が生まれることであろうか！　ただ、それを翻訳し、それを提示する仕方を見出さなければならない。またたとえば、骨の髄まで失業の苦悩に蝕まれている労働者なら、弓矢を奪われたときのフィロクテテス[9]の状態と、おのれの無力なる手を眺めているときの彼の絶望とを理解するであろう。また彼は、エレクトラ[10]が飢えていることをも理解するであろう。飢えは、現在の時期をのぞいて、ブルジョワが理解しえなかったものであり――ビュデ叢書[11]の刊行者たちも例外ではない。

労働者の文化を阻む第三の障害がある。それは隷従である。思惟は、それが実際に行使されるとき、その本質上、自由なる主権者である。思惟する存在として、一時間か二時間のあいだ自由なる主権者であり、一日の残りはすべて奴隷であるということは、まさにその身を八裂きにされるような苦痛であって、それから脱れ出るために、思惟の至高の形態を放棄しないことはほとんど不可能である。

だが、有効なる改革が実現されるならば、かかる障害も次第に消滅するであろう。のみならず、記憶に新しい隷従の思い出と、消滅しつつある隷従の残滓とは、解放の過程において思惟の強力な刺戟剤となるであろう。

労働者の文化は、知識人と名づけられる人びと――これはいやな名称ではあるが、今日の彼らはなにかもっとましな名称には値しない――と労働者との混淆を条件としている。かかる混淆が現実のものとなるのは困難である。しかし現在は、これに有利な情況にある。多くの若い知識人たちが、ドイツの工場や農村において、隷従の状態に投げ込まれた。またある者たちは、労働キャンプ[12]のなかで、若い労働者たちと混じり合った。だが、なかんずく前者の知識人は有意義な経験をした。彼らの多くはその経験自体のために死亡するか、あるいはすくなくとも、身心ともに極度の衰弱に陥ることになるだろう。だが、ある者たちはおそらく、その経験を通じて真の教訓を得るであろう。

きわめて貴重なこのような経験も、それから抜け出すと、たちまち屈辱と不幸の過去を忘れ去りたいというほとんど抗しがたい誘惑が生じるために、空しく失われてしまう危険がある。だから、いまからすぐ、彼ら捕虜たちのうちで帰国しえた者を労働者に接近させて、強制というかたちではじめられた労働者との接触が継続できるようにし、文化と民衆との接近のために、文化の新しい方向づけのために、彼らの近い過去における経験を労働者に即して考えなおすよう仕向けなければならない。

労働組合による抵抗組織は、目下のところ、かかる接近の好機になりうるものと考えられる。しかし、一般的にいって、労働者の組合員のあいだにも思惟の生活が存在すべきであるとするならば、労働者と知識人との接触は、労働者自身の賃金防衛のための職業団体として知識人を労働総同盟の傘下に集めるといったかたちをとるべきではない。かかる接触は愚の骨頂だったのである。

両者の自然な関係とはつぎのごときものであろう。すなわち、労働組合は、名誉組合員として、ただし、実際行動にかんする討議には介入させないという条件で知識人の参加を許し、いっぽう知識人は、講義や図書室の組織化のために、無償で労働組合に奉仕するという関係である。

さらに、つぎのこともきわめてのぞましい。すなわち、若すぎたために虜囚という拘束状態のなかで労働者との混淆の機会を逸した世代の内部に、五十年前、ロシアの学生たちを動かした運動に似た一つの運動[13]がより明確な思想を伴って出現し、学生たちがみずからすすんで、農村なり工場なりに、かなり長期間にわたる実習に出かけ、無名の労働者として大衆に混じるということである。

要約するなら、なによりもまず根こぎという現象によって定義されるプロレタリアの現状を打破する道は、労働者が自分のところにあり、かつ、自分のところにあると感じるような工業生産と精神文化とを確立する努力に帰一する。

いうまでもなく、労働者自身も、このような建設において大きな役割を演じることになろう。だが、問題の性質上、その役割は、彼らの現実の解放が達成されるにつれて増大することになる。労働者が不幸の拘束のなかにあるかぎり、その役割が最小限のものにとどまることは避けがたい。

まったく新しい労働条件確立の問題は、急を要する問題であって、ただちに検討が加えられなければならない。そして、いまからすぐ、一つの方向が打ち出される必要がある。なぜなら、戦争が終わり次第、ただちに、文字通りの建設がはじまるからである。住宅や建物が建設されるだろう。ひとたび建設されたものは、新たに戦争が起こらないかぎりもはや破壊されることはあるまいし、生活はそれに順応するであろう。おそらくいくたの世代にわたって社会生活全体を決定することになる石材を、もしわれわれが当てずっぽうに積みあげでもしたら、理屈において矛盾をおかすことになる。したがって、あらかじめ、近い将来における生産企業体の組織化にかんする明確な考え方を確立しておかなければならない。

もし万一、分裂の生じうることを怖れるあまりこの必要をないがしろにするならば、それはとりもなおさず、われわれはフランスの運命に介入する資格を持たぬということを意味するであろう。

したがって、労働者をふたたび根づかせるための計画を緊急に検討しなければならない。以下、可能な草案を要約して示しておく。

大工場は解体されなければならない。大企業は、多数の小工場に直結した一つの組立工場となる。これら小工場は田園に分散し、その各々は一名ないし数名の労働者よりなる。輪番制で、定期的に中央の組立工場に働きに行くのは、専門家たちではなくそれらの労働者たちである。そして、この時期は祝祭の日々にしなければならない。労働は半日しかおこなわれず、友情の絆を培うこと、企業への愛を開花させること、労働者のひとりひとりに、自分が生産する部品の有する正確な機能と、他人の努力をまってはじめて克服される困難とをはっきりと認識させるための技術的講演、彼らが製造に協力した製品がどこに行くか、どのような人たちがそれを利用するか、いかなる種類の社会、日常生活、人間環境においてそれらの製品が場所を占めているか、および、それがどんな場所であるかを教えるための地理的講演に、残りの時間は捧げられなければならない。さらに、若干の一般教養がこれに加えられる。労働大学が中央の組立工場に隣接して設置される。この大学は、企業体の経営と密接なつながりを有するが、その私有物になってはならない。

機械は企業体の所有とはならない。各地に分散した小工場がこれを所有し、かつ、それらの小工場もまた、個人的ないしは集団的に、労働者たちの所有物となる。各労働者はさらに、住宅と若干の土地とを所有する。

機械、住宅、土地というこの三つの所有物は、結婚の際、国家が下付するものとして彼らに与えられる。ただし、知性と一般教養とを確認するための試験を伴った、困難な技術的テストに合格することを条件とする。

機械の選択は、一方において、労働者の好みと知識とに、他方において、生産のきわめて一般的な要求とに応じたものでなければならない。いうまでもなく、できうるかぎり、機械は自動制御が可能で、多角的に活用されうるものでなければならない。

右の三つの所有物は、相続権によって譲渡されることも、売却されることも、いかなる方法であれ、手離されることもできない（ただし機械は、ある種の場合に交換が許される）。その所有者は、ただ単にそれを放棄する資格だけを有する。その場合、あとになって他の場所でそれに見合ったものを受け取ることは、不可能でないにせよ、困難となるであろう。

労働者が死亡した場合、この所有物は国家に返還される。もちろん、そのようなことが生じた場合には、妻および子供たちにはそれまでとおなじ生活が保証されなければならない。妻が労働をおこなう能力を有する場合には、夫の所有物を受け継ぐことができる。

これらいっさいの下付は、企業体の利潤からの直接税、あるいは製品の売却からの間接税がその財源となる。そして、政府公務員、企業主、労働組合員、国会の代表者より構成される行政委員会によって管理される。

所有権は、職業的無能力が明らかになった場合、裁判所の宣告によって撤回される。もちろんこの際、おなじような法的制裁が、その事実が認められた場合、企業主の職業的無能力にたいしても加えられることが前提となる。

小工場主になろうとのぞむ労働者は、審査によって認可を与える職業団体から許可を得なければならない。その際、二台ないしは三台の機械を購入する便宜が与えられるが、その数はこれを上廻ることはない。

試験に合格することのできない労働者は、賃金生活者の身分にとどまることになる。しかしながら、年齢に制限なく、一生のあいだ繰り返し受験することが許される。そして、年齢を問わず、なんどでも実業学校で数カ月間の無料講習を出願することができる。

これら賃金生活者は、その不適格のゆえに、あるいは協同組合外の小工場で、個人経営の労働者の助手としてなり、あるいは組立工場で、人足として働くことになる。しかしながら彼らは、工業においては、少数しか受け入れられてはならない。その大部分は、公共事業や商業に不可欠の労働者ないしは書記の仕事につかせられるべきであろう。

結婚して、一生を通じ独立できる年齢まで——すなわち、性格によって異なるが、二十二歳、二十五歳、ないしは三十歳まで、若い労働者はつねに修業中の者とみなされる。

少年期には、学校は子供たちにたいして、数時間、働いている父親のそばで手助けをするだけの時間的余裕を残してやらなければならない。数時間の勉学と数時間の労働といった、なかば学業なかば労働の生活は、その後もながいあいだ延長されるべきである。次いで、きわめて変化に富んだ生活様式が必要になってくる。——たとえば、《フランス巡歴》式の旅行。あるいは個人経営の労働者のところ、あるいは協同組合の小工場、あるいはさまざまな企業体の組立工場、あるいは《青少年訓練所》とか《労働キャンプ》とかいった種類の青年団体に合宿して労働する。この種の合宿は、好みと能力とに応じて、なんどでも繰返されることができるし、また、数週間から二年間といったさまざまな期間にわたって、労働大学でもつづけられる。さらにかかる合宿は、ある種の条件のもとで、年齢を問わず可能とならなければならない。もちろん無料でなければならず、いかなる種類の社会的特権を与えるものであってもならない。

若い労働者が、変化に満足し、それに飽食して身を固めることを考え出したとき、根づきの機が熟しているのである。ひとりの妻、子供たち、一戸の住宅、彼にその糧の大部分を供給する菜園、おのれの愛する企業体に彼を結びつけている労働、そして、彼が誇りに感じ、彼にとって世界に開かれた窓である労働、これこそ一個の人間の地上的幸福にとって十分なものなのである。

いうまでもなく、若い労働者にたいするかかる観念は、現在の兵営的生活の全面的な改革を意味している。

賃金にかんしては、なかんずく、まず第一に、労働者を悲惨のなかに陥らしめるほど低いものであることを避けなければならないのはもちろんだが、そのような事態は、かかる条件においてはほとんど杞憂であろう。——第二に、賃金の問題がもっぱら彼らの関心事となり、労働者の企業への専念を妨げるようなことは避けなければならない。

調停のための協同組合組織、その他は、つぎの目的のためにのみ、すなわち、労働者各自が金銭の問題にほとんどわずらわされないで働くためにのみ設立されるべきである。

企業主という職業は、医者という職業とおなじく、公共の利益のために、国家がある種の保証を条件として、はじめて営むことを許可するといった職業に数えられるべきである。その保証は、能力のみならず精神の高邁さにも関係するものでなければならない。

開業資金は現在よりはるかに小規模なものとなる。信用貸付制度は、資本はないが、企業主になる能力と天職とを有する若い労働者に、容易に企業主になることを可能にするだろう。

企業はかくして、ふたたび個人経営的なものになることができる。株式会社にかんしては、過渡的な制度をつくったうえで、これを廃止し、禁止宣告をおこなうことにおそらく不都合はないであろう。

いうまでもなく、企業の多様性にかんがみて、きわめて多様な形式の研究が必要であろう。ここに示したような草案は、いくたの長い努力の帰結としてのみ現われるべきものである。技術的発明の努力も、不可欠なものとしてそれらの努力のなかに数えられる。

とにかく、以上のような社会生活形態は、資本主義的でも社会主義的でもない。

それはプロレタリアート的境遇を解体させる。しかるに、社会主義と名づけられているものは、実際において、あらゆる人間をその境遇に追い落とす傾向があるのだ。

またそのめざすところは、今日流行になりつつあるきまり文句にしたがって、消費者の利益――かかる利益は、ひたすらあくどく物質的なものでしかありえない――ではなく、精神的な価値であるところの、労働における人間の尊厳である。

ただし、こうした社会観念の難点は、この観念を言葉だけの領域から引き出そうという、燃えるような不屈の意志を心の奥底に秘めたある数の自由な人間たちがいないなら、けっして言葉だけの領域から出る機会がないということにあるのだ。そのような人間が見出されうるとか、出現させうるとかいうことも確実ではない。

しかしながら、この道以外には、多種多様だが、ほとんどおなじように怖ろしい不幸の諸形式のあいだでしか選択の余地がないことになろう。

以上のごとき観念は、その実現にあたって長い時日を要するものであるとはいえ、戦後の再建事業は、ただちに工業労働の分散を鉄則としなければならない。

農民の根こぎ

農民の根こぎの問題は、労働者の根こぎの問題におとらず由々しき問題である。前者の病いは後者の病いほど進行していないが、後者より醜聞とされるべき要素を有している。なぜなら、大地が根こぎにされた人間たちに耕されるというのは自然に反しているからである。この二つの問題はおなじように注目されなければならない。

さらにまた、労働者にたいして公然たる注意のしるしを与えるときには、かならず、農民にたいしてもそれに見合った注意のしるしを与えなければならない。なぜなら、農民たちはきわめて気むずかしく、きわめて感じやすく、人びとが自分たちのことを忘れているという想念につねに苦しんでいるからである。現在の大方の苦悩のなかで、彼ら農民たちは、人びとが自分たちのことを考えているという確信のなかに慰めを見出しているのは確かだ。正直にいって、思いのままに食べられるときより飢えているとき、人間ははるかに彼らのことを考えるものなのである。そして、いっさいの身体的要求をはるかに超えた次元に自己の思考を置いていると信じていた人たちのあいだでさえ、やはりおなじなのである。

労働者たちは、民衆について論じられる場合、問題になるのはひたすら自分たちだけだと信じ込む、あまり奨励すべきでない傾向を有している。これにたいしては正当な理由などただの一つもない。労働者が農民より余計に騒ぐという事実を理由として数えるのでないならば。この点にかんして、労働者は、民衆に愛情をいだいている知識人たちを説得することに成功した。その結果、農民のあいだには、政治上で左翼と呼ばれているものにたいする一種の憎悪が生まれることになった。——ただし、彼らがコミュニストの勢力下に陥っている場合や、反教権主義が主要な情熱となっている場合は例外である。おそらく、いくつかの他の場合もまたそうであろう。

フランスにおける農民と労働者との離反は、遠い過去にさかのぼる。十四世紀末の哀歌のなかで、農民は悲痛な調子で、職人たちを含めて、すべての社会階級が彼らに加える残酷な仕打ちの数々を列挙している。

フランスにおける民衆運動史のなかで、農民と労働者が協力し合うということは、私の思い違いでなければ、ほとんど起こらなかった。一七八九年においてさえ、おそらく、他の要素よりむしろ暗合が問題だったのである。

十四世紀において、農民たちは、ぬきんでてもっとも不幸だった。しかしながら、彼らが物質的により幸福である現在でさえ——その場合にも、彼らはほとんどそれを意識しない。なぜなら、数日間の休暇を農村にすごしにやってくる労働者たちがする自慢話の誘惑に屈してしまうのだから——いつでも、いっさいは都市でおこなわれ、自分たちは《その圏外にある》out of it という感情に苦しめられているのだ。

いうまでもなく、このような精神状態は、ラジオや映画が農村に出現したことや、「コンフィダンス」や「マリ＝クレール[14]」といったたぐいの週刊誌が出廻りはじめたことによって悪化した。こういった週刊誌にくらべれば、コカインなどは無害な産物である。

このような情況にある以上、まずもって、こんご農民たちに、彼らが《圏内にある》in it という感情を与えうるようなあるものを考案し、それを実施する必要がある。

ロンドンから流される公式放送〔被占領下のフランス向けに行われていたBBC放送〕のなかでも、かならず農民たちについてより労働者たちについてはるかに多くの言及がなされてきたが、おそらくこれは遺憾とすべきことである。農民が抵抗運動において、はるかに小さな役割を演じていることは事実である。しかしながら、このことはおそらく、彼らが存在しつづけているという、繰り返されてきた周知の証拠がまたしても与えられたことにほかなるまい。

農民の大部分について妥当しない場合には、フランスの民衆が一つの運動にくみしているとは言いえないということを心に銘記すべきである。

農民たちにもおなじだけのものが約束できないなら、労働者たちに新しいもの、よりよいものを約束すべきではない。このことをひとは鉄則としなければならない。一九三三年〔ナチスが政権を獲得した年〕以前におけるナチスのみごとな策略は、労働者にたいしては労働者だけの党として、農民にたいしては農民だけの党として、小市民にたいしては小市民だけの党として振舞ってみせたことにある。これは彼らにとって容易なことであった。なぜなら、彼らはすべての人間に嘘をついていたのだから。

だが、おなじようにしなければならない。ただし、なんぴとにたいしても嘘をつくことなく。これは困難な仕事である。しかし不可能な仕事ではない。

農民の根こぎは、最近の数年間にわたって、労働者の根こぎ同様、国家にとって致命的な危険であった。そのもっとも重大な徴候の一つは、七年か八年前、失業の危機のさなかにもつづけられた農村の人口減少であった。

農村の人口減少は、その極限において、社会の衰亡にいたることは明らかである。そこまでいくことはないと言えるかも知れない。しかし予断は許されない。現在までのところ、この傾向を阻止しうるようなものはなに一つ見当たらない。

この現象にかんして、二つの事実が指摘されねばならない。

その一つは、白人の赴くところではどこでも、彼らがこの現象を持ち込むということである。この病いはブラックアフリカ〔サハラ砂漠以南のアフリカをさす呼称〕まで襲った。ところがこの地方は、おそらく、数千年来、村落によって形成されている大陸だったのである。すくなくとも、かの地の人びとは、よそからやって来た人間が、彼らを虐殺し、責め苛み、奴隷状態に陥れるまで、彼らの土地のうえで幸福に生活することができたのである。われわれとの接触によって、彼らはかかる能力を失いつつある。だから、アフリカの黒人たちは、植民地原住民のなかでもっとも原始的であるとはいえ、結局のところ、われわれから教えられるよりもわれわれに教えるべきものを多く持っているのではないかという疑念が生じてくるのだ。彼らにたいするわれわれの恩恵は、靴直しにたいする金貸しの恩恵[15]のごときものである。この世のいかなるものも、労働の歓びの消滅を償うことはできない。

もう一つ注目すべきことは、全体主義的国家の一見無尽蔵に思われる謀略も、この病いにたいしては無力だということである。この点にかんしては、ドイツ側にも、なんどとなく繰り返された公式の絶対的な告白があるのだ。ある意味において、これはよいことである。なぜなら、彼らよりもうまくやる可能性が与えられたわけだから。

恐慌中に起こった貯蔵小麦の廃棄処分は、ひどく世論を刺戟したが、もちろん当然のことである。しかしながら、よく考えてみるならば、工業生産の恐慌時代における離村現象は、いってみれば、それ以上に醜聞の対象となるべきものを持っている。いうまでもなく、この問題を除外して労働者の問題が解決できるという希望はまったくない。労働者の人口が、過去の生活から断絶を強いられた農民の流入によってたえずふくれあがってゆくならば、彼らがプロレタリア化するのを阻止する手段はまったく存在しない。

戦争は、農民におけるこの病いがどの程度まで悪化しているかを明らかにした。なぜなら、兵士たちは若い農民だったからだ。一九三九年九月[16]には、つぎのような農民たちの声がきかれた。「フランス人として死ぬくらいなら、ドイツ人として生きたほうがましだ。」彼らは失うものなどなにもないと信じるにいたっていたのだが、そうなるように彼らになにをしてきたのか?

政治における最大の難問題の一つを十分意識しなければならない。労働者たちがこの社会のなかで疎外感に残酷なまでに苦しんでいるとき、農民たちのほうは、逆に、おなじこの社会のなかで、労働者たちだけがそのところを得ているのだという印象をいだいているのである。農民たちの眼には、労働者を擁護する知識人は、圧制に苦しむ人間たちの擁護者としてではなく、特権を有する人間たちの擁護者として映じている。知識人はかかる精神状態を疑ったことさえないのだ。

農村における劣等感はきわめてつよく、周知のように、豪農たちでさえ、退職した小市民によって、原住民にたいする入植者の高慢さをもって遇されることを自然だと考えるほどなのである。金銭によっても消滅しないとするなら、そのような劣等感はきわめて深刻なものだと考えねばならない。

こんなわけだから、労働者に精神的満足を与えようと考えれば考えるだけ、農民にもそれを与えるように心がける必要がある。さもなければ、その結果生じる不均衡は、社会にとっても、また、ひるがえっては労働者自身にとっても、危険な要素となるであろう。

根をもつことの要求は、農民において、まず所有の渇望というかたちを取る。この渇望は、彼らにとって真の意味における渇望であり、健全かつ自然なる渇望である。この線に沿った希望を与えるならば、かならずや彼らの心を惹きつけることができる。所有を生じる形式を規定する法律上の資格を神聖なものと考えず、所有の要求こそ神聖なものだと考えるなら、ただちにそのようにしない理由はまったくない。農民の手中に、現在彼らの手中にない土地を徐々に引き渡してゆくために可能な合法的処置はいくらでもある。たとえば、土地にたいする都市居住者の所有権を正当化するものはなにもないのだ。大農地の所有は、技術的な理由にもとづくある特殊な場合にしか正当化されない。そのような場合においても、各人が一部の農地を、集約的に、野菜およびそれに類する作物の栽培に使用し、同時に、協同組合方式で、彼らが共同所有する広大な農地内で、近代的な機械を用い、粗放的耕作方法を実施するといった農民を考えることができる。

農民たちの心を惹きつけうる方法とは、耕地を、遺産の分割にもとづく富としてではなく、断固として労働の手段とみなすがごとき方法であろう。そうなれば、あまり働かないくせに弟以上に儲けている官吏の兄にたいして、一生のあいだ負債に苦しみつづけるといった農民の許すべからざる姿は、もはや見られなくなるであろう。

年金は、たとえ僅かなものであろうと、老人たちにたいしておそらく大きな効果を発揮するであろう。不幸にして、年金という言葉は、若い農民たちを都市に惹きつける魔術的な言葉となっている。老人たちの屈従は、農村においてしばしば著しいが、僅かな金額であろうと、名誉あるかたちで下付されるならば、彼らに威厳を与えることになろう。

だが、これとは対照的に、あまり大きな安定は、農民たちのあいだに根こぎという結果をもたらす。農民の子供は、十四歳くらいで、ひとり立ちの耕作をはじめる。その当時、労働は、彼の体力がそれに見合っているとは言いがたいにもかかわらず、詩であり、陶酔である。数年も経つと、この子供らしい熱狂は涸渇してしまい、仕事はわかり切ったものになり、肉体的な力は横溢して、果たすべき仕事をはるかに上廻るようになる。なすべきことといったら、なん年ものあいだ毎日おこなわれてきたこと以外にはなにもない。そこで彼は、日曜日にはなにをしようかと、そればかり考えて一週間をすごすようになる。そうなった瞬間から、彼には未来がなくなる。

十四歳という年齢における、農民の子供と労働とのこの最初の完全な接触、この最初の陶酔は、いつまでも変わることなく、彼の魂の深奥に、その陶酔を浸透せしめるような荘厳な祭式によって聖なるものとされなければならない。きわめてキリスト教的な村落においては、かかる祭式は宗教的な性格を持つことになろう。

しかしながら、同時に、三年ないしは四年後、彼をとらえる新しい渇望にたいしても糧を与えてやらなければならない。若い農民にとって、その一つは旅行である。すべての若い農民たちに、金銭上の負担なく、フランス国内なり、あるいは外国なり、しかも都会ではなく農村に旅行できる可能性を与えてやる必要がある。そのためには、農民たちにたいしても、なにか《フランス巡歴》に類似した組織が問題になろう。それと教育的文化的事業を併用することも可能である。なぜなら、よくあることだが、若い農民たちの最良の分子は、十三歳にして学業を放棄し、労働に身を投じるために一種の無理をおこない、そののち、十八歳か二十歳ごろ、ふたたび勉学への意欲を感じはじめるからである。また、これとおなじことが若い労働者たちにも起こる。交換の制度ができあがれば、家族にとって不可欠な若者たちでも出発することが可能となるだろう。これらの旅行が完全に自発的なものでなければならないことは言うまでもない。だが、両親はこれを阻止する権利を有しない。

農民たちにおける旅への想いの強烈さ、実現以前の約束の状態においてさえ、かかる改革がもたらしうる精神的重要性、ましてや、それがひとたび慣習となった際のその重要性は、想像以上のものがある。若者にして、農民たることをけっしてやめることなく、数年にわたって世界を巡歴したのちその家に戻るならば、彼の不安は鎮められ、家庭を建設するようになるだろう。

若い娘たちにたいしても、おそらく、なにかこれに類似したものが必要である。すなわち、「マリ＝クレール」に代わるものがなければならない。「マリ＝クレール」を彼女らの手に残しておくことは許されない。

兵営は、若い農民にとって根こぎの怖るべき要因になってしまった。この点にかんして、軍隊教育はついに、その目的に反した結果を生むにいたっている。なるほど、若者たちは軍事訓練を習得する。だが彼らは、それを習得する以前よりも戦う気構えがなくなってしまう。兵営から出てきた者はすべて、反軍隊主義者となって除隊してくるからである。たとえ軍事力のためであろうと、各自の生涯の二年間を、いや、たとえ一年間でさえ、軍人たちの自由勝手にまかせるわけにはいかない。このことは経験が立証している。資本主義を青少年の職業教育の主人にしておくわけにはいかないと同様に、軍隊を彼らの軍事教育の主人にしておくわけにはいかない。背広の権力がそれに参加しなければならない。しかも、軍事教育が一つの真の教育を構成し、けっして腐敗を構成しないというかたちにおいて参加しなければならない。

若い農民と若い労働者が兵役を通じて接触するのは、なんらのぞましいことではない。後者は前者の度胆を抜くことばかり考える。これはどちらのためにもならない。かかる接触は真の意味における接近を生むことはない。接近をもたらすのは共同の行動のみである。だが、本来、兵営には共同の行為なるものは存在しない。平和なときに戦争の準備をする場所なのだから。

都市のなかに兵営を設置する理由はどこにもない。若い農民たちのためを考えて、兵営は都市から離れたところに設けてもなんら支障はあるまい。

売春宿の主人がそのために損をするのは事実である。だが、こういった類の人間どもと公的権力との結託に終止符を打ち、フランスの恥辱の一つたる制度を廃止しようと断固たる決意をかためないのなら、どんな改革を夢みても無駄である。

ついでながら言っておくが、われわれはこの恥辱を高価な代価で支払ってきたのだ。フランス独特の法規にしたがって、公的な制度として確立している売春は、軍隊を腐敗させるに大いに貢献し、かつ警察を完全に腐敗させてしまった。そして、警察の腐敗は民主主義の破滅につながらざるをえなかったのである。なぜなら、市民の眼に法を代表している警察が、公然と公衆の軽侮の対象となるとき、民主主義が存続することは不可能だからである。イギリス国民は、警察が愛情ある敬意の対象でないような民主主義が存在しうるなどということを理解しはしない。だが、彼らの警察は、面白半分に売春婦という従順な家畜を逮捕したりはしなかったのである。

われわれの壊滅の諸要因を正確に算定するなら、おそらく、かかる恥辱、および入植者たちの強欲という恥辱、外国人たちに加えられる虐待という恥辱など——いっさいのわれわれの恥辱は、おのれの敗北となって実際にはね返ってきたのだということに思いいたるはずである。われわれの不幸についてては多くのことを語りうるが、それが不当なものであると言うことはできない。

売春は、二乗感染という、根こぎが有するかの特性の典型的な実例の一つである。職業的売春婦なる身分は、根こぎの極限の段階をなす。そして、根こぎというこの病患にとって、一握りの売春婦は広汎な伝染力をもつ。国家がみずからすすんで若い農民と売春婦との接近をはかることに執心しているかぎり、健全な農民階級がありえないであろうということは明らかである。農民階級が健全でないかぎり、労働者階級もまた健全ではありえないし、国のその他の階級にかんしても同様である。

なお、農民にたいしては、彼らの精神的幸福を配慮しつつ兵役制度を改革しようとする試みほど、その共感を得るものはあるまい。

精神文化の問題は、農民の場合も労働者の場合と同様に提起されている。農民にたいしては、彼らに適した翻案が必要である。労働者に適したものとおなじであってはならない。

精神の事象にかんするいっさいについて、農民たちは近代世界によって無残に根こぎにされてしまった。それ以前、彼らはおのれに適した形式において、芸術としても思想としても、一個の人間が必要とするいっさいのものを、しかも、もっともすぐれた質のものを所有していた。レチフ・ド・ラ・ブルトンヌ(17)がその子供時代について書いた作品を全部読んでみるならば、当時の農民たちのうちでもっとも不幸な者でさえ、今日の農民たちのうちでもっとも幸福な者より無限に好ましい運命を有していたと結論せざるをえない。ところが、それがきわめて近い過去であるにもかかわらず、われわれはその過去をふたたび見出すことができずにいるのだ。農民たちが、彼らにさし出されている精神文化に無縁な人間としてとどまらないようにするための方法を発見しなければならない。

科学は、農民の場合と労働者の場合とでは、まったく違った方法で示されねばならない。労働者にたいしては、力学がすべてに優先するのは当然である。農民にたいしては、植物に降りそそぎ、葉緑素によって固定され、穀粒や果実のなかに集められ、それを食べたり飲んだりする人間の体内に入り、筋肉のなかを通り、大地を肥やすために消費されるといった、太陽エネルギーのすばらしい循環がいっさいの中核にならなければならない。科学に関係するすべては、この循環の問題を中心として配置されてよい。なぜならば、エネルギーの観念はすべての中核だからである。この循環の思想は、それが農民の精神のなかに浸透するとき、労働を詩で包むことになろう。

一般的に、農村における教育はすべて、世界の美、自然の美にたいする感受性を増大させることを本質的な目的とすべきである。正直にいって、観光客は、農民が風景に興味を示さないという事実を発見した。しかしながら、農民たちと数日間、ひとを疲労困憊させずにはおかないその労苦をともにするならば（これこそ、彼らと胸襟をひらいて語りあえる唯一の方法である）、そのある者たちから、彼らの労働があまりにも苛酷であるために、ゆっくり自然の美を楽しむことができないという歎きをきくことになるのだ。

いうまでもなく、美にたいする感受性を増大させるといっても、つぎのように言うだけでは達成されない。「ごらんなさい、なんて美しいんでしょう！」と。そんなに簡単なことではないのである。

最近、教養ある人士のあいだで、民俗学をめざす運動が起こったが、この運動は、農民たちのなかに、人間の思考生活において彼らがおのれの場を得ているという感情を復興する援けになるべきものかも知れない。現在の体制の骨子は、思考に関係するいっさいのことがらがもっぱら都会の所有物であって、農民はその大部分を理解する能力に欠けるがゆえに、きわめてわずかなその小部分だけを分ち与えてやるといったかたちで彼らに示されることにある。

これは、ただ単に程度があまりどぎつくないというだけで、やはり植民地的な心性である。植民地の原住民は、すこしばかりヨーロッパ的教育で磨きをかけられると、教養あるヨーロッパ人以上に自分の国民を軽蔑することがあるが、農民の息子で教師になった人間にかんしても、しばしばおなじことが起こるのである。

農民階級が国土のなかにふたたび精神的に根づくようになる第一の条件は、農村における教師の職業が、なにか他と区別される独自なものとなり、その養成は、部分的にとどまらず、全面的に、都会の教師の養成と別物になるということにある。たとえば、ベルヴィル〔パリの北東にある労働者地区〕の教師たちと、ある小さな村の教師たちとをおなじ鋳型で製造することは最高度に非常識である。これは、その支配的性格が暗愚にほかならぬ一時代における数多くの非常識の一つなのだ。

第二の条件は、農村の教師が農民というものを知っていて、彼らを軽蔑しないということであるが、このことは、それらの教師を農民階級のなかから育てるだけでは達成されない。彼ら未来の教師に授けられる教育においては、あらゆる国々の民俗学を好奇心の対象としてではなく、偉大なる事象として示し、それにきわめて大きな役割を与えなければならない。また、人間の思考がおこなった最初の思索において、すなわち、星辰にかんする思索や、古代の文献のいたるところで繰返されている比喩がそれを示しているように、善と悪とにかんする思索において、牧人たちが果たした役割を彼らに語ってやらなければならない。さらに、農民文学、すなわちヘシオドス、[18]『農夫ピアズの幻』[19]、中世の哀歌、真の意味で農民的な現代のいくつかの作品を読ませなければならない。ただし、そのために一般教養が阻害されるべきでないことは言うまでもない。かかる準備段階を経てから、彼らを一年間、匿名で、農家の手伝いとして他県に働きに出し、しかるのちふたたび師範学校に集め、彼ら自身の体験にもとづいてものごとをはっきり見るように助力してやるべきである。

労働者街や工場街の教師たちについてもおなじことがいえる。ただし、このような体験にかんしては精神的な準備がなされねばならない。さもなければ、それは、同情や愛ではなくて、軽蔑ないしは嫌悪感を生み出すことになろう。

各種の教会が、農村の司祭や牧師の身分を特殊なものとするようになるなら、きわめて有益であろう。フランスの完全にカトリック的な農村において、どれほど宗教が日常生活から遊離し、日曜日の数時間だけのものになってしまっているかを見るとき、しかもキリストが、どんな偏愛をもってその譬えの題材を田園に求めたかを考えあわせるとき、まさに唖然たらざるをえない。ところが、それらの譬えの多数は典礼のなかに姿を現わさないし、そこに姿を現わしている譬えもなんらひとの注意を喚起しない。教師が語る星々や太陽がノートや書物のなかに住んでいて、天空となんらの関係も有しないように、日曜日に教会で言及される葡萄の樹、小麦、羊たちは、農村に見られる、毎日人びとがすこしずつおのれの生命をそのために捧げている葡萄の樹、小麦、羊たちと共通したものはなに一つ有していないのである。キリスト教徒の農民は、彼らの宗教生活においても根こぎにされている。一九三七年の大博覧会に教会なしの農村を展示しようとした考え方は、多くのひとが言うほど馬鹿げたものではなかったのである。

カトリック青年労働者連盟の青年たちが、労働者たるキリストを想って自己を高揚させるように、農民たちもまた、福音書の譬えが田園生活に与えている役割や、パンと葡萄酒の有する聖なる働きのなかにおなじような誇りを汲み取り、そうすることによって、キリスト教は彼ら自身のものであるという感情を引き出すべきである。

教育の世俗化をめぐる論争は、フランスにおける農民生活を毒する主要な源泉の一つであった。不幸にして、この論争はまだ終わりそうにない。この問題にかんしてはっきりした立場をとらずに済ますことは不可能であるが、まずもって、あまり悪しからざる立場を見出すことさえほとんど不可能なように思われる。

中立が虚言であることは確実である。教育の世俗的体制は中立ではない。一方ではサン＝シュルピス流[20]の宗教よりもきわめてすぐれてはいるが、他方では真のキリスト教よりもきわめて劣った哲学を子供たちに授けているのだ。しかし、今日、真のキリスト教はきわめて稀である。多くの教師たちは、この哲学に、一種宗教的な熱情をもって帰依している。

教育の自由を口にしても解決にはならない。この言葉は真の意味に欠けている。ひとりの子供の霊的形成はだれの手にも属さない。まず、子供の手に属さない。なぜなら、彼はそれを自由におこなう能力がないからである。また両親の手にも属さない。国家の手にも属さない。きわめてしばしば、家族の権利なるものが引き合いに出されるが、これはお手軽な便法にすぎない。その役目を果たす自然な機会を得ながら、非キリスト教的な家庭の子供にキリストについて語るのをさし控えるがごとき司祭は、ほとんど信仰をもたぬ司祭と言うべきだろう。非宗教的学校をいまのまま存続させ、それとならんで、宗派経営の学校の競合を認め、さらにこれを奨励するような態度は、理論的見地からも、実際的見地からも不合理である。宗派経営であるなしを問わず、私立学校は、自由の原則からではなく、その学校がよしとされる個々の場合にそくして、監督を条件に、それが公共の利益になるという理由から許可されなければならない。

公立教育において聖職者に一つの役割を与えることは、解決にはならない。たとえそれが可能であると仮定しても、のぞましいことではないし、フランスにおいては内乱なしには可能ではない。シュヴァリエ氏[21]の提唱にもとづいてヴィシー政府が数カ月間おこなったように、教師たちにたいして、子供に神について語るように命じることは、きわめて悪趣味な冗談である。

世俗の哲学に公的資格を残すことは、それが価値の序列に合致しないという意味において、恣意的かつ不当なる措置であり、かかる措置は、われわれをまっすぐに全体主義のなかに突き落とすことになろう。なぜならば、世俗化がある程度のほとんど宗教的な熱狂を呼び起こしたとはいえ、この性質上、それは微々たる度合にすぎず、他方われわれは、白熱した熱狂の時代に生きているからである。全体主義の偶像崇拝的風潮は、真に霊的な生活のなかにしか障害を見出すことはない。子供たちに神のことを考えない習慣をつけるならば、なにものかに自己を捧げたいという要求から、彼らはファシストかコミュニストになるであろう。

人間がひとたび権利の観念を棄てて要求に結びついた義務の観念のみを選ぶとき、この領域において正義がなにを必要としているかがより明瞭にわかってくるのだ。思考にめざめた若い魂は、諸世紀を通じて人類が蓄積した宝庫を必要とする。もし子供を、非キリスト教文明のなかにもいくたの純金の宝があることに気がつかないような狭隘なキリスト教のなかで育て上げるなら、その子供にたいして過ちをおかすことになる。だが世俗教育は子供たちにたいしてもっと大きな過ちをおかした。それらの宝を隠蔽し、さらに加えてキリスト教の宝をも隠蔽したからである。

フランスにおいて、公立教育がキリスト教にたいして取ることのできる、合法的であると同時に実際上可能な唯一の態度は、この宗教を、人間の思惟の生み出した他の多くの宝のうちの一つとみなすことにある。フランスの大学入学資格者が、中世の詩歌、『ポリュークト』、『アタリー』、『フェードル』、パスカル、ラマルチーヌ、および、デカルト、カントなどキリスト教が深く滲透している哲学説、さらに、『神曲』、『失楽園』についての知識を持ちながら、聖書をいちども繙いたことがないというのは、最高度に不合理である。

未来の教諭たちや教授たちにたいしては、ただつぎのように言えばよい。ごく最近における、ヨーロッパのある地域をのぞいては、あらゆる時代、あらゆる国を通じ、宗教は、文化、思想、人類の文明の発展に支配的役割を果たしてきたのだ、と。宗教がけっして問題にならないような教育は、不合理そのものである。他方、歴史にかんして、フランスの子供たちにはフランスについて多くが語られるのと同様に、ヨーロッパにいる以上、宗教について語る場合、まず第一にキリスト教が問題になるのは当然のことである。

したがって、あらゆる教育の段階において、すでにやや年長の子供たちのためには、たとえば宗教史というような題目の講義が必要となる。また、聖書の章節、なかんずく福音書を読ませるべきであろう。さらに、どんな場合にも当てはまることだが、原典の精神自体に即してそれを注釈してやらなければならない。

教義について語る際には、わが国においてもっとも重要な役割を果たしたものとして、かつ、第一級の価値を有するいくたの人びとが彼らの魂のいっさいをもって信じたものとして、それを語らなければならない。しかしまた、多くの残虐行為が教義を楯に取った事実をもかくしてはならない。

なかんずく、そのなかに含まれている美しさを子供たちに感じ取らせるように努力すべきである。もし彼らが、「これは真理ですか？」とたずねたなら、「こんなに美しい以上、かならずや多くの真理を含んでいるはずです。それが絶対的に真理であるか否かを知りたいのなら、あなたがたが成人したときにそれが理解できるようになるように努力なさい」と答えるべきである。注釈のなかに教義の否定を意味するものを挿入することは、厳しく禁じられなければならない。また、その肯定を意味するものも同様に禁じられるべきである。教諭や教授にして、もしそれをのぞみ、かつ必要なる知識と教育的才能とを有する者ならすべて、子供たちにたいし、キリスト教ばかりでなく、これよりはるかに固執する必要はないにせよ、真正のものであればどんな宗教思想の潮流についても、自由に語ってよいのである。宗教思想は、それが普遍をめざすかぎり真正なものである（ただし、一民族の観念に結びついたユダヤ教の場合はこのかぎりでない）。

以上の解決策が適応されるならば、宗教は次第に、政治上の態度を決定するようなかたちで是非の態度を決定すべきものであることをやめるであろう。すくなくともそう期待すべきである。そのとき、フランスのあまたの農村のなかで潜在的な一種の内戦状態をかもし出している二つの陣営、すなわち、教師たちの陣営と司祭たちの陣営とは解消することになろう。キリスト教的美を、直截に舌をもって味わうべき美として提示しつつそれとの接触をはかるならば、知らず知らずのうちに、いかなる宗教信仰の教義的教育よりはるかに有効なかたちでこの国の大衆の内部に霊性を滲透させることになろう。ただし、この国にまだその能力があるとするならば。

美という言葉は、なんら、審美主義者流に宗教上のことがらを考察せよということを意味しない。

審美主義者の観点は、単に宗教にかんしてばかりでなく、芸術にかんしても冒瀆である。それは、美と戯れ、美を小手先であやつり、美をただ眺めることである。美とは、食べられてしかるべきものである。それは糧である。もし人びとが、キリスト教の美を直截に美として民衆にさし出すならば、それは糧としての美のごときものになるはずである。

　田園の学校において、田園の生活が描かれている新約聖書の本文を、しばしば繰り返し、しばしば注釈し、つねにもとに戻って注意深く読んでやるならば、田園生活に失われた詩を返し与えるにあたって大いに役立つであろう。かたや魂の霊的生活、かたや物質的宇宙にかんするいっさいの科学的認識がともに労働という行為のほうをめざすとき、労働は人間の思考のなかで正当なる位置を占めることになる。労働は牢獄の一種ではなく、この世界と他の世界との接触である。

　このようになるとき、たとえば、種子を蒔きつつある農民は、心の内部で言葉にならなくとも、その想念の深奥に、どうしてつぎの二つのものを想い浮かべないであろうか？　その一つは、「一粒の麦がもし死なないならば」〔ヨハネ福音書一二・二四〕とか、「種子は神の言葉である……」〔マルコ福音書四・一四〕とか、「芥子種(からし)は、どの種子よりも小さいが……」〔マタイ福音書一三・三二、マルコ福音書四・三〇〕とかいったキリストのいくつかの譬えであり、もう一つは、成長の二重のメカニズム、すなわち、種子が自己自身を消費しつつ、バクテリアの援けを借りて地上に姿を現わすというメカニズム、および、太陽エネルギーが光線となって降りそそぎ、茎の葉緑素によって捕えられ、抑えがたい上昇運動となってふたたび上に向かってゆくというメカニズムである。地上のメカニズムを、（もしこのような表現を用いることが許されるなら）超自然的メカニズムを映す鏡となすところの類推は、そのときあざやかに浮かびあがり、巷間の表現にしたがえば、労働の疲労はこの類推を身につかせることになろう。労苦はつねに、程度の違いこそあれ、労働の努力に結びついたものであるが、そのとき、人間存在の中核そのものに世界の美を滲透せしめる苦しみとなるのだ。

同種の方法が、労働者の仕事にもおなじような意味を担わせることができる。その方法もまた、まったく簡単に理解できるものである。

かくてはじめて、労働の尊厳は十全なるかたちで基礎づけられることになる。なぜならば、ものごとを根本までつきつめるなら、真実の尊厳にして、霊的な根、したがって、超自然的秩序に属する根をもたないものはないからである。

民衆教育の任務は、労働に思考を注入することによって、それにより多くの尊厳を与えることであって、労働者を、あるときは働き、あるときは思惟するといった隔壁をもつ存在にすることではない。いうまでもなく種子を蒔く農夫は、しかるべく種子を蒔くように注意すべきであって、学校で習いおぼえた教科を思い出すことに注意すべきではない。しかしながら、われわれの注意力の対象が思惟の全内容をなすわけではない。はじめて身籠った幸福な若い女性は、産衣を縫いながら、しかるべくそれを縫うことを考える。とはいえ、彼女は一瞬たりとも、胎内の子供のことを忘れはしない。おなじ瞬間、牢獄内の工房のどこかで、ひとりの女囚が、これまたしかるべく縫おうと考えながらものを縫っているはずである。なぜならば、彼女は罰せられることを怖れているからである。このふたりの女性は、おなじ瞬間におなじ仕事をしていて、しかもおなじ技術的困難に注意力を奪われているのだと想像することができる。にもかかわらず、両者の仕事のあいだには差異の深淵がひらかれているのだ。いっさいの社会的問題は、この二つの情況の一方から他方へ労働者を移行させることにある。

必要とされるのは、この世界ともう一つの世界とが、その二重の美において、ちょうど生まれ出ようとしている子供が産衣をつくる行為に現前し、それに結びついているように、労働の行為自体に現前し、それに結びつくことである。この結びつきが実現されるのは、それぞれの労働に固有の動作や作業を思惟に直接関係づけるようなかたちで思惟を表象すること、自己の存在の本質そのもののなかにそれらの思惟が滲透するに足るほど深く同化すること、さらに、それらの思惟を労働の動きに結びつける、記憶のなかに刻みつけられた習慣を養うことによってである。

今日のわれわれには、知的にも精神的にも、かかる変貌が不可能になっている。この変貌の準備に手を染めることができるとしたら、もうそれで大したことなのだ。もちろん、学校だけでは十分でない。若干思惟のごときものが残されているいっさいの環境――教会、労働組合、および、文学界や科学界――はこれに協力しなければならない。この範疇に政治的世界をあえてもち出すことは、ほとんど不可能である。

われわれの時代は、労働の霊性という基礎のうえに文明を築きあげることを、その独自の使命、その天職としている。この天職の予感に関係のある思想、ルソー、ジョルジュ・サンド、トルストイ、プルードン、マルクス、あるいは、教皇たちの回勅その他のなかに散見される思想は、近代における唯一の独創的な思想であり、われわれがギリシア人から借りなかった唯一の思想である。われわれが全体主義的体制の深淵のなかに身を投じてしまったのは、われわれのうちで生み出されつつあったこの偉大なる事実の高みに身を置かなかったからにほかならない。しかしながら、ドイツが打倒されるならば、われわれの蹉跌も決定的なものではない。おそらくまだ好機はあるだろう。そのことを考えると不安に駆られないわけにはいかない。その好機がおとずれた場合、いかにも凡庸なるわれわれは、それを逸しないためにどうすればよいであろうか？

　こうした天職こそ、全体主義的偶像にかわって諸国民に示すに足る、偉大なる唯一の天職である。だが、その偉大さを感じ取らせるような仕方でこれを示さないならば、彼らは偶像の支配から脱することはないであろう。偶像は、褐色のかわりに赤で塗りかえられるにすぎぬであろう。もし人間たちにバターと大砲をさし出してえらばせるとするなら、バターのほうをはるかに好むにもかかわらず、一種神秘的な運命が彼らに、その意に反して大砲をえらぶように強いるであろう。バターは、あまりにも詩に欠けている――すくなくともそれが手元にあるときには。なぜなら、それが手元にないときには、バターが一種の詩となるからだ。バターをえらぶという気持ちは、本来打ち明けがたいものなのである。

　現在、反枢軸連合国、なかんずくアメリカは、ヨーロッパの飢えた民衆に、つぎのように言って時をかせいでいる。われわれの大砲でバターを手に入れさせてあげよう、と。このことは、唯一つの反応として、彼らはほとんど急いでいないという印象しか生み出さない。そのバターが与えられるなら、人びとはそれにとびつくだろう。そのあと、彼らはたちまち、それがどんなイデオロギーでりっぱに包装されたものであろうと、すばらしい大砲をちらつかせる連中のほうに向いてしまうだろう。疲労困憊しているのだから、彼らは安逸しか求めまいなどと想像しないでいただきたい。

近い過去における不幸によって惹き起こされた神経的な疲労困憊は、安逸のなかに身を落ちつけることを妨げる。かかる疲労は、ちょうど一九一八年後の場合がそうだったように、狂ったような快楽の満足のなかに忘却を求めるか、さもなければなにか陰惨な狂気のなかに忘却を求めるか、どちらかを強制することになろう。あまりにも深く噛みついた不幸は、不幸への性向を生み出し、その性向は、自己をも他人をも不幸のなかに陥らせようとする。ドイツがその好個の例である。

ヨーロッパ大陸の不幸なる民衆は、パンよりも偉大さへの要求をいだいている。ところで、偉大さには二種類しかない。その一つは霊的秩序に属する真の偉大さであり、もう一つは世界征覇という古い虚言である。この征覇は偉大さの代用品（エルザッツ）である。

真の偉大さの今日的形態は、労働の霊性に基礎づけられた文明である。これは、なんら不和軋轢の危険をおかすことなく提唱できる考え方である。霊性というこの言葉はいかなる特別の加盟をも意味しない。コミュニストたち自身も、現在の雰囲気においては、おそらくこの言葉を拒否することはあるまい。それに、結局のところ、資本主義社会にむけて発せられた霊性の欠如という非難に帰一するような引用をマルクスのなかに見つけ出すことは容易であろう。これはつまり、新しい社会には霊性が存在しなければならないということを意味している。保守主義者たちもあえてこの表現を拒否することはできまい。急進的、世俗的、フリーメーソン的な人びともまた同様であろう。キリスト教徒たちは歓んでこの表現に飛びつくはずである。したがってこの表現は、すべてから賛同を得ることができるのだ。

しかしながら、このような表現に手をつけるとき、ひとは戦慄を禁じえない。穢すことなく、虚言に変えることなく、どうしてそれに手をつけることができようか？　われわれの時代はすっかり虚言に毒されてしまったために、手で触れるものはすべて虚言に変えてしまうのだ。われわれは時代に属している。われわれが時代よりすぐれていると信じうる理由はない。

十分に警戒しないでかかる言葉を公けの場に投げ与え、その信用を失墜させるような行為は、取り返しのつかない不都合を生み出す。そのような行為は、この言葉に対応したものが出現しうるとする希望の生き残りを、あますところなく殺してしまうであろう。かかる言葉は、一つの立場、一つの運動、一つの制度はおろか、一つの国民にも結びついたものとすべきではない。ペタン元帥が、《労働、家族、祖国》なる言葉に与えたような害悪をこれに与えるべきではないし、また第三共和制が、自由、平等、博愛なる言葉に与えたような害悪をこれに与えるべきでもない。それは一つの合言葉であってはならないからである。

これを公けに提唱するに際しては、ひたすら、今日の人間や集団をはるかに超えた思想の表現として、また、きわめて謙虚な態度で、いっさいの事象における導き手として、ひとの精神内に現前させることを決意すべき思想の表現としてでなければならない。かかる謙虚さが、もっと俗悪な態度より大衆を引っ張ってゆく力に欠けるとしても、そんなことはどうでもよい。悪をなすことに成功するくらいなら、失敗したほうがましである。

しかしながら、こうした思想は、徐々に人心に滲透してゆくにあたって、華々しく世に投じられる必要はない。なぜなら、それは現在における万人の不安に呼応したものなのだから。あらゆる人間が、それぞれわずかだけ違った表現を用いて、技術の純然たる物質的発達に帰せられるべき不均衡に苦しんでいることを繰り返し語っている。この不均衡は、おなじ領域における、すなわち労働の領域における霊性の発達によってしか回復されることはできない。

唯一の難関は、やや調子の高い表現はすべて、自分たちを欺すための罠であると考える大衆の苦々しい猜疑心であるが、これは不幸にして、当然すぎるほど当然な感情である。

労働の霊性によって基礎づけられた文明は、宇宙における人間の根づきの最高の段階であり、したがって、ほとんど全面的な根こぎともいうべき、われわれの現在の状態の対極にあるものである。このような文明は、その本性上、われわれの苦悩に対応する憧憬である。

根こぎと国民

もう一つの別種の根こぎもまた、われわれの主要なる病患のおおよそを知るために研究されねばならない。それは地理的な根こぎと名づけうるような根こぎ、すなわち、地域に対応する諸集団にかんしていわれる根こぎである。これらの諸集団の意味自体は、唯一の集団、すなわち国民（ナシオン）にたいする場合をのぞいて、ほとんど消滅してしまった。しかしながら、他の多くの集団が存在する、ないしは、存在したのだ。そのあるものは国民より小規模である。ときには、国民よりはるかに小規模である。都市、あるいは村落の集合体、州、地方がそれである。またあるものは、いくつかの国民を含む。さらにいくつかの国民のいくつかの部分を含むものもある。

国民だけがこれらすべての集団に取って代わってしまった。この場合、国民（ナシオン）とは、すなわち国家（エタ）である。なぜなら国民という語にたいしては、おなじ国家の権威を認める諸地域の全体という定義しか見出すことができないのだから。われわれの時代には、金銭と国家とが他のすべての結びつきに取って代わってしまったということができる。

すでにひさしい以前から、国民だけが、個人にたいする集団の主要なる使命とされる役割、つまり現在を通じて過去と未来とのあいだの関係を確保するという役割を果たすようになっている。この意味において、国民は現在の世界に存在する唯一の集団であると言うことができる。家族なるものは存在しない。今日家族の名で呼ばれているのは、各人をめぐる小さな人間の集まりにすぎない。それは、父母、夫あるいは妻、子供たちであり、兄弟姉妹はすでにやや疎遠な関係にある。最近の数年間、全般的な窮境のなかで、この小さな人間の集まりがほとんど抵抗しがたいほどの吸引力を有するようになり、時としてはあらゆる種類の義務をも忘れさせるにいたった。だが、それというのも、突然に襲いかかった凍るような寒気のなかで、ただ家族のなかにのみわずかばかりの生きた温（ぬく）もりが見出されたからなのである。それはほとんど動物的な反射運動だったのだ。

しかしながら、今日ではだれも、五十年まえはおろか、二十年か十年まえでも、自分が生まれる以前に死んだ祖先たちに思いをはせることはないし、また五十年のちはおろか、二十年か十年のちでも、自分の死後に生まれる子孫たちに思いをはせることはない。したがって、集団とそれに固有の機能の観点からみて、家族は数に入らないのである。

おなじ観点からみるなら、職業もまた数に入らない。同業組合は、ある労働の枠内における、死者たちと生者たちとまだ生まれざる者たちとのあいだの絆であった。今日では、いささかなりとも、かかる機能をめざすものはなにもない。一九〇〇年ごろのフランス労働組合（サンディカリスム）は、おそらく、この意味におけるなんらかの目論見をいだいていたが、たちまちその目論見は消滅してしまった。

最後に、村落、都市、郡、州、地方など、国民よりも小さな地理的単位もすべて、ほとんど数に入ることをやめてしまった。いくつかの国民、あるいは、いくつかの国民のいくつかの部分を包含する単位もまたそうである。たとえば数世紀まえ、《キリスト教世界》とひとが言うときには、今日ヨーロッパと言うのとはまったく別の情愛の響きがあったのである。結局のところ、時間的秩序における人間のもっとも貴重な富、すなわち個人の生涯という限界を超えて、過去と未来という二方向に伸びる時間における持続は、委託物として完全に国家の手にゆだねられてしまった。

しかしながら、まさに国民のみが存続しているこの時代において、われわれは、国民の瞬時にしてめくるめく解体に立ち合ったのである。そのためわれわれは、茫然自失の状態に陥り、この問題にかんして反省することさえ極度に困難になっているほどなのである。

一九四〇年六月と七月、フランス国民は、闇にかくれていた詐欺師どもが、突然、不意打ちにその祖国を掠め取ってしまったといった国民ではなかった。手をひらいて、祖国を地面に落としてしまった国民だったのだ。あとになって――しかも、ずっと間隔を置いてのことなのだが――その落とした祖国を拾いあげようと、彼らは次第に絶望的なものとなる努力に身を擦り減らすようになった。だが、だれかがその祖国のうえに足をのせてしまったのである。

いまや国民的感覚は立ち戻った。「フランスのために死ぬ」という言葉は、一九一八年来失われていた調子を取り戻した。しかしながら、フランス国民を立ちあがらせた運動において、飢餓、寒さ、命令するいっさいの権力を保持する外国軍人がつねに嫌悪すべきかたちで存在すること、家族の離散、さらにある者たちにとっては、追放や虜囚、かかるすべての苦悩が、すくなくとも、きわめて大きな役割、おそらくは決定的な役割を果たしたのである。占領地域と他の地域とを分かつ精神状態の差異がそのもっとも有力な証拠である。元来、ロワール河の南側より北側のほうにより多くの愛国的熱意があるわけはない。情況の相違が異なった精神状態を生み出したのである。イギリスの示した抵抗の範例や、ドイツの敗北にたいする希望が生まれたこともまた、重要な要因であった。

フランスは今日、追憶と希望以外の現実を有しない。共和制は帝政下におけるほどうるわしく思われたことはない。祖国は、無疵のままそれにふたたびまみえる希望があるかぎり、征服者の抑圧下におけるほどうるわしく思われることはない。このゆえに、現在における国民感情の強さによって、解放後、公共生活の安定にたいしてこの感情が有しうる実効性を判断すべきではないのだ。

一九四〇年六月におけるこの国民感情の急激な崩壊は、あまりにも屈辱に満ちた思い出であるがゆえに、ひとはもはやそのことを考えず、それを考慮の埒外に置き、その後の再起にのみ想いをいたすことのほうを選んでいる。個人生活においても、だれもがかならず、自己自身の過失をいわばかっこのなかに入れ、どこか物置かなにかに蔵い込み、それが数に入らないような計算方法を発見しようという誘惑に駆られるものである。かかる誘惑に屈することは、魂を破滅させることである。とりわけて克服しなければならないのがこの誘惑である。

われわれはすべてこの誘惑に屈してしまった。それは、各人の名誉心という内的感情をも傷つけてしまったほどに深い、かの公けの屈辱のゆえなのである。もしこの誘惑がなかったならば、これほどまでに異常な事実をめぐる反省は、すでにして祖国にかんする新しい教説、新しい観念に到達していたであろう。

とりわけ社会的観点に立つ場合、祖国の観念について考える必要を回避することはできない。といっても、それについて考え直すのではない。はじめてそれについて考えるのである。なぜなら私の思い違いでなければ、まだそれについて考えられたためしはないからである。一つの大きな役割を果たしてきた観念、さらにいまも果たしつづけている観念だというのに、これは奇妙な現象ではないだろうか？　このことは、現実において、思惟がわれわれのあいだでいかなる位置を占めているかを如実に教えてくれる。

祖国の観念は、この四半世紀を通じて、フランスの労働者のあいだですっかり信用を失墜してしまった。コミュニストたちは、一九三四年以後、三色旗と《マルセイエーズ》の歌声という華々しい伴奏つきで、この観念をふたたび流通させた。しかしながら彼らは、戦争のすこしまえ、ふたたびこれを睡り込ませてしまうのにいささかも苦労しなかった。彼らが抵抗運動をはじめたのはこの観念の名においてではない。彼らがふたたびこの観念をとりあげたのは、敗戦後、ほぼ四分の三年ほどしてからにすぎない。そして次第に、全面的にこれをとりあげるようになった。だが、そこに労働者階級と祖国とのあいだの真の和解を見ようとするなら、あまりに無邪気にすぎるであろう。労働者は祖国のために死んでいる。このことは真実すぎるほど真実である。ところがわれわれは、虚言にあまりにもたぶらかされてしまった結果、すすんで流された血の功徳（くどく）すらものごとを真理に引き戻すには足りないといった時代に生きているのである。

なん年ものあいだ、人びとは労働者にたいして、国際主義こそ義務のうちでもっとも神聖なものであり、愛国心はブルジョワ的偏見のうちでもっとも恥ずべきものであると教えつづけてきた。他方、別のなん年ものあいだ、愛国心こそ神聖な義務であり、愛国心ならざるものは裏切りであると教えることに費してきたのだ。結局のところ、彼らはどうして、単純な反射運動とプロパガンダ以外のものによって導かれうるであろうか？

祖国の観念に、一つの位置、限定された、すなわち制限された位置を与える教説が彼らのために見出されなければ、健全なる労働運動は存在しないであろう。ところで、この必要が労働者の社会にとってよりはっきりした必要であるのは、祖国の問題が彼らのあいだでずっと以前から多く論じられてきたからにほかならない。だが、これはあらゆる国に共通に必要である。今日、ほとんどたえず義務という言葉と抱き合わせのかたちで立ち返ってくるこの言葉は、いままでいかなる研究の対象になったこともまったくといっていいくらいないのである。これは容認しがたい事実である。

おおまかに言えば、この問題にかんしては、ルナンの凡庸な一ページが引用できるにすぎない。

国民（ナシオン）とは最近の事実にすぎない。中世においては、忠誠心は、領主か都市か、あるいはこの両者に、そしてそれらを越えて、あまり明確でない地域に向けられていた。現在われわれが愛国心と名づけている感情は、ときにはきわめて強い度合で、はっきりと存在していた。しかしその対象は、地域的に限定されていなかった。この感情は、情況にしたがって、さまざまな地の表面を覆うものであった。

実をいえば、愛国心は歴史をいくらさかのぼってもつねに存在していたのだ。ヴェルサンジェトリックスは、ほんとうにガリアのために死んだのである。しばしば皆殺しの厄に遭うまでローマの征服に抵抗したスペインの諸部族はスペインのために死んだのである。彼らはそのことを知っていたし、またそう公言もしている。マラトンとサラミスの死者たちはギリシアのために死んだのである。まだ属州になっていなかったギリシアが、ローマにたいして、現在のヴィシー政権下のフランスがドイツにたいするのとおなじ状態にあった時代、ギリシア諸都市の子供たちは、通りで協力者たちに石を投げ、今日のわれわれの怒りとおなじ怒りをこめて、彼らを裏切り者と呼んでいたのである。

　ただ、最近の時代までけっして存在していなかったものがある。それは、愛国的感情にむかって恒久的にさし出される一つの結晶化した対象である。愛国心は、その当初、拡散した、さまよえるかたちのもので、連携とか危機とかにしたがって拡がったり縮まったりしていた。それは、ある人間への忠節、領主や王にたいする忠節、都市への忠節など、さまざまな忠節と混じ合っていた。そして、それらの全体が、きわめて漠然とした、だが同時にきわめて人間的なあるものを形づくっていたのだ。各人がおのれの国にたいして感じる義務感を表現するにあたっては、たいていの場合、《公事（ル・ピュブリック）》、《公益（ル・ビャン・ピュブリック）》などと言われたが、これらの言葉は、村落、都市、州、フランス、キリスト教世界、人類を随意に指すことができるものである。

　フランス王国ということも言われていた。この表現のなかには、国にたいする義務感と王にたいする忠誠の感情とが混じ合っていた。しかしながら、二つの障害がこの二重の感情が純粋であることを妨げたのであり、ジャンヌ・ダルクの時代においてすら然りであった。パリの民衆がジャンヌ・ダルクを敵視していた事実を忘れてはならない。

　第一の障害は、シャルル五世以後、モンテスキューの用語をもちいるなら、フランスが君主制（モナルシー）であることをやめて専制主義（デスポティスム）の状態に転落し、十八世紀になってしか、それから抜け出すことができなかったという事情にある。今日のわれわれは、国家に税金を払うことをまったく当然のことと考えているために、いかなる精神的混乱のさなかにこの習慣が確立されたかを想像するようなことはない。十四世紀においては、税金の納入は、戦争のために同意された例外的な醵出をのぞいて、被征服国に残された不名誉、屈辱であり、隷従の具体的な証拠であると考えられていた。スペインのロマンセ集[22]のなかにおなじ感情が表明されているのが見られるし、シェークスピアのなかにもそれが見られる。いわく、「このイギリスは……自己自身の恥ずべき征服をおこなったのだ。[23]」

シャルル六世は、未成年の時代、叔父たちに援けられ収賄と怖るべき残虐さとを弄して、乱暴にもフランス民衆にたいし、完全に専断的な、かつ勝手に更新できる租税を受諾するように強制し、その租税は、文字通り貧民たちを飢餓に陥らしめ、かつ領主たちによって浪費されることになった。これゆえに、ヘンリー五世配下のイギリス軍は、最初、アルマニャック党が金持ちの党派であり、ブルギニョン党[24]が貧民の党派であった一時期には、解放軍として迎え入れられたのである。

一挙にして乱暴に屈従を強いられたフランス民衆は、こののち十八世紀にいたるまで、もはや自主独立をめざす騒擾しか繰り返さなくなった。この全時代を通じて、彼らは、他のヨーロッパ人から、とりわけて隷従状態にある民衆、家畜のように君主の意のままになっている民衆とみなされていた。

しかし同時に、彼ら民衆の心情のもっとも奥深いところに、王に対する押し殺された憎悪、それだけにますます苦渋に満ちたものになる憎悪が宿るようになった。そしてこの憎悪の伝統はけっして絶えることがなかったのである。われわれは、シャルル六世時代における農民たちの断腸の哀歌のなかに、はやくもこの憎悪を感じ取ることができる。またこの憎悪は、パリにおける神聖同盟（リーグ）[25]の謎めいた人気にも一役買っていたにちがいない。アンリ四世の暗殺後、十二歳の子供が、幼いルイ十三世をおなじ目に遭わしてやると公言したために殺された。リシュリューは、その公生活の門出を、聖職者階級に、いっさいの弑逆者（しいぎゃくしゃ）たちにたいする地獄堕ちの宣告を要求する演説をもって飾った。そのような計画をいだく人間たちは、いかなる現世的刑罰をもってしても抑圧できないほどの狂信的熱狂に動かされているというのが、彼の持ち出した理由であった。

　こうした憎悪は、ルイ十四世の治世の終わりにいたって、もっとも烈しい激高の頂点に達した。そして、いずれもおなじように烈しい恐怖政治によって鎮圧されたのち、歴史のひとを戸惑わせる習慣にしたがって、八十年も遅れて爆発したのである。その直撃を受けたのが、かのあわれなルイ十六世だった。一八一五年に王政復古が完全におこなわれなかったのは、このおなじ憎悪のゆえである。そして今日でもなお、この憎悪は、ベルナノスのような人間の帰依にもかかわらず、パリ伯[26]がフランスの民衆によって自由に迎え入れられることを絶対的に不可能にしている。ある点では、これは遺憾なことである。そうでなければ、多くの問題が解決されるであろうから。だが、実情はこうなのである。

　フランス王国にたいするフランス人の愛を毒しているもう一つの原因は、各時代、フランス王の支配下におかれた領土のなかに、被征服国であるとみずから感じ、またそのように取り扱われている地域があるという事実である。千年にわたってフランスを築いてきた四十人の王[27]は、しばしば、その仕事に際して、われわれの時代にこそふさわしいような凶暴さを示した。樹と木の実とのあいだに当然の関係があるとするなら、事実として、木の実が完全さからほど遠いことにおどろく必要はない。

たとえば、十三世紀初頭、ロワール河以南の地域をフランス人が征服したときとおなじ残虐さは、歴史のなかに事実としていくつか見出しうるが、おそらくごく稀な例外的場合をのぞけば、それ以上の残虐さは見出しえない。高い水準の文化、寛容さ、自由、霊的生活がすでに存在していたそれらの地域は、彼らが自分たちの《言語》と名づけていたものにたいする強い愛国心に鼓舞されていた。この言葉は、彼らの祖国を意味する言葉であった[28]。フランス人は彼らにとって、ドイツ人がわれわれにとってそうであるように外国人であり夷狄(いてき)であった。たちどころに相手に恐怖を植えつけようと、フランス人は、まず手はじめにベジィエ[29]の街全体を皆殺しにし、所期の効果を得た。ひとたびこの地域の征服が終わると、彼らは宗教裁判所を設置した。だが、陰然たる反抗がこの地の住民のあいだに準備されつづけ、その結果、のちになって彼らはプロテスタンティズムに熱烈に帰依するにいたったのである。ドービニェ[30]は、このプロテスタンティズムについて、教説のうえではかなりの相違があるにもかかわらず、アルビ派から直接に発したものだと語っている。リシュリュー[31]に対する反逆の罪によって斬首されたモンモランシー侯爵の遺骸にたいしてトゥールーズの街が示した宗教的熱狂をみても、これらの地方において、中央権力にたいする憎悪がいかばかり強かったかを知ることができる。このくすぶりつづけたおなじ抗議が、フランス大革命の渦中に、これらの地方を熱狂的に飛び込ませたのである。その後、彼らは、急進的社会主義者、宗教教育反対派、反教権主義者になった。第三共和制下にいたると、彼らはもはや中央権力を憎まなかった。彼らは大幅にそれを手中におさめ、それを十分に活用しはじめたからである。

彼らの抗議は、それが起こるたびごとに、より強度な根こぎの性格と、より低い霊的、思想的水準とをもつようになったということが指摘される。また征服されてから以後、これらの諸地方は、それ以前きわめて輝かしい存在であったのに、フランス文化にたいしてわずかな寄与しかもたらさなくなったことも指摘することができる。フランス思想は、これら諸地域がそれ以後の数世紀間に生み出したいっさいのものよりも、フランス人でなかった十二世紀のアルビ派と南仏吟遊詩人たちに多くを負うているのである。

ブルゴーニュ伯爵領[32]は、独自の極度に輝かしい文化の中心地であったが、その文化はこの伯爵領とともに滅んだ。フランドルの諸都市[33]は、十四世紀の末葉、パリやルーアンと、内密だが友好的な関係を結んでいた。しかしながら負傷したフランドル人は、シャルル六世の兵士たちに介抱されるより死ぬことのほうをえらんだ。さらにそれらの兵士のある者は、オランダ方面に掠奪のための出撃をおこない、金持ちの市民たちを拉致してきた。その市民たちは殺されることになった。ただし、憐憫の気持ちから、もし彼らがフランス王の臣下になることをのぞむなら生命を助けてやろうという提案が出された。ところが相手は、死んだのちも、もしできることなら、自分たちの骨はフランス王の権威に服することを拒むだろうと答えたのである。同時代のカタルーニャの一史家は、シチリアの虐殺[34]について語りつつつぎのように述べている。「その支配するところ、いずこにおいても、あたうかぎり残虐であるところのフランス人は……」と。

ブルターニュ人は、彼らの君主であったアンヌ[35]がフランス王との結婚を強いられたとき絶望した。今日、いやむしろ数年前、それらの人びとがこの世に立ち戻ってきたとしたら、彼らは自分たちが間違っていたと考えるだけの理由を見出しえたであろうか？　それを唱道する人びとの人格と、彼らが追求している公言がはばかられる目的とによって、ブルターニュの自治運動はすっかり信用を失ってしまったとはいえ、そのプロパガンダが、この地の住民たちの実情と感情とにひそむある現実に応じたものであることは確かである。この地の民衆のなかには、外に伸び出ようとして伸び出られなかった埋もれた宝が存在する。フランス文化は彼らに適合したものではない。彼らの文化は芽を出すことができずにいる。だからこそ、彼らのすべてが下部の社会的階層の深みに吹きだまっているのだ。ブルターニュ人は文盲の兵士たちの大部分を提供している。噂によれば、ブルターニュの女は、パリの売春婦の大部分をも提供している。自治は救済手段にはなるまい。たとえ自治を獲得しても病患が存在しなくなるわけではない。

スペイン人のきわめて遠隔な宗主権のもとで、自由かつ幸福であったフランシュ・コンテ[36]は、十七世紀にいたり、フランス領にならないために戦った。ストラスブールの住民は、ルイ十四世の軍隊が、なんらの事前通告もなく、ヒトラー流の言質の破棄によって平穏裡に彼らの都市に入るのを見たとき涙を流したのである。

コルシカ最後の英雄パオリ[37]は、自分の故国がフランスの手中に陥るのを阻止しようとして、むなしく奮戦した。フィレンツェのある教会には、彼の名誉をたたえた記念碑が建っている。フランスではほとんど彼のことはひとの口にのぼらない。コルシカは、根こぎによって惹き起こされる危険のある伝染の一例である。この島の住民を征服し、植民地化し、堕落腐敗させたあと、われわれは彼らを、警察署長、警察官、準士官、俗吏、その他これに類する職権をもつ者として受け入れた。これらの職権のおかげで、彼らは、ひるがえってフランス人を、多かれ少なかれ征服された住民とみなすようになった。そして、彼らもまた、多くの植民地の原住民にたいする凶暴さと残酷さの評判をフランスに与えることに貢献したのである。

フランスの王たちにたいして、彼らが征服した諸国を同化したと賞めたたえるとき、真実はとりわけ、彼らが相手を大いに根こぎにしてしまったということにある。それは、だれにでもできる、安易な同化手段である。独自の文化を奪い去られた人びとは、文化なしの状態にとどまるか、相手が彼らに伝えようとのぞむ文化の切れっぱしを受け取るかどちらかである。どちらの場合にも、彼らは違った色合いのしみなどつくりはしない。同化したような外観を示すだけである。真の奇蹟とは、さまざまな住民を同化しても、その彼らが、たとえ変化させられるにせよ、彼らの文化を生きたまま保存できるようにすることにあるのだ。これは、稀にしか実現されない奇蹟である。

たしかに旧制度のもとでは、フランスが偉大なる光輝を発したあらゆる時代にたいする、フランス人のきわめて強度な意識が存在していた。すなわち、ヨーロッパ中がパリの大学に馳せ集まってきたころの十三世紀、すでにあるところではその火が消え、またあるところではまだその火が点じていなかった文芸復興がフランスにその地を見出したころの十六世紀、文学の威光が軍隊の威光と結合していたころのルイ十四世の治世の初期がそれである。しかしながら、これらちぐはぐな諸地域を接合したのが王たちでなかったということもやはり真実である。それを成し遂げたのは、ひとり大革命であった。

すでに十八世紀を通じて、フランスでは、きわめてさまざまな階層のなかに、怖るべき腐敗とならんで、愛国心の純粋にして燃えさかる炎が見られた。レチフ・ド・ラ・ブルトンヌの兄弟で、輝かしい才能にめぐまれていたかの若き農民がその証人である。彼はまだ子供ともいえるころ、公益にたいする純粋な愛に駆られて兵士になり、十七歳にして死んだ。ところがかかる行為を生み出したのは、すでに大革命だったのだ。この世紀を通じて人びとはそれを予感し、待ちのぞみ、欲していたのである。

大革命は、フランスの王冠のもとに服していた各地域の住民を唯一つの集団に融合した。しかもそれは、国民主権にたいする陶酔を通じておこなわれたのだ。強制によってフランス人であった人びとは、自由なる同意によってフランス人となった。フランス人でなかった人たちの多くが、フランス人になることをのぞんだ。なぜなら、この時代以後フランス人であることは、主権者たる国民であることにほかならなかったからである。たとえ、あらゆる国民が、のぞみどおりに、あらゆるところで主権者になったとしても、フランスはその嚆矢たる名誉を失うことはなかった。あまつさえ、国境はもはや重要性をもたなかった。外国人とは、ただ単に、いぜん暴君どもの奴隷になっている人たちのことであった。真に共和的な魂を有する外国人は、よろこんで、名誉フランス人として迎えられた。

こんなわけで、フランスには、過去への愛のうえにではなく、国の過去とのもっとも烈しい断絶のうえに築かれた愛国心という一つの逆説が存在したのである。しかしながら大革命は、多かれ少なかれフランスの歴史の底流をなす部分にその過去を有していたのだ。農奴の解放、都市の自由、社会的闘争に関係のあるいっさいがそれである。たとえば、十四世紀における反乱[38]、ブルギニョン党の運動の初期、フロンドの乱、ドービニェ、テオフィル・ド・ヴィヨー[39]、レッス枢機卿などを挙げておこう。フランソワ一世の治下、民軍創設の計画が起こったが斥けられた。それが実現されたなら、民兵の孫が領主になり、領主自身の孫が農奴になってしまうとして、領主たちが反対したからである。底流としてこの国民を支えていた上げ潮はこんなにも強力だったのである。

ところが、百科全書派たち、進歩の観念に取りつかれ、根を失ったこれらすべての知識人たちの影響は、以上のごとき革命伝統を想起するための努力をすべて阻害してしまった。そのうえ、ルイ十四世治下のながい恐怖政治は、越えることが困難な空白地帯をつくりあげた。この空白地帯が原因で、逆の方向をめざしたモンテスキューの努力にもかかわらず、十八世紀における自由解放の流れは、歴史的な根を見出せずにいたのである。一七八九年は、完全なる断絶であった。

当時愛国心と名づけられていた感情は、ひたすら現在と未来とを対象にしていた。それは、おのれが国民主権の一部をなしているという自負のうえに大きく基礎づけられた、この主権にたいする愛であった。フランス人たる資格は、今日ある党派ないしはある教会に帰依する場合とおなじように、事実ではなく、意志による選択であったように思われる。

フランスの過去に結びついていた人たちにかんしては、彼らの結びつきは、王にたいする個人的王朝的忠誠という形式を取った。彼らは、外国の王たちの武力に援けを求めることになんらの束縛も感じなかった。しかし裏切り者ではなかった。彼らはいぜんとして、ルイ十六世を死刑に処した人間たちとまったく同様に、おのれが忠誠の義務を負っていると信じたものに忠実でありつづけたのである。

この時代、のちにこの語がもつようになった意味で愛国者であった唯一の人間たちは、同時代人および後世の眼から完全なる裏切り者と映った人びと、すなわち、通説のごとく、あらゆる体制にではなく、いっさいの体制の背後にあるフランスに仕えたタレーランのような人間たちであった。しかしながら、彼らにとってフランスとは主権者たる国民でもなければ王でもなかった。それはフランス国家であった。その後の一連の事件は、彼らの考え方を正しいとしたのである。

なぜならば、国民主権という幻想がはっきり幻想であることが明らかになったとき、それはもはや愛国心の対象たりえなくなってしまったからである。他方において、王権は、もはや植えかえのきかない断ち切られた植物のごときものになってしまった。愛国心はその意味を変え、国家(エタ)のほうをめざさなければならなくなった。だが愛国心は、それ以後、民衆の支持を失ってしまったのである。なぜなら、国家は一七八九年の創造物ではなく、十七世紀の初頭に発するものであって、民衆が王権にたいしていだいていた憎悪の一翼を担うものだったからである。かくして一見意外と思われる歴史的逆説によって、愛国心は社会的階級と政治的陣営とを換えたのだ。それは左翼にいたのに、右翼に移ってしまったのである。

この変化はコミューンと第三共和制の初期を通じて完全なかたちでおこなわれた。一八七一年五月の虐殺[41]は、おそらくフランスの労働者たちが精神的にそれから立ち直れなくなった打撃だった。この事件は遠い過去のものではない。今日五十歳になる労働者なら、当時子供だった彼の父親の口を通じてその怖ろしい思い出話をきいたこともあったはずである。十九世紀の軍隊は、フランス大革命独自の創造物であった。ブルボン王朝なり、ルイ゠フィリップなり、あるいはナポレオン三世なりの命令下にある兵士たちですら、民衆に発砲するにあたっては大変な抵抗を感じたにちがいない。一八七一年にいたって、一八四八年の短い挿話的事件をのぞくなら、大革命以来はじめてフランスは共和国軍を保有した。ところが、フランス農村出の朴訥な若者たちで編成されたその軍隊は、サディスト的快楽を前代未聞にぶちまけて、労働者たちを虐殺しはじめたのである。衝撃を与えるに十分なものがそこにあったわけである。

この事件の主要な原因は、おそらく、敗北〔普仏戦争の敗北をさす〕の屈辱の埋め合わせをしようとする要求にあった。そしてこのおなじ要求は、すこしあとになって、不幸な安南人たちを征服するようにわれわれを連れ出したのである。これらの事実は、恩寵の超自然的働きがなければ、ひとたびそれに見合った心理的メカニスムが介入してくると、善良な人間たちといえどもおこないえないような残酷さ下劣さは存在しないということを示している。

第三共和制は第二の衝撃であった。人間は、悪しき王なり皇帝なりがさるぐつわを噛ませているかぎり、国民主権を信じることができる。彼らが存在しなくなったなら！　と考えるからである……しかし、彼らがもはや存在せず、民主主義が確立されながら、しかも民衆がはっきりと主権者でない場合、混乱は避けられない。

一八七一年は、一七八九年に誕生したフランス独自の愛国心の終焉の年であった。ドイツ皇太子フリードリヒ――のちのフリードリヒ二世〔原文のまま〕――は、人間的、理性的、知的な人物だったが、戦線をめぐるあいだ、そのいたるところで遭遇したこの愛国心の烈しさにすっかり驚いている。彼には、ほとんどフランス語を知らず、ドイツ語にきわめて近い方言を話し、結局のところ、最近にいたって乱暴なかたちで征服されたアルザス人がドイツの話をききたがらないという事情が理解できなかった。ついに彼は、フランス大革命の国に属し、主権者たる国民の一員であるという自負こそ彼らを鼓舞する原動力であることを認めたのである。この地方の併合は、彼らをフランスから分離することによって、おそらく部分的だが、一九一八年にいたるまでこの精神状態を彼らに維持させることになった。

パリ・コミューンは、その当初において、社会的運動ではなく、愛国心と、さらには、尖鋭化した排外主義との爆発であった。とにかく、十九世紀全体を通じて、フランス人の愛国心の攻撃的な動きはヨーロッパに不安を与えていた。一八七〇年の普仏戦争はその直接の結果である。フランスはこの戦争の準備をしていなかったにせよ、なんら理屈に合った動機もなく宣戦を布告したわけではない。皇帝ナポレオンの征服の夢は、この世紀全体を通じて、民衆のなかにつよく残っていた。と同時に、人びとは世界の自主独立のために祝盃をあげていたのだ。世界を征服することと世界を解放することとは、事実上は両立しない栄光の二形式だが、夢想のなかではりっぱに和合するものなのである。

この民衆感情の沸騰は、一八七一年以後崩れ去ってしまった。しかしながら、二つの原因によって、愛国心のなかにみかけの持続が保たれた。まず第一に、敗戦にたいする遺恨の念。当時においてはまだ、ドイツ人に怨みをいだく正当な理由など実際にはなかったのだ。彼らは侵略の罪をおかしていなかった。また、大体において残虐行為もさし控えていた。われわれの側も、安南への最初の遠征以来、人口の大部分がゲルマン系であるアルザス＝ロレーヌ州にかんして、ドイツ側に住民権の侵害を非難することはうしろめたかった。ところが、彼らがわれわれを打ち破ったことにたいして怨みをいだいたのだ。あたかも、フランスが勝利にたいして有する、神聖で、永遠で、時効にかからない権利が侵害されたかのように。

われわれが現在彼らにたいしていだいている怨恨――それには、不幸にして正当すぎるほど正当な多くの理由がある――のなかにも、この奇妙な感情が一部入り込んでいる。この怨恨はまた、初期の対独協力者のある連中を動かした原動力の一つでもあったのだ。彼らはこう考えたのである。すなわち、フランスが敗北の陣営にあるとするならば、それはとりもなおさず、カードの配りそこない、手違い、誤解があったからである。フランス本来の位置は勝利の陣営のなかにこそある。必要欠くべからざる修正をおこなうにあたって、いちばん簡単で、努力がいらず、苦しみも少ない方法は、陣営を変えることである、と。この精神状態が、一九四〇年七月、ヴィシー政権のある層を支配したのである。

しかしながらフランス人の愛国心が、第三共和制を通じて、その活ける実質のほとんどすべてを失ったあとまで消滅しなかったのは、なかんずく、それ以外のものがなかったからである。フランス人は、忠実であるべきものとして、フランス以外のものを有しなかった。一九四〇年六月、彼らが一時それを放棄したとき、忠実によってなにものかに結びつくということのなくなった一国民の姿が、いかばかり醜く、かつ憐れなものであったかは、ひとの目撃したところである。このゆえに、あとになって、彼らはふたたびフランスだけにすがりついたのである。だがフランスの民衆が、主権——すくなくとも、今日この名で呼ばれているかたちでの——をふたたび見出した暁には、一九四〇年以前とおなじ難問がまたもや姿を現わすであろう。それは、フランスという語で示される現実は、なによりもまず、国家であるにちがいないということである。

国家とは、愛されることのできない冷酷な存在である。だが、それは愛されうるいっさいのものを殺し、破壊する。われわれは国家を愛さざるをえない。国家しか存在しないのだ。これこそ、現代に生きるわれわれに与えられた精神的刑苦である。

今日いたるところに指導者なるものが出現し、多くの人びとを驚愕させているが、この現象の真の原因はおそらくここにあるのであろう。現在、あらゆる国、あらゆる主義主張において、個人の資格で忠誠心が向けられる人物が存在する。国家という金属的な冷たさを抱擁しなければならないという必要から、反動的に人間たちは、肉と血とでつくられたあるものへの愛に飢えはじめたのである。この現象はすぐには終わりそうにない。今日まででも、その結果はまことに破滅的なものだったが、きわめて苦渋に満ちた驚愕がまだわれわれに残されているのかも知れない。なぜなら、ハリウッドにおいてよく知られているが、どんな人間を材料にしても人気スターを製造できるという技術によって、どんな人間でも大衆の讃美を受けることが可能になったからである。

思い違いでなければ、忠誠の対象としての国家の観念がフランスとヨーロッパにはじめて現われたのは、リシュリューを嚆矢とする。彼以前には、宗教的帰依にかんする場合とおなじ口調で、公益とか、国とか、王とか、領主とかについて語ることができたのだ。リシュリューははじめて、公的権能を行使する者はすべて、その権能の行使にあたって、公衆や国王にではなく、国家に忠誠を誓うべきであり、他のなにものにも忠誠を誓ってはならないという原則を採用した。この国家なるものを、厳密なかたちで定義することは困難であろう。しかしながら、この語が一つの現実を指すことを疑うのは、不幸にして不可能である。

当時に多く見られた明徹な知性の持ち主だったリシュリューは、鮮かな表現で、道徳と政治とのあいだの差異を定義した。この差異をめぐって多くの混乱の種子を蒔いたのは後世である。彼はほぼつぎのように言ったのである。魂の救済と国家の救済とにおなじ規則を適用するのは慎しむべきである。なぜなら、魂の救済は別の世界でおこなわれるのに対して、国家の救済はこの世界のなかでしかおこなわれえないからである、と。

この主張は残酷なまでに真実である。キリスト教徒なら、これから唯一つの結論しか引き出すべきではあるまい。すなわち、ひとは魂の救済に、つまり神に、全面的、絶対的、無条件的忠誠を負っているが、国家の救済という大義には、限界のある、条件づきの忠誠を負うだけである、と。

ところがリシュリューは、みずからキリスト教徒であると信じ、おそらくは真面目にそう信じていたにもかかわらず、彼の結論はまったく別であった。それはつぎのごときものである。国家の救済に責任を有する人間、およびその下にある者たちは、この目的のためにあらゆる有効な手段を用いるべきであって、その際いかなる例外も許されず、必要とあれば、おのれ自身、君主、民衆、外国、あらゆる種類の義務を犠牲にしなければならない。

この結論は、はるかに多くの偉大さを含んでいるとはいえ、結局のところ、《政治第一》というシャルル・モーラスの主張である。だがモーラスのほうは、きわめて論理的に無神論者である。かの枢機卿は、その全現実性がこの世に宿る一つのものを絶対として措定することにより、偶像崇拝の罪をおかした。いうまでもなく、金属、石、木材は、真の意味において危険ではない。真の偶像崇拝の罪の対象は、かならず国家に類似したあるものなのだ。この世の王国を指し示しながら、悪魔がキリストに差し出したのはこの罪である〔マタイ福音書四・九、ルカ福音書四・六〕。キリストは拒否した。しかしリシュリューは受容した。彼はその報いを受けたのである。しかし、つねに彼は、献身の行為によってのみ行動していると信じていたし、ある意味ではそれは真実であった。

彼の国家にたいする献身は、フランスを根こぎにしてしまった。彼の政策は、なにものであれ、国家に反対することがないように、国内の自発的ないっさいの生命を組織的に殺すことにあったのである。この方面における彼の活動に限界があったように思われるのは、彼が口火を切った人間であり、段階を踏んでやるだけ巧妙な人間だったからである。下劣な屈従のいかなる度合にまで彼が人びとの精神を低下させたかを感じ取るためには、コルネイユの献辞[42]を読んでみればこと足りる。後世は、われわれの国民的栄誉を屈辱から守ろうとして、その時代の儀礼的な言辞にすぎなかったと言うことが許されるかに想像した。しかしそれは嘘である。この事情を納得しようと思うなら、テオフィル・ド・ヴィヨーの著作を読んでみればよい。テオフィルのほうは、一方的に投獄の憂目に遭ったことがもとで早死したのにくらべて、コルネイユのほうは高齢まで生きのびたのである。

文学は予兆としての興味しか有しない。しかし、あざむくことのない予兆である。コルネイユの屈従的な言辞は、リシュリューが人間の精神そのものを屈従させようとしていたことを示している。

だが、彼自身にたいしてではない。彼はその自己放棄において、おそらく誠実であったからだ。そうではなくて、彼によって代表される国家にたいしてである。彼の国家観は、すでにして全体主義的なものであった。当時の手段が許すかぎり、最大限に国を警察制度に従属させ、そうすることによって、可能なかぎりその国家観を実行に移したのである。かくてリシュリューは、国の精神的生活の大部分を破壊した。フランスがこの圧迫に服したのは、貴族たちがこの国を、理不尽で怖ろしいまでに残虐な内戦によって荒廃させてしまった結果、そのような代償を払っても国内の平和を買いとることに同意したからなのである。

フロンドの乱は、その当初、多くの点で一七八九年を予告するものであったが、この乱の勃発後、ルイ十四世は合法的な君主というよりも独裁者の精神をいだいて権力の座についた。このことは、「朕は国家なり」という彼の言葉が示している。これは国王の考えることではない。モンテスキューは、遠回しの表現で、この事情をきわめて巧みに説明した。しかし当時彼がまだ気づくことができなかったのは、フランスの君主制の衰微に二つの段階があったということである。シャルル五世以後の君主制は、個人的専制に堕落してしまった。しかしリシュリューから以後、それは、全体主義的傾向を有する国家という機関に取って代わられてしまったのだ。そしてこの機関は、マルクスも言っているように、さまざまな変化を乗り越えて存続したばかりでなく、体制に変化が起こるたびごとに、完成され、拡大されていったのである。

フロンドの乱のあいだやマザランのもとでは、一般の悲惨にもかかわらず、フランスは精神的に息を吹き返した。ルイ十四世は、輝かしい天才たちがこの国に満ち満ちていることに気づき、彼らを認め勇気づけた。しかし同時に、さらにいっそう烈しさに拍車をかけて、リシュリューの政策を継承した。その結果、彼はきわめて短い期間に、物質的な怖ろしい窮乏は言うにおよばず、フランスを精神的な不毛状態に陥れてしまったのである。

もしサン＝シモン(43)を、文学的歴史的好奇心の対象としてではなく、ある人間たちが実際に生きた生活にかんする資料として読むならば、精神的倦怠のあまりの烈しさのまえに、魂と心情と知性とのあまりにも一般化した下劣さのまえに、ひとは恐怖と嫌悪感にとらえられてしまうだろう。ラ・ブリュイエール、リズロット(44)の手紙など、当時のいっさいの資料は、おなじ精神で読まれるとき、おなじ印象を与えてくれる。すこし時代をさかのぼるなら、たとえばモリエールは、戯れに『人間ぎらい』を書いたのではないと考えるべきであろう。

ルイ十四世の体制は、すでにして、まったく全体主義的であった。恐怖政治や告発が国内で猖獗をきわめていた。君主によって代表される国家への偶像崇拝は、いっさいのキリスト教的良心にたいする挑戦ともいうべき破廉恥な態度で組織化されていった。宣伝の技術も、国王にたいする度外れた讃辞を含まない書物は、その主題のいかんを問わず出版を許さないという命令にかんして、警察署長がリズロットに無邪気に告白しているように、すでにしてきわめてよく知られていた。

この体制下に、フランス諸地方の根こぎ、地方生活の破壊は、前代よりはるか高度に進展した。十八世紀は一つの小康状態である。大革命は国王に代えるに国民主権をもってしたが、この手術は唯一つの不都合をもっていた。それは、国民主権なるものが存在していなかったということである。オルランドの牝馬(45)の場合とおなじく、それが唯一の欠点だったというわけである。じじつ、この言葉に見合う実体を出現させるための既知の手段は、どこにも存在しなかった。その結果、残るは国家だけということになり、国民主権という信念を中核に突如出現した、団結――「団結、しからずんば死」――への情熱は、当然のことながら、この国家のために奔走することになった。ここから地方生活の領域にも新たな破壊がはじまる。戦争の援けによって――当初から、戦争はいっさいの歴史を動かす発条である――国民公会と帝政とのもとで、国家はしだいに全体主義的になっていった。

ルイ十四世はフランスの教会をも堕落させた。教会を彼の個人崇拝に結びつけ、宗教上の問題にかんしてさえ教会に服従を強制することによってである。君主にたいするこの教会の屈従は、つぎの世紀の反教権主義と大いに関係がある。

ところが、自己の運命を君主制の運命に結びつけるという償うべからざる過誤をおかしたとき、教会は民衆の生活との関係をみずから絶ち切ってしまったのだ。教会ほど国家の全体主義的野望に奉仕したものはない。その結果、今日流行をみているような、国家としての国家への公然たる崇拝の序曲である世俗的体制ができあがらざるをえなかったのである。

キリスト教徒は、世俗化の精神に対して無防備の状態にある。なぜなら彼らは、現世的権力をある聖職者階級、ないしは、その聖職者階級の取巻きの手中に取り戻させようと、政治的行動、つまり党派の行動に自己をゆだねるか、さもなければ、自己自身の生活の世俗的部分においてみずから非宗教的であることに甘んじるか、このどちらかの道をえらばざるをえないからである。後者の場合は、その当事者自身すら意識しないという程度にまで、今日一般化している。とにかくいずれの場合にも、世俗的、公的、私的全生活にわたって、なんらそれを支配しようとすることなく、ひたすら光明を滲透させることを目的とする宗教独自の機能が放棄されてしまっているのだ。

十九世紀を通じて、鉄道は根こぎの方向にそって怖るべき荒廃をもたらした。ジョルジュ・サンドは、ベリー地方で、おそらくは数千年の伝統をもつと思われる慣習をいまだに目撃しているが、その思い出自体も、彼女が残した簡単な覚え書きがなければ消滅してしまったにちがいない。

集団的であると個人的であるとを問わず、過去の消滅は大きな人間的悲劇であるが、われわれは、子供がばらの花びらをむしり取るように、おのれの過去を投げ棄ててしまったのである。もろもろの国民が、たとえ絶望的な場合であろうと侵略に抵抗するのは、なによりもまずこの消滅を防ぐためであるというのに。

しかしながら、国家の示す全体主義的現象は、公的権力が、あらゆる外征に伴うもろもろの不幸から民衆を守ってやることもできないくせに、外征のための最良の手段を手に入れようとして、その管轄下にある民衆にたいして征服をおこなうというかたちを取る。ロシアは言うにおよばず、かつてはフランスにおいて、また近年ではドイツにおいて、ものごとはそんなふうにおこなわれたのである。

しかし、国家の発達はその国を疲弊させてしまう。国家はその国の精神的精髄を貪り、それによって生き、肥えふとり、ついにはその糧が尽きてしまうにいたる。すると、その国は飢えによって衰弱状態に陥ることになるのだ。フランスはそこまでいってしまった。逆に、ドイツにおいては、国家の権力集中がきわめて最近のことであったために、国家は、高単位のエネルギーを有する糧の過剰から生まれる攻撃的傾向を保持している。ロシアにかんしては、民衆の生活はきわめて強烈な度合で存在しているために、結局のところ、民衆のほうが国家を啖いつくすのではないか、あるいはむしろ、ふたたびそれを吸収してしまうのではないかという疑問さえ生じるのである。

フランスの第三共和制は、きわめて独特な性格を有していた。そのもっとも特異な性格の一つは、議会制というゲームを除外すれば、その構造全体が帝政から来ているということである。抽象的論理が好きなフランス人は、すぐにレッテルによって欺かれてしまう。イギリス人は、内容的には共和制である王国を保持している。ところがわれわれは、内容的には帝政であるがごとき共和国を保持していたのだ。のみならず、帝政自体もまた、大革命を超え、絶えることのない絆によって、君主制に結びついている。つまり、古いフランスの君主制にではなく、十七世紀の全体主義的、警察的君主制に結びついているのである。

ジョセフ・フーシェ[46]という人物は、この連続性の象徴である。フランス国家の抑圧機構は、あらゆる変化を乗り越え、つねにいやまさる活動力を培いながら、混乱も断絶もなく、一つの生命を生きつづけてきたのである。

このゆえに、フランスにおいて国家は、あいかわらず、王政が専制政治に変わったことに端を発する、古い怨恨と憎悪と反発との対象であった。われわれは、あまりにも奇怪でひとに意識されることもないといった、つぎのごとき逆説を生きてきたのだ。すなわち、いっさいの公的制度が、それに付随するいっさいのこととともども、全民衆によって公然と憎悪され軽蔑されるというデモクラシーを生きてきたのである。

フランス人は、だれひとりとして、関税、税金、補助金にかんして、あるいはその他すべてのことにかんして、国家を掠めたり、だましたりすることにいささかの逡巡も感じたことはない。もちろん、ある種の公務員階級を除外しなければならない。だが彼らは、国家の機構の一部をなしているのだ。ブルジョワたちは、この種の策動においてほかの国民のはるかうえをいっているが、それは彼らにずっと多くの機会があるからにほかならない。フランスの警察は、あまりに根づよい軽蔑の対象となっているために、多くのフランス人にとって、この感情は善良な人間の精神構造の変らざる一部と化している。ギニョル(47)は、旧制度にさかのぼる、しかも古くなることのない真にフランス的な民間伝承の一つをなしている。《警察の(ポリシエ)》という形容詞は、フランス語におけるもっとも痛烈な悪口の一つをなしているが、他の国語にもこれに相当する形容詞があるかどうか知りたいと思う。そもそも警察とは、公的権力の行使機関にすぎない。この機関にたいするフランス民衆の感情は、ルソーが確認しているように、農民が少量のハムを所有していることすらかくさねばならなかった時代とおなじままである。

同様に政治制度の運営もすべて、反発と愚弄と軽蔑の対象であった。政治という言葉そのものが、デモクラシーのなかでは信じられないほど強い誹謗的な意味合いを帯びていた。「彼は政治屋だ」とか、「そんなことはみんな政治さ」などという言葉は、上告なしの判決をあらわしていた。一部のフランス人の眼からは、代議士という職業——それはまさに職業だったのだから——それ自体にも、名誉を汚すものがあるとされていた。そしてフランス人のなかには、投票日をのぞいて、ないしはその当日をも含めて、彼らが《政治》と呼びなしているものとの接触をいっさい断つことを誇りとしている者もあったし、また、自分たちが選出する代議士を一種の下僕として、自分たちだけの利益に奉仕するために創造され、生まれ出た人間として考える者もあった。公的問題にたいする軽蔑をやわらげる感情があるとするなら、それは唯一つ、すくなくともその病いが取りついた人びとにおける党派精神であった。

公的生活にかんしては、フランス人の心のなかに、わずかでも、忠実、感謝、ないしは愛情といった感情をめざめさせたことがあると考えられる局面を、その唯一つでも探し出そうとしたところで無駄な骨折りであろう。世俗化の熱狂がうずまいていたよき時代には、教育という問題があった。しかしその教育も、久しい以前から、子供の眼にも両親の眼にも、免状、すなわち地位を得させてくれる機械にすぎなくなってしまった。社会立法にかんしては、フランスの民衆は、それに満足をおぼえるようになるにつれて、暴力的な圧力によって公的権力の悪しき意志より獲得された譲歩以外のものとしては考えなくなってしまった。

これ以外の関心で、公的問題に背を向けた関心の埋め合わせをするものはなにもなくなった。つぎつぎに出現した体制はいずれも、ますますリズムをはやめて、地方的ないしは地域的生活を破壊し去ったあと、最後には姿を消していった。フランスは、手足はすでに冷たくなっているのに、心臓だけがまだぴくぴく動いているといった病人のようになってしまった。パリをのぞいては、ほとんどいかなる場所にも生命の鼓動は見られなくなった。だが、この都市周辺の郊外ではすでに、精神的な死が覆いかぶさりはじめていた。

戦前の外面的には平和だったこの時代、フランスの地方小都市の倦怠は、おそらく、もっと目に見える残酷さに劣らぬ現実的な非情さをかもし出していた。揺籃から墓場までの、かけがえのない唯一の歳月を、暗く沈んだ倦怠のなかですごすように運命づけられた人間たちとは、飢えや虐殺におとらず残酷な境遇ではないだろうか？　フランスのうえに、はじめてこの倦怠の霧を投げかけたのはリシュリューであるが、その後、この霧はますます呼吸できないものになりまさっていったのだ。そして、戦争がはじまるころには窒息状態に達していた。

国家は、地域的に自己より小さいもののすべてを精神的に圧殺してしまったが、それと同時に、地域上の国境を、思想を閉じこめるための牢獄の壁に変えてしまった。教科書風の書物を離れて、もうすこし間近から歴史をながめてみるならば、交流の物質的手段がほとんど欠如していた時代のほうが、可能なかぎり広大な諸地域間の思想的交流において、その豊かさ、多様さ、創造性、生命力の強さなど、すべてわれわれの時代をはるかに凌駕しているのであって、この事実を知るときには驚きを禁じえない。たとえば、中世、ローマ時代以前の古代、歴史時代に直接先行する時代などがこれに該当する。ところが今日では、ラジオ、航空機、その他あらゆる種類の輸送機関の発達、印刷術、新聞雑誌などをもってしても、近代的現象としての国家は、科学のごとく本来普遍的なものですら、隔離された小さな区画のなかに押し込めてしまっている。もちろん、国境が塞がれているというわけではない。だが旅行するにあたっては、面倒で厄介な無数の手続きを経なければならないように、いかなる領域であれ、すべて外国思想との接触は、国境を越えるにあたって心理的な努力を必要とする。これは大変な努力であって、多くの人びとがこの努力を払うことに同意しない。たとえ努力を惜しまない人びとにおいても、努力が不可欠であるという事実そのもののゆえに、国境を越えて有機的な絆が結ばれにくいのである。

教会や国際的な党派が存在することは事実である。しかしその教会たるや、司祭も信者も、おなじ祭式おなじ言葉をもって、さらには、どうやらおなじ度合の信仰と心情の純粋さとをもって、敵対する両陣営の一方の軍事的勝利を同時に神に祈願するという、赦しがたき破廉恥な振舞いを見せているのだ。かかる破廉恥な振舞いは、はるかむかしから見られる。ところが、今世紀においては、宗教生活は、いままで以上に国民としての生活に屈従してしまっている。国際的な諸党派のほうも、虚構によって国際的であるにすぎないか、その国際主義がある国民への全面的従属の形式をとるかのどちらかなのである。

最後に、国家はまた、公的生活の枠外で忠実さにたいする指針を与えていたいっさいの結びつきを滅ぼしてしまった。フランス大革命は、同業組合を廃止することによって技術の進歩に貢献したが、それと同程度の精神的害悪をもつくり出した。ないしは、すくなくとも、すでに部分的に実現されていた害悪を是認し、それを完成させたのである。今日また、この同業組合なる言葉が使用されているが、いかなる領域においてであれ、問題になっているものは、かつての同業組合となんの関係もないのであって、このことはいくら繰り返しても繰り返しすぎることはない。

ひとたび同業組合が消滅してしまうと、人間の個人生活のなかで、労働は単に、金銭をそれに対応した目的とする手段にすぎなくなってしまった。国際連盟の憲章のどこかに、今後、労働はもはや商品ではなくなるであろうと断定した文章がある。これはこのうえなく悪趣味の冗談である。レヴィ＝ブリュールが前論理的心性と名づけたものからきわめて遠いと信じ込んでいる善良な連中は多くあるが、われわれは、その連中がオーストラリア奥地の未開人のいずれよりも言葉の魔術的効果を信じるといった世紀に生きているのだ。流通市場からある不可欠な製品を引き揚げるとき、ひとはその製品のために別の分配方式をあらかじめ考える。ところがそのようなことは、労働にたいしてはなんら想定されず、言うまでもなく、労働はいぜん商品としてとどまっているのである。

この結果、職業上の良心とは、単なる商取引き上の誠実さの一形式にすぎなくなってしまった。交換のうえに成り立つ社会においては、もっとも重大な社会的非難は、盗みと詐取、とりわけ悪い商品をその品質に保証を与えて売るという商人の詐取にたいしてくだされる。同様に、ひとが自己の労働を売る場合にも、誠実さは彼が報酬に見合った質の商品を提供することを要求する。だが誠実さは忠実さではない。この二つの徳のあいだにはきわめて大きな隔たりがあるのだ。

労働者の友愛のなかには忠実さという根づよい要素が存在していて、ながいあいだこれが労働組合生活を支配する原動力となっていた。しかしいくつかの障害のために、この忠実さが道徳的生活の強固な支柱となることができなかったのである。すなわち、一方においては、社会生活の金儲け主義が、賃金の問題を最前面に押し出すことによって、労働運動のなかにまでひろがってしまった。とにかく、金銭にたいする関心が支配的になればなるほど、忠実さの精神は消滅するのだ。他方において、革命的になればなるほど、労働運動はこの不都合から脱却するが、あらゆる反逆に内在する弱さに感染してしまうのである。

リシュリューは、ある種の観察において驚くべき洞察力を示したが、たとえば、すべてがおなじ条件なら、反逆者はいつでも、既成権力の擁護者の半分の力しかないことを経験によって知ったと語っている。たとえ自分が正しい大義を支持しているのだと考えても、反逆の側にあるという感情がひとの力をくじいてしまうのである。この種の心理的メカニスムがないならば、人間社会には安定がまったくなくなってしまうだろう。このメカニスムによってこそ、共産党の強い支配力が説明される。革命的労働者は、自分たちの背後に、一つの国家――すなわち、彼ら労働者の行動にかの公的性格、合法性、現実性を唯一与えてくれる国家、しかも同時に、忌み嫌うには地理的に彼らからあまりにも遠くにある国家――を有するならば、それこそ願ったり叶ったりなのだ。おなじ理由から、百科全書派の人びとは、自分たちの君主とは衝突してまったく居心地が悪かったのに、プロシアやロシアの君主たちの愛顧を渇望したのである。またおなじ類推によって、ロシアの威信には抵抗した多少とも革命的な労働者の活動家が、ドイツの威信には屈せずにはいられなかった事情も理解されるのである。

自己のいっさいを挙げて共産党にくみしてしまった人びとをのぞいて、労働者たちは、彼らの階級にたいする忠実さのために、内面の安定が与えられるにたるほど明確で、かつはっきりと限定された対象を見出すことができずにいる。社会階級の観念ほど限定を欠く観念はほとんど見当たらない。この観念のうえに自己の全体系を打ち樹てたマルクスは、それを定義したり、単にそれを検討してみようとさえしなかった。彼の著作から社会階級にかんして引き出しうる唯一の言及は、それが闘争するものだということである。これでは十分とは言えない。さらにまた、言葉で定義することはできないが、思惟にとって明白とされる観念の一つとも言えない。ところで、ある観念を定義することより、定義なしにそれを体得したり感取したりすることのほうがさらに困難なのである。

宗教的帰依によって生まれてくる忠実さも、奇妙なことではあるが、現代生活においてこれまたかなり軽んじられている。明白かつ重要な差異があるとはいえ、イギリスの国教会方式とフランスの政教分離方式とによって、おなじ意味合いの結果が生まれた。ただ後者のほうがより破壊的に見えるだけである。

宗教は私的問題という宣告が下されてしまった。現代の精神的習性にしたがえば、このことは、宗教が魂の秘奥に、すなわち各人の意識さえ入り込むことのできない深く隠された場所に宿っていることを意味しない。ただ、選択、意見、趣味、ないしは、ほとんど気まぐれの問題、政治的党派の選択や、あるいはネクタイの選択に似たものであることを意味しているのである。さらにまた、家族、教育、周囲の問題であることを意味しているのである。私的なものになったために、宗教は公的表明にのみ残された義務的性格を失い、その結果、忠実さにたいする異論を許さぬ資格を失ってしまった。

事態がまさにかかるものであるということは、いくたの啓示的な言葉が示している。たとえば、つぎのようなきまり文句が繰返されるのをわれわれはなんど耳にしたことであろうか。「カトリックであれ、プロテスタントであれ、ユダヤ人であれ、自由思想家であれ、われわれはすべてフランス人だ。」国の小さな地域が問題なら、「マルセイユ人であれ、リヨン人であれ、パリ人であれ、われわれはすべてフランス人だ」と言うであろうが、まさにこれとおなじ論法である。教皇から発せられた文書のなかにも、つぎのような言葉を読むことができる。「キリスト教的観点からのみならず、ひろく人間的観点からしても……。」キリスト教的観点なるものは、まったく意味を有しないか、現世来世を問わず、いっさいの事象を包含しうると主張するかどちらかであるべきなのに、まるでその観点が、普遍性において人間的観点より低い段階にあるかのように。これより怖ろしい破産の告白を考えることはできない。《彼は破門されよ(アナテマ・シット)》という慣用句の報いとはかくのごときものである。結局のところ、私的問題という水準に下落してしまった宗教は、日曜日の朝、一時間ないしは二時間をすごしに行く場所の選択に還元されてしまうのだ。

まさに喜劇的というべきことに、宗教、すなわち人間と神との結びつきは、今日、いかなる外部権力の干渉を許さないまでに神聖な事象とはみなされず、公的問題にたいする重要性がほとんどないものとして、国家が各人の気まぐれにゆだねるといった事象の数に入れられてしまっている。すくなくとも、ごく最近の過去においてはそうであった。これが《信仰の自由(トレランス)》という語の現代的意味である。

こんなわけで、忠実さがすがりつくものとしては、国家以外にはなにもなくなってしまった。一九四〇年まで、忠実さが国家にたいして拒否されなかったのはこのためである。けだし人間は、忠実さのない人間生活はなにか嫌悪すべきものであることを感じているのである。たとえば、道徳的観念にかんするフランス語の語彙に属する単語はすべて、全般的にその名誉を失いつつあるが、そのなかで、裏切り者(トレートル)とか裏切り(トライゾン)とかいう単語はいささかもその力を失っていない。人間はまた、犠牲のために生まれたということを感じている。ただし、民衆の想像力のなかには、軍事的犠牲、すなわち国家に捧げられる犠牲以外の犠牲の形式はもはや存在しないのである。

まさに国家(エタ)のみしかなくなったのだ。国民(ナシオン)——一七八九年や一七九二年の人びとがこの語をとらえていた意味における——の幻想は、当時の人びとに歓喜の涙を流させたものだが、そのようなことは完全に失われた過去の出来事になってしまった。国民という語自体が意味を変えてしまったのだ。われわれの世紀においては、この語はもはや主権者たる民衆を指さず、同一国家の権威を認める住民の全体を指す。それは一つの国家によって形づくられる建築物であり、一つの国家によって支配される国である。今日、国民主権について言う場合には、ひたすら国家主権のことを意味する。現代のある人間と一七九二年のある人間とのあいだに対話がおこなわれたとしたら、まさに喜劇的な誤解に陥るであろう。そもそも、問題のこの国家なるものは、主権者たる民衆を意味しないのみか、リシュリューからルイ十四世に、ルイ十四世から国民公会に、国民公会から帝政に、帝政から第三共和制へと遺贈された、非人間的で、狂暴で、官僚的で、かつ警察的なあのおなじ国家と同一のものである。のみならずこの国家は、本能的に、まさにそのようなものとして認識され憎悪されているのである。

かくして、われわれは奇妙な現象を目撃することになった。すなわち、憎悪と反発と愚弄と軽蔑と恐怖との対象である国家が、祖国なる名のもとに、完全なる忠実さ、全面的な献身、すべてに優先する犠牲を要求し、しかも、一九一四年から一九一八年にいたるあいだ、すべての期待をうわまわる度合においてそれらを獲得したのである。国家は、この現世における絶対的価値として、すなわち偶像崇拝の対象として腰を据え、また、かかるものとして受容され、奉仕され、怖るべき多数の人間の犠牲によって崇敬された。愛のない偶像崇拝——これ以上に奇怪で悲しいものがあるだろうか?

ある人間が、献身的行為のなかに、心情が彼に命じるよりはるかかなたまで押しやられるとき、かならずその結果として、感情の内部に猛烈な反動、一種の引きつりが生じる。病人がいて、彼がひとの心に呼びさます愛情以上の心遣いを要求するとき、これとおなじことが家族内でもしばしば起こる。その病人は押し殺された怨恨の対象となる。なぜならその怨恨は、公然と表面には現われないが、いつでもかくされた毒として存在するからである。

まさにおなじ現象が、一九一八年以後、フランスとフランス人とのあいだに生じたのである。彼らはフランスに、あまりに多くのものを与えすぎた。彼らはおのれの心情のなかで、フランスにたいしていだいている以上のものを与えたのである。

一九一八年以後における、反愛国主義的、平和主義的、国際主義的思想の流れはすべて、戦争の死者たちや帰還軍人たちを自己の立場の証人とした。後者にかんしては、この思想の流れは、実際に、その大半が彼ら自身が置かれた境遇から発している。もちろん、つよく愛国主義的な在郷軍人会があったことも事実である。だが彼らの愛国主義の表現はうつろな響きがするし、まったく説得力を欠いていた。あまりにも大きな苦しみを嘗めたために、自分たちがつまらぬことのために苦しんだのではないということをたえず思い出す必要を感じている人間がいるものだが、彼らの表現はそんな人間たちの言葉に似ていたのである。なぜなら、心情が鼓舞しきれないほどに大きすぎる苦しみというものは、ひとをつぎの態度のいずれかに追いつめるからである。すなわち、自分があまりにも多くのものを与えた対象を乱暴に押しのけるか、一種の絶望をもってそれにすがりついてしまうかということになるのだ。

戦場の背後で警察が演じた役割にかんして、耳にたこができるほど繰り返し語りきかせることほど、愛国心に打撃を与えるものはなかった。また、祖国というものの背後にあるかの警察国家、彼らの憎悪の伝統的な対象であったかの国家の存在を認めざるをえないようにすることにもまして、フランス人の心を傷つけるものはなかったのだ。同時に、一九一八年以前に刊行された無茶苦茶な新聞の抜萃を、あとになって、冷静さと嫌悪感とをもって再読し、かつそれらを警察の果たした役割に関係づけてみるとき、フランス人たる者は、一杯くわされたという印象をいだいたのである。フランス人としてこれ以上に赦すべからざる犯罪はない。愛国的感情を表現していた言葉そのものが信用を失墜したあと、この感情は、ある意味において、口にするのもはばかられるといった感情の範疇に入ってしまった。労働者のサークル、すくなくとも、そのうちの若干のサークルにおいて、愛国主義的感情を表明したりすれば、場所柄にもとるといった感じを与えたにちがいない一時代があった。それもあまり過去のことではない。

いくつもの証言が、一致して、一九四〇年にもっとも勇気を示した者が前大戦の兵士たちであったと断言している。このことからとりもなおさず、つぎのような結論を出さなければならない。一九一八年以後における彼らの反作用は、彼ら自身の魂以上に、彼らを取り巻く子供たちの魂のうえに深い影響をおよぼしたのだ、と。これは、きわめてしばしば見られる、理解することが容易な現象である。一九一四年に十八歳であった人たちは、これ以後の歳月のあいだにその性格を形成したのである。

今世紀初頭の学校は勝利のために青少年を鍛えあげ、一九一八年以後の学校は敗者の世代をつくくりあげたというようなことが言われた。たしかに、この説には多くの真実が含まれている。しかしながら、一九一八年以後の学校の先生たちは、帰還軍人たちであった。一九二〇年と一九三〇年のあいだに十歳だった子供たちの多くは、戦争を実際にやってきた人たちを先生にもっていたわけである。

フランスは他の諸国以上にこうした反作用の影響を受けたが、それは他の国々よりもずっと過去に、しかも強力な国家の中央集権化がおこなわれていた事実、戦勝のもたらした道徳紊乱的影響、あらゆる宣伝に与えられた黙認などが災いして、はるかに痛烈な根こぎを蒙ったためである。

祖国の観念をめぐってもまた均衡が覆された。しかもそれが覆されることによって、純粋思惟の世界では、逆方向において均衡が回復された。国家が、完全なる空虚のただなかで、人間に忠実さと犠牲とを要求する資格のある唯一の存在でありつづけたために、祖国の観念も思惟のなかで絶対的な価値として現われることになったのである。祖国は善悪の彼岸に置かれた。「正しかろうと、まちがっていようと、わたしの国だ」というイギリスの諺が表現しているのはこのことにほかならない。だが、しばしばこれを越えることがおこなわれる。人びとは祖国も過誤をおかしうるということを認めないのである。

どんな階層の者でも、人間は批判検討の努力を好まないが、とんでもない不合理というものは、たとえそれをはっきり意識しない場合でも、ある不安の状態にひとを陥らしめ、魂の力をくじいてしまう。結局のところ、哲学――といっても暗黙の哲学のことだが――ほど、日常の人間生活一般のなかに混じりあっているものはないのだ。

祖国を悪が穢しえない絶対的価値とみなすことは、とんでもない不合理である。祖国は国民の別名である。そして国民とは、歴史的諸事件を通じて寄り集まった地域および住民の全体であって、それら歴史的諸事件のうちには、人間の知性が判断するかぎりにおいて、偶然が大きな部分を占め、かつ、いつでも善と悪とが入りまじっている。国民は一つの事実であり、事実は絶対ではない。国民は、同種のもろもろの事実のなかの一事実にすぎないのだ。地球の表面には一つならざる国民がある。わが国民はもちろん独自である。しかしながら、他の国民もそれぞれ、それ自体として、愛情をもって眺められるとき、おなじ程度において独自の存在なのだ。

一九四〇年以前には、《永遠のフランス》について語ることが流行した。この言葉は一種の冒瀆である。フランスの天職、フランスの永遠の救い、その他同種のテーマにかんして、フランスの偉大なカトリック作家たちはきわめて感動的なページを書いているが、それらのページについてもおなじことを言わざるをえない。国家の救いはこの世においてしかおこなわれないと言ったとき、リシュリューははるかに正しくものごとを見ていたのである。フランスは、現世的、地上的な一事実である。私の思い違いでなければ、キリストは国民を救うために死んだなどと説かれたことはかつてなかった。神によって国民として召し出された国民という観念は、旧約の古い律法にしか属していないのである。

いわゆる異教的古代なら、このようにはなはだしい取り違えはけっしておかさなかったであろう。ローマ人は自分たちが選ばれた存在であると信じていたが、ただ地上的支配にかんしてそう信じていたにすぎない。もう一つの世界など彼らに興味はなかった。ある都市、ある民族が超自然的運命のために選ばれたと信じるがごとき現象は、どこにも起こっていない。今日の教会のように、いわば救霊への公的手段を構成する秘教祭儀は、地域的制度であって、古代の人びとは、それらの秘教祭儀が相互的に等価値であることを認めていた。プラトンは、恩寵によって救われた人間がどのようにこの世の洞穴から抜け出すかを語っている。しかし、一つの都市がそこから抜け出しうるとは言っていない。それどころか彼は、集団というものを、救霊を妨げるなにか動物的なものとして想い浮かべていたのである。

古代にたいして、彼らが集団的価値しか認めなかったというような非難がしばしばきかれる。ところがこの過誤は、実際のところ、無神論者であるローマ人、およびヘブライ人によってしかおかされなかったのである。しかもヘブライ人にかんしては、ただバビロン補囚時代までである。われわれが、前キリスト教的古代にかかる過誤を押しつけるという点でまちがっていることが事実であるとすれば、また同時に、その後もずっと、われわれみずからおなじ過誤をおかしていることを認めないという点でもまちがっている。われわれは、あまりにもしばしば、おのれの内部で、純粋にキリスト教的な憧憬を制してしまうローマとヘブライの二重の伝統によって堕落させられているからである。

もし祖国という言葉に可能なかぎりそれ本来の意味、完全なる意味を与えるとすれば、キリスト教徒たる者は、この世のそとに住まう唯ひとりの父しか有していない以上、この世のそとにある唯一の祖国しかもたぬはずなのに(48)、今日の彼らはこれを認めるにあたって抵抗を感じている。「あなたたちは自分のために、天に宝をつみなさい。……あなたの宝のあるところには、あなたの心もある」〔マタイ福音書六・二〇〕。だから地に心をもつことは禁じられているのである。

今日のキリスト教徒は、おのれの心に、神と祖国とにかんして、それぞれの権利の問題を提起することを好まない。ドイツの司教たちは、彼らのもっとも勇気ある抗議の終わりに、自分たちは神かドイツかを選ばなければならなくなることを拒否すると言った。なぜ彼らはそれを拒否するのであろうか？　なにによらず地上的なものと神とのあいだで選択をおこなうべき情況は、いつでも起こる可能性があるし、その選択にはけっして疑問の余地があるべきではない。だがフランスの司教たちといえども、おなじ言葉を吐いたにちがいないのである。この四半世紀におけるジャンヌ・ダルクの名声は、完全に健全なものとは言いがたいものであった。それは、フランスと神とのあいだに差異が存在するという事実を忘れるための方便だった。しかし、祖国の観念の威光をまえにしてのかかる内面的怯懦（きょうだ）は、愛国心をより強力なものにすることはなかった。ジャンヌ・ダルクの像は、フランス人がフランスを放棄してしまったあの怖ろしい日々、人びとの眼を惹きつけるように、国内のあらゆる教会のなかに置かれていたはずである。

「私のもとにきても、自分の父、母、妻、子、兄弟、姉妹、そして自分の生命までも憎まないなら、私の弟子にはなれない」〔ルカ福音書一四・二六〕。憎むという語のある意味において、これらすべてを憎むように命じられているように、愛するという語のある意味において、おのれの国を愛することも確かに禁じられている。なぜなら、愛に固有の対象は善であり、「神のみが善である」〔ルカ福音書一八・一九〕からである。

これは自明の理である。ところが、ある妖術の力によって、この自明の理がいまの世紀では完全に無視されているのである。さもなければ、非キリスト教的住民たちのただなかで、愛徳によってキリストの証人となることを選んだシャルル・ド・フーコー神父[49]のような人間が、同時に、そのおなじ住民にかんして、軍の情報部に情報を提供する権利を自己に認めるといったことは不可能だったはずである。

悪魔はキリストにこの世の王国のすべてをさし示し、「いっさいの権力は私の手にまかせられている」〔ルカ福音書四・六〕という怖ろしい言葉を語ったが、この言葉について黙想することは、われわれにとって有益であろう。王国の一つたりと例外ではないのだ。

キリスト教徒の心には衝撃とならなかったことが労働者たちの心には衝撃となった。まだ十分に最近のものであるためにまったく死滅していなかった一つの伝統が、正義への愛をもってフランス労働運動の中核をなす霊感としたからである。十九世紀の前半において、全世界の抑圧された人びとの擁護に立ったのは、燃えるがごとき愛だったのである。

主権者たる国民として構成された民衆が祖国と同義語であるかぎり、正義と彼らとの関係をめぐる問題はなにひとつ提起されなかった。なぜなら、まったく独断的に、『民約論』のきわめて皮相的な解釈にもとづいて、主権者たる国民は、その成員にたいしてもまた隣国の人びとにたいしても、不正をおかさないということが一般に認められていたからだ。人びとは、不正を生じさせる原因はすべて、国民主権の不在に結びつくと想定していたのである。

しかしながら、祖国の背後にかの古い国家が存在するや、たちまち正義は遠のいてしまう。近代的愛国心の表現のなかでは、正義はあまり問題にならず、とりわけ、祖国と正義との関係について考えさせるがごときことはなにひとつ述べられない。この二つの観念が等価値の関係にあるとさえあえて主張しないのである。とりわけ相手が労働者である場合には、あえてかかる主張はおこなわれないはずである。彼ら労働者は、社会的抑圧を通じて、国家の金属性の冷たさを感じ取り、漠然とではあるが、おなじ冷たさが国際的諸関係のなかにも存在するにちがいないということを理解しているのだから。祖国について多く語られる場合には、正義についてはほとんど語られない。ところが、労働者のあいだでは、たとえ唯物論者であろうと、彼らがいつまでも正義の埒外にあるという印象をいだいているために、正義にたいする感情はきわめてつよい。だから、正義がほとんど姿を現わさないといった形式の道徳教育は、労働者の心をとらえることができないのである。たとえフランスのために死ぬ場合でも、彼らはつねに、同時にもっとはるかに偉大なもののために死んでゆくのだ、不正義を打倒するための普遍的な戦いに参加しているのだと感じたがっているのである。有名になった表現にしたがえば、祖国だけでは十分でないのだ。

たとえ意識されぬものであれ、真の意味で霊的生命の炎、その火花が燃えているところでは、どこでもおなじことが言える。この火にとって、祖国だけでは十分でない。霊的生命の炎が欠けている人びとにおいては、愛国心は、その要求がおもむくところ、最後にはあまりにも高揚しすぎた状態にいたる。そのときこうした愛国心は、このうえなく盲目な国家的狂信という形態をとらなくては、十分に強力な興奮剤となることができないのである。

はっきり言って、ある人間たちは、おのれの魂を小区画に分割し、その各区画のなかで、一つの思想が他の思想と関係なく一種の生活を営むことができるようにする。そういう人間たちは、批判の努力も綜合の努力も好まず、無理しなければかかる努力を自己に課することがない。

しかし恐怖と不安に駆られて、肉体が死のまえで、あまりにも大きすぎる苦悩のまえで、極度の危険のまえでたじろぐとき、あらゆる人間の魂のなかに、たとえ彼がまったく教養がない人間であろうと、その死、その苦悩、その危険から逃れるのが正当であり、かつのぞましいことであるという事実を立証するために、その事実を立証しようとする推論製作者が出現する。それらの証明は、場合によって、よい証明であることも、また逆に悪い証明であることもある。いずれにせよ、たちどころに、肉と血との混乱が、それらの証明にいかなる雄弁家も手に入れることのなかった強度の説得力を与えるのである。

こんな具合にならない人びともある。その性格から恐怖を感じないとか、その肉、その血、その臓腑が死や苦痛のまえで無感覚である場合がその一つ、魂のなかに高度の統一が宿っていて、推論製作者が策動する余地がない場合がその一つである。また、別の人びとにおいては、推論製作者が策動し、その説得を奏効させるが、しかし、その説得は軽蔑されている。最後の場合には、すでにかなり高度な内面的統一か、さもなければ強力な外部からの働きかけが前提となる。

宣伝にかんするヒトラーの天才的な観察、すなわち、野蛮な暴力は単独では思想に打ち克つことができないが、その本性が申し分なく下劣な思想とぐるになるとき、容易にその目的を達することができるという観察は、また同時に、内面的生活の謎を解く鍵を提供してくれる。肉の惑乱は、それがいかに激しいものであろうと、単独では魂の内部で思想に打ち克つことはできない。だが肉の惑乱が、いかに悪しき思想であれ、別のある思想にその説得力を乗り移らせることができた場合には、その勝利は容易となる。これが重要な点である。どんなに凡庸な思想も、肉の同盟軍としての機能を果たすだけの資格はもっている。いや、肉は同盟軍としてかかる思想を必要としているのだ。

こんなわけで、普段の場合には、たとえ教養ある人びとでも、このうえなくひどい内面的矛盾をいだきながらなんらの困惑も感じることなく生活できるのに、ひとたび最大の危機がおとずれると、意識の領域のわずかな亀裂ですら、きわめて明敏な哲学者が、どこかで、意地悪くそれを利用しようと身構えている場合とおなじ重大性を帯びてくる。しかも、どんなに無知な人間であろうと、このことはすべての人間に当てはまるのである。

決定的な瞬間――といっても、かならずしも最高度に危険な瞬間を意味せず、人間が、臓腑と血と肉との惑乱をまえにして、孤独で、外部からの働きかけを得られずにいる瞬間を意味する――においては、その内面的生活全体がある同一の観念から発している者だけがそれに抵抗することができる。このゆえに、全体主義的体制は、あらゆる試練に耐える人間をつくりあげることができるわけなのだ。

祖国がこうした唯一の観念となりうるのは、ヒトラー主義的制度のなかにおいてのみである。このことは細部にいたるまで容易に立証することができる。だが、そんな必要はあるまい。それほどまでに自明なことがらだからだ。祖国がこうした観念ではなく、しかも一つの地位を占めているとするなら、それはつぎのいずれかということになる。すなわち、魂のなかに内的な不統一とかくされた弱点があるとせねばならぬか、あるいはまた、ある別の観念があって他のすべてを支配し、その観念と比較するとき、祖国は十分明晰に認識される一つの地位、だが限定された従属的な地位を占めているとせねばならぬか、である。

後者の場合は、わが第三共和制には当てはまらない。また、この時代のいかなる社会階級にも当てはまらない。当時いたるところに見られたのは、精神的分裂であった。だから、人間のうちにあるかの推論製作者は、一九一四年から一九一八年にいたるあいだ、人びとの魂のなかでしきりに活動したのである。不名誉な汚名をきることを怖れるあまり、しばしば恐怖が人間を追いやる側とは反対の側に盲目滅法飛び込ませる反作用というものが存在するが、大部分の人びとは、この反作用のゆえに、最高度に身をこわばらせて抵抗したのである。しかしながら、人間の魂は、こうした衝動の力だけで苦悩や危険に立ち向かうとき、たちまち自己の力を使い果たしてしまう。不安を糧としたかかる推論は、行動の方法に影響をおよぼすことができなかったために、それだけますます魂の深所に喰らいつき、その影響はあとになって現われてくる。一九一八年以後に起こった事態がまさにこれである。また、なにものをも与えることができず、それを恥辱に感じた人びとは、別の動機からたちまちこの影響に感染してしまった。かかる雰囲気が子供たちを取りまき、しかも彼らにたいして、人びとはすこしあとで死ねと要求することになるのである。

フランス人における内面的崩壊がいかに遠くまで押しすすめられたかは、今日でもなお、敵との協力の観念がその魔力のすべてを失っていない事実を想うとき理解されよう。他方、抵抗運動の光景のなかに慰めを探し求め、彼ら抵抗派は、愛国心および他の多くの原動力のなかに霊感を見出すにあたって、いささかの困難も感じていないと考えるなら、それと同時に、国民としてのフランス人は、いまの瞬間、正義、人類全体の幸福、およびこれに類したことがらの側に、すなわち、存在しないすばらしいことがらの範疇のなかに身を置いていると繰り返し考えるべきなのである。連合国側の勝利は、フランスをかかる範疇から引き出し、ふたたび事実の領域に据えなおすであろう。そして、排除されたかに思われた多くの困難がまたもや姿を現わすであろう。ある意味において、不幸はすべてを単純化する。フランスが、占領下にある大部分の国よりも遅れてゆっくりと抵抗に踏み切ったという事実は、未来にたいして危惧をいだかないのはまちがいであるということを示しているのである。

学校のことを考えてみるなら、われわれの体制の精神的分裂がいかなる点まで進行していたかを明瞭に見ることができる。道徳は学校の教科の一つになっている。だが、これを独断的な教育の対象としたがらなかった小学校教師たちは、曖昧な態度で臨まざるをえなかった。この道徳の中心概念は、正義と、正義が隣人にたいして課するもろもろの義務である。

ところが歴史ということになると、もはや道徳は介入してこない。フランスの外国にたいする義務はけっして問題にならない。時として、フランスは正義と寛容の国と呼ばれることがあるが、いわば、それは余分の功徳、帽子のうえの羽根飾り、栄光がいただく有終の美としてであった。ナポレオンの征服のような、フランスが成功したあとで失ってしまった征服は、やむをえなければ、ちょっとした懐疑の対象となることがある。だが、フランスが守り抜いた征服にかんしては、けっしてそうはならない。過去はフランスの発展の歴史にほかならず、この発展はあらゆる点で善であると認められている。発展の途上において、フランスが破壊をおこなわなかったかどうかという問題は、だれも問いはしない。フランスとおなじ価値を有していたものを破壊するようなことが起こらなかったかどうかを検討したりすれば、このうえなく怖ろしい冒瀆として受け取られるであろう。ベルナノスが言っているように、アクション・フランセーズの連中は、フランスを、ひたすら成長し、肉づきがよくなることだけが必要な子供のように考えている。だが、そういう連中は彼らだけではない。それは一般的な考え方であって、はっきりとは表明されないかたちで、この国の過去をみる見方のなかに、いつでも暗黙裡に含まれていたものなのである。子供に比較するのなら、まだ身にあまる光栄というべきだ。肉づきだけが要求されるものは、兎、豚、若鶏の類である。プラトンは、集団を動物に比較することによって、もっとも正確な表現を見出した。そして、集団の魔力によって盲目になった人間たち、すなわち、救霊を予定された人びとをのぞくいっさいの人間たちは、「必要なことがらを正しいりっぱなことと呼ぶのであって、必要なものの本質と善の本質とのあいだにどんな距離があるかを見分けることも、示すこともできない」〔プラトン、『国家』七巻九節〕のである。

祖国、国民、国民の発展にかんする問題は、他の問題とは別個に扱われるべき重要性をもつものとして、おとなはこれを子供たちに感じさせようとあらゆる手段を弄している。黙っていても子供たちはそう感じるものなのに。これに反し、正義、他者に払うべき敬意、野心や欲望に限界を設ける厳格なる義務、すなわち、小さな子供たちの生活を服従させるように努めねばならぬいっさいの道徳は、右の問題にかんして、けっして想起されることがなかった。

このことから生まれる結論は、道徳は重要性がより少ない問題のなかに数えられ、宗教、職業、ないしは、医者や出入り商人の選択とおなじように、個人生活の低次の領域にその場所を見出すということにほかなるまい。

しかしながら、道徳それ自体がこのように下位に置かれるとき、別の体系がそれに取って代わることはできない。なぜなら、国民という上位の威光は、戦争への呼びかけと結びついてしまっているからである。この威光は、ナチスの体制のように、たえざる戦争準備によって成り立っている体制をのぞいては、平和時において原動力となることはできない。そのような体制以外では、子供たちに彼らの生命を要求する祖国が、税金と税関と警察とをかかえた国家という別の顔を有する事実を思い出させすぎることは、むしろ危険であろう。人びとは、注意深くそんなことはやらないようにする。だから警察を憎悪し、関税や税金にかんして不正をおこなう行為が愛国心を欠く行為となりうるなどとは、だれひとりとして考えはしない。イギリスのような国は、公的権力によって保証された自由という千年来の伝統のおかげで、ある程度まで例外的な存在である。かくして、平和時においては、道徳の二元性が、なにものをもあるべき場所に置くことができず、永遠的道徳の力を弱めてしまうのである。

このような道徳の二元性は、ただ単に学校ばかりでなく、いつでも、いたるところで、たえず存在している。なぜなら、新聞を読む場合、家族なり酒場なりで議論する場合、あらゆるフランス人にとって、フランスの名において、フランスのためにものを考えるということが、ふだんでも、ほとんど毎日のように起こるからである。そうなるとたちまち、個人としての人間に立ち戻るまで、その人間は、多少とも漠然とした抽象的なかたちではあるが、とにかく自己自身にたいする義務として認めていた徳目を、その思い出にいたるまで忘れ去ってしまう。自己自身や家族が対象であるとき、あまりに自分を自慢してはいけないとか、自分が同時に裁判官であり訴訟の当事者である場合には、おのれの判決を警戒しなければならないとか、他人たちといえども、部分的には自分より正しいかも知れないと自問してみるべきであるとか、あんまり出しゃばってはならないとか、自分自身のことばかり考えてはならないとか、要するに、エゴイスムや自負に限界を設けなければならないということが、多かれ少なかれ認められている。ところが、国民的エゴイスムや国民的自負ということになると、無制限のわがままが許されているばかりでなく、可能なかぎり最高度のわがままがなにか義務のごときものによって課せられているのである。他者にたいする敬意、自分の過誤を認めること、謙遜、欲望の自発的制限などは、この領域においては犯罪となり、冒瀆行為となる。エジプトの『死者の書』(50)が、死後の義人の口に託しているいくたの崇高な言葉のなかで、もっとも感動的な言葉は、おそらくつぎのごときものであろう。「私は正しく真実な言葉にたいして耳を閉ざしたことはなかった。」ところが、国際的な領域においては、各人が、フランスの利益に反するものであるかぎり、正しく真実な言葉にも耳を閉ざすことが神聖な義務と考えているのだ。さもなければ、フランスの利益に反する言葉は、けっして正しくも真実でもないというふうに考えているのであろうか？　そうだとしても、結局はまったくおなじことになろう。

ある種の悪趣味は、道徳とまで言わなくても、よき教育さえあれば私的生活において避けられるものだが、そのおなじ悪趣味が、国民的次元ではまったく当然と思われている。保護者風を吹かす婦人たちのうちでもっとも手に負えない連中でさえ、自分の保護する人びとを集めて演説をおこない、与えられた恩恵の大きさと、それと引きかえに捧げられなければならない感謝の大きさとを述べ立てることは慎しむであろう。ところが、インドシナのフランス総督は、たとえこのうえなく凶暴な弾圧行為の直後であろうと、このうえない醜聞である飢餓の直後であろうと、フランスの名においてかかる言辞を弄することをためらわないのである。そして彼は、それに応えてくれる声を期待し、かつ強制するのである。

これはローマ人から受け継がれた習慣である。彼らは残酷さを発揮する場合でも、恩恵をほどこす場合でも、かならず自分たちの寛大さと慈悲とを鼻にかけた。また、なにごとであれ、たとえばこのうえなく怖ろしい抑圧にたいする単なる緩和であれ、彼らにそれを要求して認めてもらおうと思えば、おなじような讃辞からはじめなければならなかった。かくてローマ人は、彼ら以前には名誉とされていた請願を不名誉なものに変え、それに虚言と追従とを強制したのである。『イーリアス』のなかで、ギリシア人のまえにひざまずき、命乞いをするトロイア人は、その言辞のなかに、たとえかすかなりと追従の影を許しはしなかったのである。

われわれの愛国心は、直接ローマ人からきている。だからこそ、フランスの子供たちは、コルネイユのなかに霊感を探し求めるように奨められるのである。愛国心は、もしこの二つの語が両立するとすれば、異教徒の徳である。異教徒という語は、ローマに冠せられるとき、まさに当然のことながら、初期のキリスト教的論戦家がこの語に負わせた、身の毛もよだつばかりの意味を帯びる。それは、ほかならぬ無信仰で偶像を崇拝する民のことであった。しかも、石や青銅でできた彫像にたいする偶像崇拝ではなく、自己自身にたいする偶像崇拝を指したのである。愛国心の名においてローマがわれわれに遺贈したのは、この自己にたいする偶像崇拝である。

世俗的道徳ではなく、キリスト教的徳――世俗的道徳は単に一般大衆のためのその普及版、稀薄にされた解決法にすぎない——を考えるとき、道徳における二元性は、いっそうめざましい醜聞となる。キリスト教的徳は、謙譲を、すなわち、下位のものにむかう自発的にうべなわれた心の動きを、その中核、その本質、その独特の味わいとしている。聖人たちがキリストに似ているのはこの点である。「彼は、本性としては神であったが、神と等しいことを固持しようとはせず……自分自身を無とされた。……彼は御子であったが、その苦しみによって、従順をまなばれた」〔フィリピ人への手紙二・六、ヘブライ人への手紙五・八〕。

ところが、フランス人がフランスのことを考えるとき、謙譲は裏切りであるという現代的観念にしたがって、傲慢が彼らにとって義務となる。この裏切りこそ、おそらく、ヴィシー政権にたいしてもっとも痛烈に非難されている裏切りである。この非難は正しい。なぜなら、ヴィシー政権の謙譲は悪しき金位の謙譲であり、打撃を避けるためにへつらい、嘘をつくといった奴隷の謙譲であるからだ。ところがこの領域において、よき金位の謙譲は、われわれのあいだで知られざるものである。われわれはその可能性さえ感知できずにいる。単にその可能性を感知しうるようになるためにでも、われわれにはすでに創意の努力が必要とされるであろう。

キリスト教徒の魂のなかでは、愛国心なる異教的徳の存在は溶解剤として作用する。この徳は、洗礼を受けることなく、ローマからわれわれに手渡された。奇妙なことだが、蛮族たち、ないしはこのように名づけられていた人びとは、侵略の機会に、ほとんど抵抗なく洗礼を授けられてしまった。だが、古代ローマの遺産はけっして洗礼を授けられなかった。おそらく、それは洗礼を授けられえないものだったからなのであり、ローマ帝国はキリスト教を国教としながらも、なおかつそうだったのである。

とにかく、これ以上に残酷な侮辱を想像することは困難であろう。蛮族たちにかんしては、ゴート人は容易にキリスト教に帰依したが、このことは、同時代人が信じていたように、もし彼らが、トラキア人のうちでもっとも義人であったゲタイ人の血を引くものであって、ヘロドトスが、この民族の永遠の生命にたいするその信仰の強さのゆえに、彼らを「永生を信仰するひと」〔ヘロドトス、『歴史』四巻・九三〕と名づけたのであるならば、なんら驚くには当たらないのである。蛮族の遺産はキリスト教的精神と混じ、騎士道と名づけられるようになる、独自で、模倣できない、完全に均質の生成物をつくり出した。ところが、ローマの精神とキリストの精神とのあいだには、けっして融合がおこなわれなかった。もし融合が可能であったならば、黙示録は、ローマをけもののうえに坐した女、冒瀆の名で覆われた女〔ヨハネ黙示録一七・三〕として描き出すことによって虚言を吐いたことになったであろう。

ルネサンスは、まずギリシア精神の、ついでローマ精神の復活であった。この第二段階においてはじめて、ルネサンスはキリスト教の溶解剤として作用した。またこの第二段階のあいだに、国家観の近代的形態、愛国心の近代的形態が生まれたのである。コルネイユは、『オラース』をリシュリューに捧げ、しかもその献辞のなかで、悲劇の霊感となっている、ほとんど錯乱状態の傲慢と好一対をなす卑下した言辞を弄したが、彼にはそれなりの理由があったのだ。かかる卑下と傲慢とは不可分のものである。今日のドイツにおいてこのことがはっきりと観取される。コルネイユ自身はローマ的精神との接触の際、キリスト教的徳を襲った一種の仮死状態の好例である。彼の『ポリュークト』は、われわれが習慣によって盲目になっていなければ、滑稽にみえるはずである。コルネイユの筆になる『ポリュークト』は、突然、その征服が地上の王国よりもはるかに大きな栄光となるような領域が存在すること、かつ、その目的を達成するための特殊な技術が存在することを理解したといった人物である。すると、たちまち彼は、なにによらず他のことには目を向けず、以前皇帝のために戦争をおこなったときとおなじ精神状態において、新しい征服に出発することを自己の義務とするのである。アレクサンドロス大王は、征服の相手として地球しかないといって涙を流したそうだ。コルネイユは、キリストが地上に来臨したのはこの欠如を埋めるためだったとはっきり信じていたのである。

愛国心は、平時において、キリスト教的な徳にたいしても世俗的な徳にたいしても、目に見えぬかたちで溶解剤として作用しているが、戦時においては逆の現象が起こる。しかも、それはごく当然のことなのである。道徳的二元性が存在するとき、その損害を蒙るのはかならず、情況によって要求される徳のほうである。易きにつく傾向が、当然のことながら、実際には行使する必要のない徳のほうを優先させるのだ。すなわち、平時においては戦争の道徳観に、戦時においては平時の道徳観にである。

平時においては、正義と真実とは、この二つの徳を愛国心からへだてている防水隔壁のために、たとえば礼節のように、純粋に個人的な徳目の水準に引きさげられてしまっている。だが、祖国が最高の犠牲を必要とするようになると、このおなじ隔壁のゆえに、愛国心は、全面的正当性――これのみが全面的努力を呼びさますことができる――を失ってしまうのである。

フランスは、その発展を通じてあまたの領土を併呑し、それらを消化してしまったのだが、かかる発展を、絶対的な、なにひとつかげりのない善とみなす習性ができあがってしまった以上、そっくりそのままおなじ思考にもとづいた宣伝、ちがうのはただ、フランスという名のかわりにヨーロッパという名を持ち出しただけの宣伝が、どうして魂の片隅に滲透しないことがあるだろうか？　現在の愛国心は、絶対的な善と、一つの地域的広がり、つまりフランスに相当する集団とのあいだに方程式を成立させることにあるのだ。自己の思考のなかで、この方程式の地域的項を変え、たとえばブルターニュのようなもっと小さな項、あるいはヨーロッパのようなもっと大きな項を持ち出そうとする人間はすべて、裏切り者のようにみなされてしまう。なぜか？　まったく勝手な言い分にすぎない。ただ習慣化してしまったために、それがどんなに勝手な言い分であるかがわからなくなったのである。だが危機がおとずれると、この勝手な言い分は、人間のうちに宿る詭弁の製作者に手を貸すのだ。

　現在の対独協力者たち[51]は、ドイツの勝利が築きあげることになっている新しいヨーロッパにたいして、かつてプロヴァンス、ブルターニュ、アルザス、フランシュ・コンテ地方の住民が、フランス国王による彼らの国の征服にたいしてとるように要求されたのとおなじ態度をとっている。時代が変わったからといって、善と悪とが変わるはずがないというわけだ。一九一八年から一九一九年にかけて、平和をのぞむ善良な人間たちがつぎのように言う声がひろくきかれたものだ。「かつては、州と州とのあいだで戦争がおこなわれた。それから諸州が統一されて国民を形成した。おなじように、それぞれの大陸において諸国民が統一され、ついで、世界全体において諸国民が統一されることになろう。そうなれば戦争は終わるのだ」と。これはかなり流布したきまり文句である。このきまり文句は、十九世紀、さらには二十世紀においてもきわめて強い影響力をもっている、例の誤った拡大適用（エクストラポラシオン）[52]の論法から発したものである。このような言辞を弄した善良な人びとは、フランスの歴史を大づかみに知っていた。だが、そのように語るとき、国民的統一は、そのほとんどすべてが、このうえなく凶暴な征服によって達成されたということをかえりみなかったのである。なるほど彼らは、一九三九年にそのことを思い出しはしたのだが、また同時に、それらの征服が彼らの眼に、いつでも善として映じたことをも思い出したのである。すくなくとも、彼らがその魂の片隅で、つぎのように考えはじめたとしてもなんら驚くには当たらない。「歴史の進歩のため、歴史の成就のためには、おそらくこのような道を経ねばならないのだろう。」さらにまた、彼らはこんなふうにひとりごつこともできたのである。「一九一八年にフランスは勝利をおさめた。だが、ヨーロッパの統一を実現することはできなかった。いまやドイツがそれを実現しようと試みている。その邪魔をしないようにしよう」と。正直にいって、ドイツの体制の残酷さが彼らに二の足を踏ませてしかるべきだったのだ。ところが彼らは、そのような噂をきかなかったか、それが虚偽の宣伝によってでっちあげられたものと仮定したか、弱小諸国民にのみ加えられるものと考えて重要でないと判断したか、いずれかだったのである。安南人にたいするフランス人の残酷さに無知であるより、ユダヤ人やチェコスロバキア人にたいするドイツ人の残酷さに無知であることのほうがむずかしいであろうか？

ペギーは、「正義の戦争にたおれた人びとは幸福である」〔『エヴァ』の一句〕と歌った。だとすれば、正義にもとって彼らを殺した人びとは不幸であるとせねばならない。一九一四年のフランスの兵士たちが正義の戦争にたおれたとするならば、すくなくともおなじ度合において、ヴェルサンジェトリックスの場合もたしかにそうだったのである。もしこのように考えるならば、六年のあいだ彼を真っ暗な地下牢につないでおいて、そのあとローマ人のまえに見世物として引っ張り出し、惨殺させた人物〔ユリウス・カエサル〕にたいして、われわれはどんな感情をいだいたらよいのか？　ところがペギーは、ローマ帝国の熱烈な讃美者だった。ローマ帝国を讃美する以上、より広大な地域にわたり、ほとんどおなじ方法でそれを再建しようとするドイツをなにゆえに憎めよう？　かかる矛盾にもかかわらず、ペギーは一九一四年に死ぬことができた。だが、公言もされず、確認されてもいなかったとはいえ、とにかくこの矛盾のゆえに、一九四〇年の多くの青年たちは、ペギーとおなじ精神状態で砲火に身を挺することができなかったのである。

　征服はつねに悪であるか、さもなければつねに善であるか、あるいは、あるときは善であり、あるときは悪であるかである。最後の場合にかんしては、識別のための基準が必要である。出生の偶然によってひとはある国民の一員であるにすぎないのに、その領土を拡張させるとき、征服は善であり、逆にその領土をせばめる結果になるとき、征服は悪であるというようなことを基準にすれば、あまりにも理性に反することになり、それが受け容れられるのは、ドイツの場合のように、偏見によってきっぱり理性を閉め出してしまった人びとだけとなろう。ところが、ドイツはこのようなことができるのだ。彼らはロマン派の伝統を生きているからである。しかしフランスはできない。理性への執着はその国民的遺産の一部をなしているからである。もとより、一部のフランス人がキリスト教にたいして敵意を表明するのなら話はわかる。ところが、一七八九年以前も、またそれ以後も、フランスに起こった思想運動は、すべて理性を標榜してきたのだ。フランスは祖国の名において理性を排除することはできない。

このゆえに、フランスは愛国心のなかに安住できないのであるし、十八世紀にみずから近代的愛国心を創造しながら、いぜんとしてそうなのである。フランスの普遍的天職と呼ばれてきたものが、フランス人にとって、愛国心と普遍的諸価値とのあいだの和合を他国民より容易なものにしてくれるなどと信じてはならない。この逆こそまさに真実である。困難はフランス人にとってより大きいのだ。なぜなら彼らは、矛盾の第二項を消去することも、二つの項を隔水防壁で仕切ることも完全になし遂げられずにいるからである。彼らは愛国心自体の内部に矛盾を発見している。だがこの事実から、新しい愛国心を創造することがいわば彼らの義務なのである。この義務を果たした暁には、彼らは、過去においてある程度までフランスの役割をなしていたもの、すなわち、世界が必要としているものについて思考するという役割をなし遂げたことになろう。現在、世界は新しい愛国心を必要としている。愛国心がひとに血を流させているいまこそ、この創造の努力は実現されなければならない。愛国心がふたたび、サロンとか、アカデミーとか、カフェのテラスとかの話題になるまで悠長に待っていてはならない。

ラマルティーヌのように「フランスの光りが輝くところ、かならず私の祖国がある。……真理こそ私の国である」〔『雑詠集』のなかの「平和のマルセイエーズ」の一句〕と言うのはたやすい。だが不幸にしてこの言葉は、フランスと真理とが等価値であるときにしか意味をなさない。フランスが虚言を吐き、不正義をおかすという事態は、かつて起こったし、現在も起こっているし、また将来も起こるであろう。フランスは神ではない、いや、それどころではないからである。「私は真理である」〔ヨハネ福音書一四・六〕と言うことができたのはキリストだけである。この地上において、かかる言葉を口にすることは、キリスト以外のだれにも許されない。個々の人間にも、集団にも。しかも、集団にはとくに許されない。なぜなら、個人としての人間は、もはや彼自身でなくなり、彼のうちで生きるのがキリストである〔ガラテヤ人への手紙二・二〇〕という高度の聖性に達することがあるが、聖なる国民というものは存在しないからである。

かつて、みずから神聖なりと信じた一国民が存在したが、この結果はまったくみじめだった。この問題にかんして、その国民のなかでパリサイ派が抵抗派であり、取税人たちが協力派であったことを考え、キリストとこの両者との関係がいかなるものであったかを想い起こすなら、意外の感に打たれるであろう(53)。

われわれの抵抗運動も、もしこの運動を推進している原動力のうち、愛国心という原動力を正当なる限界内に押し込めることができないなら、精神的に危険な、いやむしろ、精神的に悪しき立場に堕すると考えるべきであるように思われる。まじめかどうかは別として、抵抗運動がファシズムに変質するのではないかと言っている人間たちがいるが、その連中が当代のもっとも俗悪な言葉で表明しているのもこの危険にほかならない。なぜなら、ファシズムはつねに、愛国的感情のある変種に結びついているからである。

フランスの普遍的天職を想起するに際しては、それが虚言でないかぎり、その自負には混じりものが入り込んでくる。虚言である場合には、この天職にたいし、それを想起した言葉自体において裏切りをおかすことになる。他方、真実を思い出す場合には、かならず屈辱感が自負に混じらざるをえない。なぜなら、この天職にかんして引き合いに出されるあらゆる歴史的実例のなかには、気まずさを感じさせるものが含まれているからである。十三世紀のフランスは、全キリスト教世界の中心であった。ところが、すでにこの世紀の初頭、フランスは、はやくも偉大なる光輝を放って誕生しつつあった一文明を、ロワール河の南で永遠に破壊してしまったのである。また、この軍事行動を通じ、それと結びついたかたちで、はじめて宗教裁判所が設立された。これは重視すべき汚点である。十三世紀は、ゴシック建築がロマネスク様式の建築に、多声音楽がグレゴリオ聖歌に取ってかわった時代であり、神学においては、アリストテレスから引き出された体系がプラトンからの霊感に取ってかわった時代である。したがって、この世紀におけるフランスの影響力が進歩の線にそっていたかどうかを疑うことができるのである。十七世紀にいたって、フランスはふたたびヨーロッパのうえに光り輝いた。しかしこの光輝に結びついている軍事的威信は、すくなくとも正義を愛するかぎり、公言がはばかられるような手段で獲得されたのである。のみならずフランスの古典主義的観念は、フランス語においていくたのすばらしい作品を生みだしたにしても、それとおなじ程度に国外にたいして破壊的影響力をおよぼしたのである。一七八九年、フランスは諸国民の希望となった。しかしながら三年後には戦争への道を踏み出し、最初の勝利のあと、たちまち解放の遠征は征服の遠征にすりかわってしまった。イギリス、ロシア、スペインなどがなければ、当時のフランスはヨーロッパにたいして、おそらく今日ドイツによって約束されているものにほとんど劣らない抑圧的な統一を強制したことであろう。前世紀の後半、ヨーロッパが世界でないこと、この遊星上にはいくつもの大陸があることに人びとが気づいたとき、フランスはふたたび、普遍的役割への憧れに取りつかれてしまった。しかしながら、その結果としては、イギリス人の模倣である植民地帝国をつくり出したにすぎなかったし、フランスという名は、少なからざる有色人種の心のなかで、いまや考えるだに耐えられないような感情と結びついているのである。

このように、フランス的愛国心に内在する矛盾は、フランスの歴史を通じて見出されるのである。このことから、こんなにながいあいだ矛盾といっしょに暮らしてきた以上、フランスはそのままの状態をつづけていけばよいなどと結論するわけにはいかない。まず第一に、いったん矛盾を認めたからには、それに甘んじるのは恥ずべきことだからである。つぎに、事実としてフランスは、フランス的愛国心の危機によって死ぬほどの目にあったからである。どう考えても、もしイギリスの愛国心にして、その質が幸運にもより強固なものでなかったならば、フランスは滅び去ったと信じられる。だが、イギリスの愛国心をわが国に移しかえることはできない。つくりなおさねばならぬのは、ほかならぬわれわれの愛国心である。しかも、まだつくりなおす時間はあるのだ。フランス的愛国心は、ふたたびその生命力の兆しをみせている。なぜなら、わが国にいるドイツ兵たちは、フランス人の愛国心にとって比類のない宣伝員になってくれているからである。だが、彼らはいつまでもいてくれるわけではあるまい。

だからこそ、怖ろしいまでに重大な責任がある。いわば国の魂をつくりなおすことが問題なのだから。しかも、虚言とか部分的真実とかを弄してそれをつくりなおそうという誘惑がきわめて強いとすれば、真理にしがみついて離れないようにするには、ヒロイズム以上のものが必要とされるのである。

愛国心の危機は二重の相のもとに現われた。政治の用語をもちいるならば、左翼の危機と右翼の危機とがあったと言うことができる。

右翼のブルジョワ青年層においては、愛国心と道徳との乖離は、他のもろもろの原因と結びついて、あらゆる道義の信用を完全に失墜させてしまった。しかしながら、愛国心もほとんどそれ以上に威信を保つことができなかった。《政治第一》主義は、モーラス自身の影響よりはるかかなたまで拡がっていたのだ。そもそも、この言葉は一つの不合理を表明している。なぜなら、政治は手段の技術、その集成にほかならない。だから、《力学第一》主義と言ってもよいわけだ。するとたちまち、つぎのような問いが生じる。なんのための政治なのか、と。リシュリューなら、国家の偉大さのため、と答えるであろう。だが、なぜこの目的のためであって、他の目的のためであってはいけないのか？　この問いにたいしては、答えなるものはいっさい存在しない。

この問いは問われてはならないのである。リシュリューからモーラスに受けつがれた、いわゆる現実主義的政治学は、その過程で損われずには済まされなかったにせよ、とにかく、この問いが問われない場合にしか意味を有しない。この問いが問われないためには、ただ一つの条件しか存在しない。かの乞食がタレーランにむかって、「閣下、私も生きていかねばなりません」と言ったとき、タレーランは、「私はその必要を認めないね」と答えた。だが、乞食のほうは、その必要をはっきりと認めていたのだ。おなじように、ルイ十四世は、国家は彼であるがゆえに、その国家は全面的献身によって奉仕されねばならないという必要をはっきりと認めていたのだ。リシュリューは、自分がその第一の奉仕者にすぎないと考えていた。しかしながら、ある意味において、彼は国家を所有していた。そのために、彼は国家と自分とを同一視していたのだ。リシュリューの政治観は、個人としてであれ、また集団としてであれ、自分が国家の主人であるか、あるいはその主人になりうるとはっきり感じている人間たちにとってしか意味を有しない。

フランスのブルジョワ青年層は、一九二四年以後[54]、フランスがおのれの領地であるという感情をもはやもてなくなってしまった。労働者たちがあまりにも騒ぎすぎたからである。他方彼らは、一九一八年以後フランスを襲ったかの謎の疲労に苦しんでいた。だが、その原因の大部分は、おそらく肉体的なものである。彼ら青年たちを生み、かつ育てあげた両親の飲酒癖や神経の状態、あるいはその他の原因に罪をきせねばならぬにしても、フランスの青年層は、久しい以前から、ある種の疲労の徴候を示している。ところがドイツの青年層は、公的権力が彼らのことまで手のまわらなかった一九三二年ごろでさえ、彼らが苦しんでいた、きわめて厳しくかつ長期にわたる食糧の不足にもかかわらず、比較にならないほど強い生命力を保っていたのである。

この疲労が、フランスのブルジョワ青年層に、国の主人になれるという感覚を失わせてしまったのである。するとたちまち、「なんのための政治なのか?」という問いにたいして、つぎのような答えが与えられるようになった。「他人の手を借りてこの国の権力の座につくために。」他人の手を借りてとは、外国の手を借りてということである。これら若者たちの道徳体系には、なにひとつとしてこの欲望を阻止しうるものはなかった。一九三六年の衝撃は、この欲望を、彼らの内部の取り返しのつかない深所にまで滲透させてしまった。彼らにはなんの危害も加えられなかった。ところが、彼らは恐怖をいだいてしまったのだ。屈辱を受けたからである。しかも彼らは、自分たちより劣っていると考えていた人間たちから屈辱を受けたのであって、これは彼らの眼に、赦すべからざる犯罪として映じたのである。一九三七年、イタリアの新聞は、フランスの学生雑誌に現われた一論文を引用しているが、そのなかで、フランスの若い一女性は、心労の多いムソリーニではあるが、時間を工面してフランスに現われ、秩序を回復してくれるようにとねがっている。

　このような階級の人間たちがいかに共感を誘わない者たちであるにせよ、また、そのあと彼らの態度がいかに犯罪的であったにせよ、やはり彼らも人間であり、かつ、不幸な人間なのである。彼らにかんする問題は、つぎのような表現で提起される。すなわち、フランスを彼らの手にゆだねることなく、いかにして彼らをフランスと和解させるかである。

　左翼においては、なかんずく、労働者および彼らの側に立とうとする知識人のあいだに、完全に別個の二つの流れが見られる。もっともその二つの流れは、かならずとはいわないまでも、しばしばおなじ人間のなかで共存しているものである。その一つは、フランスの労働者の伝統から発する流れである。この流れはあきらかに、多くの労働者たちがルソーを読んでいた十八世紀にさかのぼるものであるが、おそらく潜在的には、最初の自由市解放運動〔十二世紀の前半〕にまでさかのぼるものと考えられる。この流れだけに棹さす人びとは、全面的に正義の観念に身を献げている。だが不幸にして、今日では、この例は労働者のあいだでかなり稀であり、知識人のあいだでは極端なまでに稀である。

　この種の人びとは、いわゆる左翼といわれるあらゆるグループ——キリスト教徒、サンディカリスト、アナーキスト、社会主義者のグループ――に若干見出される。そしてとりわけ、コミュニストの労働者のあいだに比較的多い。コミュニストの宣伝が正義について多くを語っているからである。この点にかんして、彼らの宣伝はレーニンとマルクスの教えに忠実である。その教義の襞まで入り込むことのできなかった者たちの眼には、いかにそれが奇異に映じようとも。

右の人びとはすべて、平時においては根づよく国際主義者である。なぜなら彼らは、正義が国籍を持たぬことを知っているからである。また、敗北がおとずれないかぎり、戦時中でもしばしば、彼らは国際主義者としてとどまる。だが祖国の壊滅は、たちまちにして、彼らの心の奥底に、完全に強固で純粋な愛国心を出現させるのである。もし彼らにたいして正義に従属すべき愛国心の観念を提起できるならば、恒常的なかたちで彼らを祖国と和解させることができるであろう。

もう一つの流れは、ブルジョワ的態度にたいする反発である。マルクシズムは労働者階級に、彼らがまもなくこの地球の支配者になるであろうという科学的と称する確信を与えることによって、国家的帝国主義にきわめて類似した一つの労働者帝国主義を出現させてしまった。ロシアはどうやら、その実験的確認をもたらしたようだ。あまつさえ人びとは、権力の転覆にいたるべき、行動のうちでもっとも困難な行動を企てるにあたって、ロシアを当てにしているのである。

なかんずく国家の抑圧的側面との接触によって精神的に追放されたり、亡命を余儀なくされた人びと、また幾世紀にもおよぶ因習によって、警察に獲物を提供している社会階層すれすれのところにあり、国家が反動のほうに傾くたびごとに、自分たちもまたその同類として扱われる人びとにとっては、これこそ抵抗しがたい誘惑である。彼らの国よりはるかに広大な領土を支配する強大なある主権国家が、彼らにむかってつぎのように語るのである。「私はあなたたちのものだ。私はあなたたちの財産であり、あなたたちの所有物だ。私はあなたたちを援けるためにのみ存在する。まもなく、私はあなたたちを、あなたたち自身の国において絶対的な主人にするだろう」と。

彼らにしてみれば、この友情を拒絶することは、二日まえから飲まずにいるのに、水をつき返すのとほとんどおなじように困難であるということになるだろう。ところが、この友情を拒絶しようとみずから多大の努力をはらった人間たちのうちには、その努力のために疲労困憊したあげく、ドイツの最初の攻勢に戦わずして屈してしまった者もあるのだ。他の多くの者たちも、みかけだけ抵抗しているにすぎず、実際には、いったん加盟したからには身を挺さざるをえなくなる行動に伴う危険を怖れて、ただ当たらず触らずにしているだけなのである。こういう連中は、その数が多かろうと少なかろうと、けっして一つの力となることはない。

ロシア以外の国では、ソビエト連邦共和国は、真の意味で労働者の祖国である。このことを感じるためには、新聞売り場のまわりで、最初のロシア軍大敗北を告げる見出しをみつめているフランス労働者の目を見てみれば十分だったろう。彼らの目に絶望の影を与えたのは、それらの敗北が独仏間の関係にはね返ってくる影響を考えたからではなかったのだ。イギリス軍の敗北は、けっしてそんなふうに彼らの心を動かさなかったではないか。彼らは、フランス以上のものを失う危険にさらされていることを感じ取ったのだ。彼らはいささか、キリストの復活が虚構であることを立証する物的証拠がもたらされたと仮定した場合に、初期のキリスト教徒が陥っただろうと考えられる精神状態にあったのである。一般的にいって、初期のキリスト教徒たちの精神状態と、多くのコミュニスト労働者の精神状態とのあいだには、おそらく、かなり大きな類似がある。彼ら労働者もまた、近い地上的破局を待ちのぞんでいる。ただ彼らは、この地上に、一挙にして、永遠に、絶対善と彼ら自身の栄光とを同時に樹立しようとしているだけである。殉教は、初期のキリスト教徒にとって、のちの諸世紀のキリスト教徒より容易であったし、なかんずく、最後の瞬間に殉教できなくなったキリスト側近の人たちより、かぎりなく容易であった。おなじように、今日においては、犠牲的行為は、コミュニストにとって、キリスト教徒よりも容易なのである。

ソビエト連邦共和国は一つの国家である以上、それにたいする愛国心は、他の場合とおなじ矛盾を内包している。だが、それだからといって、おなじ種類の弱体化が生じるわけではない。いや、その逆なのである。矛盾の存在は、たとえ暗々裡に感得される場合であれ、感情を侵蝕する。しかし、矛盾がまったく感得されない場合には、その存在によって感情はますます強化される。感情は同時に、本来両立しえざる原動力の恩恵に浴するからである。こんなわけで、ソビエト連邦共和国は、国家の威光、なかんずく全体主義的国家の政治に滲透している冷酷さの威光のいっさいを有すると同時に、正義の威光のいっさいをも有している。この矛盾が感取されないのは、一つには、それが遠隔の地にあるからであり、もう一つには、それを愛する人びとにいっさいの権力を約束しているからである。かかる希望は正義の要求を減じることがないにせよ、それを盲目なものにしてしまう。ひとはだれでも、自分が十分に正義をおこないうると信じるものであるが、また同時に、そんな自分が権力を握る体制は十分に正義にかなったものであると信じるものなのである。これは悪魔がキリストを試みた誘惑である。人間はたえずこの誘惑に屈してきたのだ。

労働者帝国主義によって鼓舞されたこれらの労働者たちは、若いファシストのブルジョワたちときわめて異なっているとはいえ、また、よりうるわしい人間的真実を形づくっているとはいえ、彼らにたいしてもおなじような問題が提起されているのである。すなわち、彼らの手に祖国をゆだねることなく、いかにして彼らに祖国を十分愛させることができるかという問題が。なぜなら、彼らの手にそれをゆだねることもできなければ、さらには、そこにおいて特権的な地位を与えることもできないからである。そんなことをすれば、残りの住民たちにたいして、なかんずく農民たちにたいして、はなはだしい不正義をおかすことになるであろう。

ドイツにたいするこれら労働者の現在の態度がいかなるものであれ、問題の重大性にかんして目をふさぐべきではない。現在のところ、ドイツはソビエト社会主義共和国の敵である。ドイツがそうなる以前にも、すでに両者のあいだで摩擦があった。しかしながら、たえず摩擦を起こしつづけることこそ、共産党にとっては、まさに死活にかかわる必要である。そしてこの摩擦は、《ドイツのファシズムとイギリスの帝国主義に抗するため》だった。この際、フランスは問題にならなかった。他方、一九三九年夏から一九四〇年夏にいたる決定的な一年間を通じて、フランスにおけるコミュニズムの影響は、この国に完全に敵対するかたちでおこなわれたのだ。これらの労働者を祖国に心を向け直すようにするのは容易なことではなかろう。

労働者以外の民衆のあいだでは、愛国心の危機はこれほど尖鋭化してはいなかった。それは、他のもののためを思って否定にまでいたるということはなかった。ただ、一種火の消えた状態が見られたのである。農民においては、おそらく、彼らの利益とは無縁の利益に奉仕する肉弾としてでなければ、国のなかで考慮の対象にならないという感情が災いしていた。プチ・ブルジョワにおいては、なかんずく、倦怠が災いしていたにちがいない。

愛国心喪失をもたらしたこれら個々の原因に、偶像崇拝の裏返しともいうべき、きわめて一般的な原因がつけ加わった。国家は、国民の名においてであれ、祖国の名においてであれ、身を献げて奉仕すべき善（ビヤン）という意味での無限の善であることをやめてしまった。そのかわりに、国家はすべての人間の眼に、消費すべき無限の富（ビヤン）として映じるようになったのである。偶像崇拝につながっていた絶対性は、偶像崇拝が消滅したのちも国家に結びついたかたちで残り、新しい形式を帯びるようになった。国家は、しぼればしぼるだけそれに見合った宝を分配してくれる、無尽蔵の宝の山のごときものに思われはじめた。かくして国家は、より多く与えてくれないといっては恨みを買うようになったのである。なにか与えてくれないものがあると、すべて国家がそれを拒んでいるかのように思われはじめた。国家がなにか要求すると、それは逆説に思われる要求になった。国家がなにか強制すると、それは我慢できない拘束になった。国家にたいする人びとの態度は、両親にたいしてではなく、愛しも怖れもしていない大人たちにたいする子供たちの要求のごときものとなった。子供たちは、たえず要求するくせに、服従することを欲しないものなのである。

このような態度から、どうして一挙に、戦争が要求する無制限の献身に移行することができるであろうか？　だが戦争がはじまってからも、フランス人は、国家が、まだ出し惜しみをしている他の宝物とならんで、金庫のどこかに勝利をかくしているかに信じていたのである。また、こういう考え方を勇気づけようとして、あらゆる手が打たれたのである。「最強の存在たるわれわれは勝つであろう」というスローガンがそのことを証明している。

勝利はこの国をまもなく解放するであろうが、そのとき、高貴な動機にもとづくにせよ、低劣な動機にもとづくにせよ、あらゆる人間が、ほとんど馬車馬のように、服従しないことに狂奔するようになるだろう。彼らは、ロンドンからの放送をきき、禁じられている印刷物を読んだり配ったりしてきた。法をおかして旅行し、小麦を隠匿し、できるだけ働かないようにし、闇商売をおこない、しかも、友人たちや家族のあいだでそのことを自慢してきた。かかる人間たちにたいして、もうそんなことは終わったのだ、これからは服従しなければならぬなどと、どうして納得させることができるだろうか？

また彼らは、それらの歳月を、満腹を夢みつつすごすということになろう。何の代価も払わずにいいものを手に入れようとばかり考えているという意味で、これは乞食の夢想である。かならずや、公的権力は、やがて配給を確保することになるだろう。だとすれば、すでに戦前において国家にたいする市民の態度だったこの傲慢な乞食の態度が無限により強調されるという事態をどうして防ぎえようか？　そして、もしかかる態度が、ある外国を、たとえばアメリカを当てにするようにでもなれば、危険はますます重大化することになろう。

きわめて広まっている第二の夢は、殺戮の夢である。すなわち、もっともうるわしい動機の名において、だが、卑劣なやり方で、危険をおかさずに殺戮しようという夢である。このテロリズムの伝染病が蔓延して、それに国家が屈してしまうにせよ（この怖れは十分にある）、あるいは国家がそれを制限しようと試みるにせよ、どちらの場合にも、伝統的にフランスにおいてあんなにも憎悪され、軽蔑されてきた国家の抑圧的警察的側面がまえに押し出されてくるであろう。

領土の解放後にフランスに出現する政府は、この血への好み、この乞食根性、この服従への無能力によって惹き起こされる三重の危険に直面することになる。

救済策はただ一つしか存在しない。すなわち、フランス人に愛するものを与えることである。そしてまず第一に、フランスを愛するようにさせることである。すなわち、そのあるがままの姿で、その真実において、フランスが魂のいっさいをあげて愛されうるように、フランスという名に即した現実を理解させることである。

愛国心に内在する矛盾の中核は、祖国が有限なものでありながら、その要求が無限であるという点にある。最悪の危険に際して、祖国はいっさいを要求する。だが、なにゆえに、有限なものにいっさいを与えることができるであろうか？　他方において、この要求が出された場合、いっさいを与える決意をしないなら、完全に祖国を見棄てることになる。なぜなら祖国の護持は、それ以下の代償をもってしては保証されないからである。かくして、かならずや人びとは、自分が祖国に負うているもののこちらか、あるいはあちらに身を置くことになるようだ。そして、そのあちらまでおもむく場合には、反動として、あとでますますそのこちらに戻ってしまうことになる。

だが、この矛盾はみかけだけのものにすぎない。もっと正確にいえば、この矛盾は事実にすぎず、真理においてみるならば、人間の境位の根源的な矛盾に還元されるものである。人間的な次元のうえに出るためには、この矛盾を、踏台として認識し、受容し、利用しなければならない。この宇宙のなかには、義務とその対象とのあいだに、大きさの平等など存在したためしはない。義務は無限である。だが対象は無限ではない。この矛盾は、たとえ漠然としたかたちであれ、それを表現することができない人びとをも含めて、例外なく、あらゆる人間の日常生活のうえに覆いかぶさっている。この矛盾から脱するために人間が発見したと信じたいっさいの方法は、ことごとく虚言である。

その方法の一つは、この世のものでないものにしか義務を認めないという態度である。この方法の変種が、にせの神秘主義、にせの瞑想である。もう一つの方法は、いわゆる《神様のために》といった一種の精神にもとづいておこなわれる善行の実践である。この場合、救われた不幸な人間は、行為の材料にすぎず、神への心がけを証明するための無名の機会でしかない。どちらの場合にも虚言がある。なぜなら、「目に見える兄弟を愛せないのに、どうして目に見えない神を愛することができようか」〔ヨハネの第一の手紙四・二〇〕といわれているからである。この世の事物や人間たちを通じてのみ、人間の愛はその背後に宿るものにまで突き抜けることができるのである。

第二の方法は、義務としての義務と本質的な関係にある絶対性、無限性、完全性を内包する対象が、この世に一つないしはいくつかあることを認める態度である。これは偶像崇拝の虚言である。

第三の方法は、いっさいの義務を否定する態度である。幾何学的証明のごときものによって、この態度が誤謬であることを論証することはできない。なぜなら義務なるものは、証明が宿る次元よりもはるか高度の確信の次元に属するからである。だが事実として、かかる否定は不可能である。それは霊的な自殺にほかならない。そして、そのとき人間は、おのれのうちなるこの霊的な死に、それら自体が死にいたる病いである、もろもろの心理的病患が取りつくようになる。実際には、自己保存の本能によって、魂はかかる状態に近づいてみるより以上のことはやらない。だがそれだけでも、その魂はおのれを沙漠に変じる倦怠にとらえられてしまう。ほとんどいつでも、いやむしろ、ほとんど確実にいつでも、いっさいの義務を否定する人間は、他人と自己とにたいして虚言を吐いているのである。実際には、彼もそのことに気づいている。ただ単に他人を非難するためであろうと、ときには善悪にかんして判断を下さない人間は存在しないからだ。

われわれは人間に与えられた境位、相対的で、有限かつ不完全な対象にたいして絶対的義務が強制されるといった境位を受け容れなければならない。それらの対象がなんであるか、それらの対象のわれわれ人間にたいする要求はいかにして生じるかを判別するにあたっては、それらと善との関係がなんであるかをはっきりと見きわめるだけでよい。

祖国にかんするかぎり、根づき、生命圏（ミリュー・ヴィタル）の観念だけでそれには十分である。この観念は、論証によって証明されることを必要としない。なぜなら、この数年来、経験的に確認されていることがらだからである。ある種の微生物にとって培養に適した環境なるものがあり、ある種の植物にとって不可欠の土壌なるものがあるように、各人のうちなる魂のある種の部分、および、つぎつぎに伝えられてゆくある種の思惟方法と行動方法は、国民という環境のなかでしか存在せず、国が滅びるときには消滅してしまうものなのである。

フランスが崩壊して以来、今日すべてのフランス人は、自分たちになにが欠けているかを知っている。食べるものがないときなにがないかを知るように、そのことを知っている。すなわち、自分の魂の一部は完全にフランスと密着しているために、フランスが彼らからもぎ離されたときも、ちょうど焼けた物体に皮膚の一部が残るように、その部分はフランスにくっついて残っていること、そして、このようなかたちでその部分がもぎ離されたのだということを知っているのである。したがって、ひとりひとりのフランス人の魂の一部がくっついて残ったあるもの、唯一の、手に触れることはできないが実在する、いや、手に触れうるもののように実在する、彼らすべてにとって同一のあるものが存在するのだ。だとすれば、フランスに破壊の脅威を与えているものは、とりもなおさず、すべてのフランス人、その子供たち、孫たち、数かぎりない子孫にとって、手足切断の脅威に匹敵するのである。ある種の情況では、侵略はかかる破壊の脅威である。いったん征服されてしまうと、けっしてその傷から癒えることのない住民というものが存在するからだ。

祖国にたいする義務が自明なものとして課せられるためには、以上のことだけで十分であろう。この義務は他の義務と共存する。また、かならずしもすべてを与えるようには強制しない。だがときとして、それはすべてを与えるように強制する。おなじように、坑内に事故が発生し、仲間が死の危険にさらされたとき、坑夫はときとしてすべてを与えねばならない。このことは許され、認められている。祖国にたいする義務もまた、祖国が具体的に実在として体験されるなら、まったくおなじように自明なものとなる。今日、祖国はそのようなものとなっている。フランスの実在性は、その不在によってあらゆるフランス人に感じ取られるものになったのである。

あえて祖国にたいする義務が否定された場合には、かならず祖国の実在性が否定された。ガンジーの唱えているような極端な平和主義は、この義務の否定ではなく、それを遂行するための独自の方法である。ただしこの方法は、ひとの知るかぎりにおいて、いまだかつて適用されたためしはない。とりわけガンジーによっても適用されなかった。彼はあまりにも現実主義者であるからだ。この方法がフランスで適用されていたら、フランス人は、侵略者に対して武力を用いなかったであろう。だが、いかなる領域においても、占領軍を援けることになるようなことは、なにによらずおこなわなかったであろうし、逆に、妨害するためにはあらゆることをおこない、いつまでも、不屈の精神をもってこの態度を堅持したであろう。この場合、彼らははるかに数多く、しかもはるかに大きな苦しみのうちで死んでいったであろうことは明らかである。それは、国民的規模において、キリストの受難に倣うことなのである。

もしある国民全体が、キリストの受難に倣えと命じうるほどの完徳に近い状態にあるならば、たしかにこのことは実行に移すだけの価値があろう。その国民は滅び去るであろうが、その滅亡は、もっとも栄光ある存続よりも無限に大きな価値をもつはずである。だが、実際にはこんなふうではない。きっと、いや、ほとんど確実に、こんなふうにはなりえないであろう。かかる完徳をめざすことが許されているのは、ただ個人の魂だけであり、そのもっともかくされた孤独のなかにおいてのみである。

しかしながら、こうした不可能な完徳のための証人たることを使命とする人たちがいるかぎり、公的権力は彼らにそれを許すことを、いやむしろ、彼らにそのための手段を提供することを義務づけられているのだ。イギリスは、良心にもとづく兵役拒否を認めている。

だが、それだけでは十分ではない。彼らは、直接的にも間接的にも戦略的行動に参加することなく、しかも純然たる戦争の場にいること、かつ、兵士たちよりはるかにつらく危険なかたちでその場にいることであるような態度を発見しようと努めねばならない。

　これこそ、平和主義の提唱にともなう不都合を解決する唯一の道である。なぜなら、こうした態度をもってしてはじめて、完全な、あるいは、ほとんど完全な平和主義を公言しながら、右のごとき証言を拒否する人間たちに屈辱を与え、しかも正義にもとらないことが許されるからである。平和主義が害悪を流すことになるのは、二つの忌避、すなわち、殺すことの忌避と死ぬことの忌避とのあいだに混同をおかしているからにほかならない。前者は名誉あるものだが、きわめて弱い。後者はほとんど公言がはばかられるほどのものだが、きわめて強い。この両者が混じ合うと、屈辱によっても抑制されることのない、馬力のある原動力を生み出すが、そこでは、第二の忌避のみが蠢動しているのである。最近数年間におけるフランスの平和主義者たちは、死ぬことを忌避したが、なんら殺すことを忌避しはしなかった。そうでないとしたら、一九四〇年七月、あんなにもそそくさと対独協力に踏み切らなかったであろう。殺人をほんとうに忌避してこの仲間に入っていた人たちも少数あった。しかし、気の毒にも彼らはあざむかれてしまったのである。

　この二つの忌避を分離することによって、われわれはいっさいの危険を取りのぞくことができる。殺すことへの忌避がおよぼす影響は危険なものではない。まず第一に、この態度は善である。善から発しているのだから。第二に、それは弱いものである。不幸にして、それが弱いものでなくなる機会はまったくない。死の恐怖をまえにして弱さをみせる人びとは、同情の対象とされるべきである。なぜならあらゆる人間は、狂信的でないかぎり、すくなくとも、ときとしてこの弱さに取りつかれるものだからである。だが、自分たちの弱さを他に広めるべき意見とするとき、彼らは犯罪人となる。そのときには、彼らに不名誉を与えることが必要であり、かつそのことは容易である。

祖国をある一つの生命圏と定義するならば、愛国心を蝕む矛盾と虚言とが避けられる。祖国はある一つの生命圏である。だが、生命圏はほかにいくつもある。祖国なる生命圏は、善や悪、正義や不正義がまざりあっている諸原因のもつれ合いから生まれたものであって、この事実からあたうかぎり最良のものというわけにはいかない。おそらくは、生命がもっと豊かに発散するはずのなにか別の結合を犠牲にして形成されたものだろうし、そういう場合には、それを惜しく思うことは当然であろう。しかしながら、過去の諸事件は成りおえたものである。この圏（ミリュー）〔中間的なものとも訳しうる〕は存在している。そして、それが含んでいる善のゆえに、あるがままのかたちで、宝として保存されねばならない。

フランス王の兵士たちによって征服された住民たちは、多くの場合、ある悪（マル）〔不幸、病いとも訳しうる〕を蒙ってきた。しかしながら、世紀を経るあいだに、いくたの有機的な絆ができあがったために、外科的な治療法は、その悪に新しい悪をつけ加えるにすぎまい。過去は部分的にしか償いえない。しかもフランス国民という枠のなかで、地方的、地域的生活が公的権力から無条件の権限と援助とを与えられるというかたちでしか、過去は償われえないのである。他方、フランス国民の消滅は、いささかたりとも過去の征服による悪を償うどころか、その悪をはなはだしく深刻化したかたちで繰り返すことになる。ある住民たちが、数世紀まえ、フランス軍によって生命力を失わされたとしても、ドイツ軍から新しい傷口を負わされるならば、精神的に殺されることになるであろう。小さな祖国にたいする愛と大きな祖国にたいする愛とは両立すると説くきまり文句が真理であるのは、ただこの意味においてだけである。なぜなら、この意味でのみ、トゥールーズの人間は、おのれの都市が過去にフランス領になってしまったこと、いくたのすばらしいロマネスク様式の教会建築が破壊されて、外から来た平凡なゴシック建築に取って代わられたこと、宗教裁判所が霊的開花を阻止してしまったことを嘆くと同時に、より多くの情熱をこめて、そのおなじ都市がドイツ領になることをけっして受諾しないと誓うことができるからである。

　外国との関係にかんしても同様である。祖国が生命圏と考えられるとしても、その祖国が外国の影響からのがれることが必要なのは、絶対的なかたちでというのではないが、とにかくそれ自体としてとどまるに必要とされる程度だけである。国家が神聖なる権利によって、その管轄下にある諸地域の主人であるというような状態は、いまや消滅しつつある。国際的なものを案件とする基本問題を取り扱う国際的機関が出現し、その機関がこれらの地域に合理的かつ有限な権力を行使するようになっても、不敬罪とみなされることはなくなるだろう。また、思想の自由なる交流のために、フランスをなかに含むかたちであれ、あるいは、ある種のフランスの領土をフランス以外の領土に結びつけるというかたちであれ、とにかくフランス自体より広汎な圏（ミリュー）がつくられることも可能であろう。たとえば、ブルターニュ、ウェールズ、コーンウォール、アイルランドなどが、ある領域の問題にかんして、おなじ世界の部分であると感じるのは自然なことではなかろうか？

　だが、かさねて言っておくが、国民的ならざるこれらの圏に結びつけば結びつくほど、ひとは国民的自由を保持しようとねがうものである。なぜなら、国境を超えたかかる関係は、屈従を強いられている住民にとっては存在しないからである。だからこそ、地中海諸国間の文化的交換は、それらの国が不幸なる属領の状態に追い込まれて、無気力な画一性に陥ったローマの征服以後より以前のほうが、比較にならぬほどの密度と活動性をみせていたのである。おのおの国がそれ自体の天分を保存している場合にしか交換は成立しない。しかもそれは、自由なしには不可能である。

一般的にいって、もし生命力の担い手たる数多くの圏の存在を認めるならば、祖国はそれらのうちの一つにすぎないということになる。にもかかわらず、その祖国が衰亡の危機にあるときには、それらすべての圏への忠実さから生じるいっさいの義務が、祖国を救済するという唯一の義務のうちに統合されることになる。なぜなら、外国に屈従した住民たちは、ただ単に国民という圏のみならず、それらすべての圏を同時に失ってしまうからである。したがって、一国民がこの段階の危険に立ちいたった場合には、軍事的義務こそ、この世におけるあらゆる忠実さを表現する唯一の方法となる。このことは、良心から兵役を拒否する人びとにとっても当てはまる。ただ、戦闘行為と等価値のものを彼らのために見つけてやらねばならないだけである。

以上のことが認められるならば、国民の危機に際しては、戦争を考える考え方にある種の変化が生じてこなければなるまい。まず第一に、軍人と民間人とのあいだの区別は、すでに諸事実の圧迫のもとにほとんど消え去ってしまったとはいえ、さらに完全に打ち毀たれねばならない。一九一八年以後の反愛国的反動を生み出したのは、主としてこのような区別である。住民のなかの各個人は、かかる危機が斥けられるまで、おのれの力のすべて、おのれの手段のすべて、さらにはおのれの生命までもその国に捧げなければならない。だから、もろもろの苦悩や危険は、老若男女を問わず、健康であると否とを問わず、あらゆる種類の人びとを通じて、技術的可能性の許すかぎり、いや若干それをうわまわる程度にまで、たがいに分ちもたれることがのぞましい。最後に、かかる義務の遂行にこそ名誉は結びついているのであり、そとからの強制はきわめて名誉に反するものである以上、そとからの強制を欲する人びとは、かかる義務から除外されることがはっきり許されねばなるまい。彼らは国籍を剥奪されねばならない。さらには、けっして帰国を許さないというかたちでの追放か、ないしは、彼らには名誉を剥奪されているのだという公けの刻印のごとき、なにか永遠の屈辱が課せられねばならない。

名誉にもとった行為が、窃盗や殺人とおなじ方法で罰せられるというのはとんでもないことである。祖国を防衛することを欲しない人びとは、生命や自由ではなく、単純直截に祖国を失わなければならない。

国自体がかかる刑罰を大部分無意味な刑罰であるとする状態にあるなら、軍の刑法もまた有効でないことになる。このことは知らずに済まされる問題ではない。

軍事的義務が、ある時期においていっさいの地上的忠実さを包含するとすれば、それと並行して、国家もまた同時に、その領土の内側であると外側であるとを問わず、住民の大部分あるいは小部分が魂のための生命を汲み取っているあらゆる圏を保護する義務を有している。

ところで、国家の有するもっとも明白な義務は、常時、国民としての地域の安全のため有効に気を配ることである。安全とは危険のないことを意味しない。なぜなら、この世界にはつねに危険が存在するからである。そうではなくて、危機に際してはうまくそれを切り抜ける合理的な好機があるということを意味する。だが、これは国家のもっとも基本的な義務にすぎない。これだけしかしないのなら、国家はなにもしないことになる。これだけしかすることがないのなら、これすら首尾よく果たせないということだ。

国家は祖国を、あたうかぎり高度な実在たらしめる義務を有している。一九三九年のフランス人の多くにとって、祖国は実在ではなかった。祖国は奪われることによってふたたび実在となったのである。しかし、祖国は所有を通じても実在としてとどまらなければならない。そのためには、実際に、事実として、生命の糧を与える存在となり、根づきの土壌となることが必要である。また、祖国以外のあらゆる種類の圏への参与と、それらの圏にたいする忠実な結びつきとを保護する枠となることが必要である。

今日、フランス人は、フランスが一つの実在であるという感情を再発見すると同時に、かつてとは比較にならないほど地域的差異をも意識するようになっている。フランスが分断されたことや、小さな地域のなかに思想の交換を局限してしまう手紙の検閲などは、この事情と若干関係がある。また、逆説的な現象だが、強制的な住民の混淆もまた、これと大いに関係がある。今日、以前よりはるかに持続的かつ痛切なかたちにおいて、人びとは自分がブルターニュ人であるとか、ロレーヌ人であるとか、プロヴァンス人であるとか、パリ人であるとかいう感情をいだくにいたっている。この感情のなかには、消すように努めねばならない微妙な敵意も存在している。だから、早急によそ者嫌いの習癖をなくすようにしなければならない。しかしこの感情が、逆に、それ自体として挫き去られねばならぬということはない。この感情が愛国心に反したものだと宣言するがごときことがおこなわれれば、それこそ元も子もなくなってしまう。フランス人が現在置かれている悲嘆と混乱と孤独と根こぎのなかでは、なににもよらず、いっさいの忠実さ、いっさいの結びつきは、稀有な、無限の価値をもつ宝として保存され、病める植物として水が与えられねばならない。

　ヴィシー政府が地方分立主義的主張を前面に押し出しているとしても、このことはほとんど意に介するに当たらない。この問題にかんする彼らの唯一の誤りは、その主張を実行に移さなかったことにあるのだから。あらゆることについて、彼らの合言葉の逆をいくというのではなく、《国民革命》の宣伝によって公けにされた多くの思想を残存せしめ、かつ、それからいくつもの真理をつくりださなければならない。

　おなじく、フランス人はその孤立のさなかにあって、フランスは小さい、その内部に閉じこめられていれば窒息してしまう、フランス以上のものが必要であるという感情を体得した。ヨーロッパという観念、ヨーロッパの一体性という観念は、当初における対独協力宣伝の成功に大いに寄与した。この感情もまた、いくらそれを鼓舞し培っても十分すぎることはない。この感情と祖国愛とを対立させでもしたら、災いが生じるであろう。

　最後に、さまざまな思想的中核（ミリュー）の存在は、それが公生活の歯車装置のなかに組み入れられてしまわないかぎり、いくら奨励してもしすぎることはない。なぜなら、この条件においてのみ、思想的中核は死体とならないからである。労働組合は、それが経済機構のなかで毎日の責任を負わされないかぎり、これに該当する。プロテスタントとかカトリックとかいったキリスト教的団体、あるいは、もっと特殊なカトリック青年労働者連盟といった組織もこれに該当する。しかし、たとえわずかでも聖職者たちの下心に屈してしまう国家なら、かならずやそれらを殺すことになるだろう。敗戦後に出現したさまざまな集団についてもおなじことが言える。公認のものでは、青少年訓練所や労働キャンプがこれに属し、非合法のものでは、抵抗派の各種グループがこれに属する。前者は、その公的な性格にもかかわらず、珍しく幸運な事情が重なってわずかながら命脈を保っている。後者は国家に反抗する戦いから生まれた。だが、公生活のなかで公式の存在を得ようという誘惑に屈してしまうなら、精神的に、怖ろしいまでの荒廃を蒙ることになろう。

だが他方、こういった種類のさまざまな中核が公生活から完全に遠ざけられるなら、存続することが不可能となる。したがって、それらが公生活に組み入れられないようにすると同時に、それから遠ざけられないようにしなければならない。そのためには、たとえば国家がしばしば、これらの中核から選出された人びとを、臨時の資格で特別な任務に指名するといった処置がおこなわれてよい。だが、国家自体もまた人選をおこない、他方、人選を受けた人間の同僚のほうもそれを誇りとする理由を見出すようにしなければならない。かかる方法は制度化されるべきものである。

ここでもまた、憎悪を阻止するように努めつつ、かつ差異を力づけてやることが必要である。さまざまな思想の沸騰が、わがフランスのような国において障害となることはなかった。わが国にとって致命的なのは、精神的無気力である。

国民にたいして、真の意味で祖国たるべきものを保証してやるのが国家に課せられた義務であるが、この義務は、国家の危機に際して国民に課せられる軍事的義務の前提条件としてあるべきではない。なぜなら、たとえ国家がその役割にもとるとしても、また祖国が衰退するとしても、国民の独立が存続するかぎり、再起の希望は存在するからである。注意して眺めてみるならば、あらゆる国の過去には、しばしば相接した時期に、きわめて驚くべき衰微と再興とがおこなわれた事実を確認することができるのである。だが、国が外国の武力によって屈服させられるなら、急速な解放がおこなわれる場合をのぞき、もはや希望すべきものはなくなってしまう。ほかになにも残されていないとしても、ただ希望さえ残っていれば、その希望こそ、それを守るために生命を投げ出すに値するものなのだ。

こんなわけで、祖国は一つの事実であり、かかるものとして、さまざまな外的条件や偶然にしたがうものであるが、それにもかかわらず、危急存亡の場合にそれを救う義務は、やはり無条件的な義務なのである。だが言うまでもなく、実際には祖国の実在性がひしひしと感じられれば感じられるほど、それだけ国民の熱意も烈しいものになる。

このように定義された祖国の観念は、現在みられるがごときわが国の歴史にたいする考え方、国家的偉大さにたいする考え方、なかんずく、人びとが海外領について語っている語り方とは両立しないものである。

フランスは海外領（アンピール）を所有している。その結果として、いかなる原則的立場が採択されるにせよ、地域にしたがってきわめて複雑かつ多様な現実的諸問題が派生してくる。しかも、そのすべてをいっしょくたにすることは許されない。まず第一に、原則的問題が提起される。さらに、それほどはっきりした形をとらないものとして、感情的問題が提起される。大局からみて、フランス人は、フランスが海外領を有することを幸福だと思い、歓びと誇りとをもってそれについて考え、また正当な所有者のごとき口調をもってそれについて語るだけの理由をもっているであろうか？

もしそのフランス人にして、リシュリューやルイ十四世やモーラス流の愛国者であるならば、然りであろう。だが、キリスト教的霊感なり一七八九年の考え方なりが、彼の愛国心の精髄自体に解きがたく混じり合っているならば、否である。他のすべての国民には、海外領を開拓する権利があるとしてもやむをえまい。だが、フランスにはその権利はない。その理由は、キリスト教徒の眼に教皇の現世的至上権を醜聞であるとさせた理由とおなじである。一七八九年のフランスがなしたように、世界のために考え、世界のために正義を決定する役目を引きうけるとき、生身の人間の所有者になることはできないのだ。もしわれわれがやらなかったら、他の国民がそれら不幸な人間たちを支配し、われわれ以上に虐待しただろうということが真実であるとしても、それは正当な理由ではなかった。結局のところ、われわれがやらなかったら、全体としての悪の量は減っていたであろう。この種の理由は、たいていの場合、悪しき理由である。ひもなら女たちをもっと虐待するだろうと考えたところで、司祭は売春宿の主人になることはない。フランスは、同情の気持ちから自恃にもとるべきではなかったのだ。もっとも、フランスはそんなふうに振舞いはしなかった。フランスがそれらの住民を征服しに出かけたのは、他の国民が彼らを虐待するのを妨げるためであったなどという説を真面目に支持する人間はひとりもあるまい。いわんや、十九世紀に、植民地争奪を再燃させる口火を切ったのがフランス自身であったとすれば、語るに落ちるというわけだ。

フランスに屈従を強いられた住民たちのうちには、それを強いたのがフランスであるとはまったく怪しからぬという感情をつよく懐いている者もある。彼らの怨恨は、怖ろしいまでに痛ましい一種の苦渋と驚愕とによって、ますます深まっているのだ。

今日のフランスは、その海外領への執着と、ふたたび魂をもつことの必要とのあいだで選択を迫られているのかも知れない。もっと大きく言うならば、フランスは、一つの魂か、偉大さにたいするローマ的、コルネイユ的観念かのどちらかを選ばなければならない。

もしフランスが悪しき選択をするならば、もしわれわれがフランスに悪しき選択をするように強いるならば（この可能性は多分にある）、この国はこのどちらをも失い、残るのはもっとも怖ろしい不幸ばかりということになろう。そして、だれも原因を見分けることができぬまま、驚愕をもってその不幸を受けることになろう。弁舌の才をもつ人間、筆を取ることのできる人間は、ことごとく、永遠に一つの犯罪の責任を担うことになろう。

ベルナノスは、ヒトラー主義が異教的ローマの再来であることを理解し、かつ、そのように語った。しかし、異教的ローマの影響が、われわれの歴史、文化のなかでどんな役割を果たしたか、さらには今日でもなお、われわれの思考のなかでどんな役割を果たしているかということを、彼もわれわれもともに忘れていたのではあるまいか？　たとえわれわれが、ある形態の悪を憎んで戦争に踏み切り、それに伴ういっさいの残酷さを甘受するという怖ろしい決意をしたとしても、われわれ自身の魂にひそむおなじ形態の悪にたいしてもおなじように仮借ない戦いを挑まないとしたら、はたして許されうるであろうか？　コルネイユ流の偉大さが、そのヒロイズムの魔力でわれわれを誘惑するとするなら、ドイツもまたわれわれを誘惑できるはずである。なぜなら、ドイツの兵士たちは、まごうかたなく《英雄》なのだから。祖国の観念をめぐって、思想や感情が現在のように混乱している時代には、アフリカで死んだフランス兵士が、その犠牲の霊感において、ロシアで死んだドイツ兵士より純粋であるというなんらかの保証があるだろうか？　目下のところ、そのような保証はない。この事実からどんな怖ろしい責任が生じてくるかを感じないとしたら、全世界にこのように犯罪が荒れ狂っているさなかで、われわれは罪をおかさずにいることはできない。

真理への愛にかけて、そのためにはいっさいを無視し、いっさいを軽んずべき一事があるとするならば、まさにこの一事である。われわれはすべて祖国の名のもとに集まっている。だが、祖国への想いのなかに、わずかたりとも虚言の痕跡がまじっているのなら、われわれは何者であろうか？　また、われわれはいかなる軽蔑にも値しないであろうか？

しかし、コルネイユ流の感情がわれわれの愛国心の支えとなりえない以上、どんな原動力がそれに代わることができるかが問題になる。

そのような原動力が一つある。それは前者におとらないだけのエネルギーをもち、あくまで純粋な、現下の情況に完全に即応したものである。それは祖国にたいする憐れみ（コンパシオン）〔原意は受難を共にする〕である。これには名誉ある保証人がある。「私はフランス王国に憐れみをいだいている」と言ったのはジャンヌ・ダルクである〔ジャンヌ・ダルク裁判資料一四三一年三月一五日〕。

だが、彼女より無限に高い権威を引き合いに出すこともできる。福音書のなかには、キリストが、エルサレムやユダヤにたいして、ひたすら憐れみのなかに秘められた愛以外に、なにか愛に似た感情をいだいたという指摘は見出されない。キリストは、自分の国にたいして、別の種類の愛着を示したことはなかったのである。だが憐れみなら、一再ならず示している。彼は、近くそのうえに襲いかかることになる破壊を予見して（その時代これを予見することは容易だった）、エルサレムの都市にむかって涙を流した。そして、あたかも人間に語るように、この都市にむかってこう言ったのである。「エルサレム、エルサレム、私はいくたびか、おまえの子らを集めようとした……」〔マタイ福音書二三・二七〕。さらに十字架を背負ったときにも、ふたたび憐れみを示している〔ルカ福音書二三・二八〕。

祖国にたいする憐れみが戦闘的エネルギーを蔵していないなどと考えないでいただきたい。この感情は、カルタゴ人を励まして、歴史上もっとも驚嘆すべき英雄的行為をなし遂げさせたのである。スキピオ・大アフリカヌス(55)によって打ち破られ、はなはだしい弱体化に追い込まれた彼らは、その後五十年間、ミュンヘン会談におけるフランスの屈従などものの数に入らぬような士気沮喪の過程をたどったのである。彼らは、ヌミディア人のあらゆる侮辱の矢面にさらされながら、どこにも頼るところがなく、ローマに自国防衛の許可を懇願したが、戦争をおこなう自由を条約によって放棄してしまっていたので、それすらも与えられなかった。そして、ついに許可なく戦争に踏み切ったとき、彼らの軍隊は全滅してしまった。そこでローマの赦しを乞わなければならなかった。彼らは三百名の貴族の子弟と自分たちの武器の全部を引き渡すことに同意した。それから、彼らの代表は、徹底的に破壊できるように、都市を完全かつ決定的に明け渡せという命令を受けた。彼らは怒りの叫び声を発し、ついで号泣した。「彼らはその都市の名を呼び、あたかも人間にたいするかのように語りかけた。そして、このうえなく悲痛な言葉を都市にむかって語った」〔アッピアヌス『ローマ史』〕。ついでローマ人にむかい、彼らに苦しみを与えようとするのはやむをえないが、なんの罪もないその都市、その石材、その記念物、その神殿は助けて欲しい、むしろ住民のすべてを殺して欲しいと嘆願した。かかる方針は、ローマ人にとって恥となるところが少なく、カルタゴの市民にとってのぞましいものであるとも言った。だがローマ人は意を翻さなかったので、武器を有しなかったにもかかわらず、彼らは立ちあがった。スキピオ・小アフリカヌスは[56]、大軍を擁しながらも、この都市を攻略し破壊するまで、まる三年を要したのである。

うるわしく類稀なもの、脆弱で滅びやすいものにたいするこの悲痛な情愛は、国家的偉大さにたいする感情とは別に、やはり熱烈なる感情である。この感情に充たされているエネルギーは完全に純粋なものである。かつ、きわめて強力なものである。なんら偉大さの威光をそなえていない子供たちや老いた両親を守るために、男は容易に英雄的行為をなしえないであろうか？　祖国にたいする完全に純粋な愛情は、いたいけな子供たち、老いた両親、愛する女性がひとりの男にめざめさせる感情に通じるものをもっている。弱さへの想いは、力への想いと同様、愛を燃えあがらせることができる。だがそれは、まったく別の純粋さを有する炎なのだ。脆弱さへの憐れみは、かならず真の美への愛と結びついている。なぜなら、真に美しい事物は永遠の存在を保証されるべきなのに、実際にはそうではないということをわれわれは痛烈に感じているからである。

われわれは、栄光こそ時間的空間的に限りなく広がりゆく存在性をフランスに保証してくれると考えて、かかる栄光のゆえにこの国を愛することができる。あるいはまた、地上的なものであるがゆえに破壊されることもありうるが、それゆえにますます価値が痛感されるものとしてこの国を愛することもできる。

この二つはそれぞれ別の愛である。言葉においては混同されるが、おそらく、いやほとんど確実に両立不可能な愛である。後者の愛を感じるようにできた心情の持ち主でも、ときに習慣の勢いで、前者の愛にしかふさわしくない言葉を語ってしまうことさえある。

後者の愛のみがキリスト教徒にふさわしい。なぜなら、それのみがキリスト教的謙遜の色合いを有しているからである。また、それのみが愛徳(シャリテ)の名を受けるにふさわしい愛の種類に属する。この愛は、単に不幸な国だけを対象とすることが許されるなどと信じないでいただきたい。幸福もまた、不幸とおなじ資格において憐れみの対象である。幸福は地上的なものであるからだ。すなわち、不完全で、脆弱で、束の間のものであるからだ。そのうえ悲しいことに、どんな国の生活にも、かならずある程度の不幸が存在している。

さらにまた、こうした愛は、フランスの過去、現在、およびその理想のなかにある真実で純粋な偉大さに無知であるとか、それを無視するとかいった危険があると信じないでいただきたい。まさにその逆である。憐れみは、その対象である存在のなかに多くの善を見出せば見出すほど、ますます優しく、ますます悲痛なものとなるし、かつ善を識別できるようにしてくれるのだ。キリスト教徒が十字架上のキリストを黙想するとき、彼にたいする憐れみは、キリストの徳の想念によって減じられることもないし、その逆でもない。だが他方、この愛は、この国の過去、現在、およびその欲望のなかに含まれている不正義、残虐、誤謬、虚言、犯罪、恥辱を、隠し立てたり、言い落としたりすることなく、目でしっかりとそれらを見すえるが、そのことによって減じられることはない。ただそれを見すえることによって、より多く苦しむだけである。憐れみにとっては、相手がおかした罪ですら遠ざかる理由にはならず、逆に、その有罪性ではなく、その恥辱をこそともに分ちあうために近づいてゆく理由となるのである。人間のかずかずの罪も、キリストの憐れみを減じることはなかった。そのように憐れみは、善と悪とを目でしっかりと見すえ、その両者のなかに愛する理由を発見するのだ。これこそ、この世における真実で正しい唯一の愛である。

これは、現在においてフランス人にふさわしい唯一の愛である。われわれが通過したばかりの諸事件をもってしても、祖国を愛する愛し方を変えねばならぬことをわれわれに示すに十分でないとするなら、どのような教訓がわれわれの目をひらくことができるだろうか？　頭上に加えられた棍棒の一撃以上に注意をめざめさせるものがあるだろうか？

祖国にたいする憐れみは、現在において、うつろな響きを立てない唯一の感情であり、フランス人の魂と肉体が置かれている情況にふさわしい唯一の感情である。また、不幸にふさわしい謙遜と品位との両者を同時にそなえ、かつ、不幸なときになににもまして必要な素直さを有する唯一の感情である。いまの時期、フランスの歴史的偉大さ、その過去と未来の栄光、その存在を取り囲んでいる輝きを想起するならば、その口調になにかわざとらしい感じを与える一種の内面的なこわばりを伴わざるをえないだろう。自負に類するものは、いっさい不幸な人間にふさわしくないのである。

苦しみのなかにあるフランス人にとって、この種の想起は、代償作用の範疇に入る。不幸のなかで代償作用を探し求めることは悪である。この種の想起は、あまりにもしばしば繰返され、力づけの唯一の源泉とされるとき、限度を知らぬ悪を生み出すことにもなりかねない。フランス人は偉大さに飢えている。だが不幸な人間たちにとって必要なのは、ローマ的偉大さではない。ローマ的偉大さは、彼らに嘲弄と思われるか、さもなければ、ドイツの場合がそうだったように、彼らの魂を毒することになる。

フランスにたいする憐れみは、代償作用ではなく、与えられた苦しみの霊化である。それは、寒さや飢えといった、もっとも肉体的な苦しみをも変容させることができる。飢えと寒さに苦しみ、わが身に憐れみをいだこうとする誘惑を受けている人間も、そのような誘惑に屈することなく、みずからの萎縮した肉体を通して、その憐れみをフランスのほうに向けることができる。そのとき、ほかならぬその飢えや寒さが、フランスへの愛を、肉体を通して魂の深奥にまで浸み込ませる。また、このおなじ憐れみは、妨害を受けることなく国境を越え、あらゆる不幸な国に、例外なくすべての国に広がることができる。なぜなら、あらゆる国民はわれわれ人間の条件としての悲惨を受けているからである。国家的偉大さへの自負が、その本性上、排他的で転換不能であるのにくらべて、憐れみは、その本性上、普遍的なものである。ただ、憐れみは、遠い直接関係のないことがらにたいしてはより潜在的になり、身近なことがらにたいしては、より現実的で肉体的な、血と涙と有効な活力とをより多く有するものになるだけである。

国家的自負は、日常生活から遠いところで働く。フランスでは、抵抗運動のなかでしか表現されていない。だが多くの人びとは、実際に抵抗運動に参加する機会を有しないか、あるいはそれにすべての時間を捧げているわけではない。フランスにたいする憐れみは、抵抗運動にたいして、すくなくとも、国家的自負とおなじだけ強力な原動力となる。だが、さらにこの憐れみは、もっとも平凡な機会をも含め、あらゆる機会に、フランス人相互の連携をつくり出す友愛の調子を通じて、たえず、日常的なかたちで表現されることができる。不幸は、各人にその分け前としての苦しみを負わせると同時に、各人の日常の安楽よりもはるかに大切なものを危機に陥れるものであるから、かかる不幸にたいする憐れみのなかで、友愛の種子は容易に芽ばえてくる。繁栄のなかにおいてであれ、不幸のなかにおいてであれ、国家的自負は、現実の熱烈なる友愛を生み出すことはできない。ローマ人のあいだにかかる友愛は存在していなかった。彼らは真に優しい感情を知らなかったのだ。

憐れみに根ざした愛国心は、民衆のなかでもっとも貧しい部分に属する人びとに特権的な精神的位置を与える。国家的偉大さが社会の下層の人びとのあいだで興奮剤になるのは、彼らのめいめいが、国家の栄光と同時に、その栄光にたいして、のぞみ通りの個人的分け前をも希望しうるときのみである。ナポレオンの治世の初期がこの場合に当たる。当時、どんな場末に生まれた、どんなフランスの子供でも、自分の心のなかに、未来にたいしてあらゆる夢をいだく権利をもっていた。また、どんな野心でも、それが馬鹿げたものに思われるほど大きなものには考えられなかった。もちろん人びとは、すべての野心が実現されうるものではないことを知ってはいたが、その野心のひとつひとつは実現される機会をもっていたし、またじじつ、多くの野心が部分的には実現されもしたのである。この時代の貴重な資料がはっきり物語っているように、ナポレオンの名声は、彼という人間にたいするフランス人の忠誠よりも、出世の可能性、華々しい生涯を送れる好機を彼が示してくれたということに負うところが多い。スタンダールの『赤と黒』のなかに現われている感情はまさにこれである。ロマン派は退屈している子供たちだった。彼らのまえにはもはや無限の社会的昇進の見通しがひらけていなかったからである。だから彼らは、その替え玉として文学的栄光を探し求めたのである。

しかし、この種の興奮剤は、混乱の時代にしか存在しない。またこの種の興奮剤が、そのままのかたちで民衆にさし出されてよいとは言えない。この興奮剤を飲んだ民衆はだれでも、民衆から脱すること、民衆たることの条件を規定する無名性から脱することを夢みるようになる。かかる野心は、それが広範囲に広まるとき、混乱した社会状態という結果を生み、さらにいっそう深刻化する混乱の原因となる。なぜなら、社会的安定はかかる野心にとって障害となるからである。なるほど、それは刺戟剤とはなるであろうが、魂にとっても国にとっても健全なものであるとは言いがたい。この刺戟剤が、現在の抵抗運動において大きな役割を演じる可能性がある。なぜなら、フランスの未来ということになると、幻想は容易に受け入れられるし、個人の未来にかんしても、なんぴとたるを問わず、危険のさなかで勇気を示しえた者なら、この国が現在置かれている潜在的革命状態のなかではあらゆることを期待しうるからである。だが、もしこれが事実だとするなら、再建の時期にとっては怖ろしい危険となるだろう。したがって、早急に別の刺戟剤を発見しなければならない。

社会的安定期においては、例外をのぞいて、無名状態にある人びとは多かれ少なかれその状態にとどまることになり、そこから脱しようなどとは夢にも思わないものであるから、そういった時代の民衆は、自負と栄光の輝きとのうえに立つ愛国心に居心地のよさを感じることができない。彼らは、この種の愛国心にたいして、ヴェルサイユの大広間――これはかかる栄光の一つの表現である――にいると同様、自分が局外者だと感じるだろう。栄光は無名性の対極にあるものだ。たとえ軍事的栄光に、文学的、科学的、あるいはその他の栄光をつけ加えたところで、彼らはいぜんとして自分が局外者だと感じつづけるだろう。栄光に覆われたそれらのフランス人のいくたりかが民衆の出であることを知ったところで、安定の時代には、彼らにとってなんの励ましにもならない。たとえ彼らが民衆の出であるにせよ、もはや民衆であることをやめてしまったのだから。

これとは逆に、祖国が、うるわしく、かけがえのない存在として、だが、不完全なものであると同時にきわめて脆弱な、つねに不幸にさらされている存在として、したがって、いつくしみ、守ってやらなければならない存在として示されるならば、彼らは当然のことながら、他の社会階級以上に祖国を身近なものに感じるだろう。なぜなら、民衆のみが、おそらくは、いっさいの認識のなかでもっとも重要なものであるべき、不幸の現実にたいする認識を独占しているからである。またこれゆえに、その不幸から匿まわれるに値するものがいかに貴重であるか、各人はいかにそれらを大切に保護してやる義務を負っているかを、彼ら民衆はより痛切に感じ取っているのである。メロドラマはこの民衆の感受性を反映している。なぜそれがこんなに下等な文学形式にとどまっているかは、研究しがいのある問題である。とにかくメロドラマは、いつわりのジャンルであるどころか、ある意味においてはきわめて現実に密着したジャンルなのだ。

民衆と祖国とのあいだに以上の関係が成立するとき、彼らはもはや、自己自身の苦しみを自己にたいする祖国の犯罪とは感じず、祖国が自己のうちで苦しんでいる不幸と感じるにちがいない。この差異は無限である。だが別の意味では、なんでもない差異である。それを乗り越えるにはわずかなものでこと足りる。しかし、そのわずかなものはかなたの世界から来るものである。まずもって、祖国と国家との分離が前提となる。この分離は、コルネイユ流の偉大さが打ち毀たれたとき、はじめて可能になる。だがそのかわりとして、国家がみずからますます尊敬を得る道を見出さなければ、無政府状態が惹起されるであろう。

そのためには、もちろん、議会政治と政党間の抗争という古い様式に戻ってはならない。ともかく、もっとも重要なのは、警察制度の全面的な建て直しであろう。いまはこの建て直しに有利な情況にある。イギリスの警察は、研究の対象として興味ある存在である。いずれにせよ、領土解放のあと、みずから敵と戦った人びとをのぞいて、警察関係の人間の粛清がおこなわれると予想しなければならない。いままでとはかわって、社会的な尊敬を受けている人たちを登用すべきである。また、今日では不幸にして、金と免状が尊敬の主な動機となっているから、巡査や警部などをはじめとして、十分に高い、現在より上の教育水準と、厳重なる免状とが要求されねばならないし、また十分な給与が与えられなければならない。おそらくのぞましいことではないが、有名校（グランド・ゼコール）[57]重視の風潮がフランスに存続するならば、警察のためにも、試験によって選抜される一校が必要であろう。これは場当たり的な方法ではあるが、とにかくこの種の対策が不可欠である。さらに、これよりはるかに重要なのは、警察の意のままにゆだねられ、その犠牲者兼共犯者たる家畜として公的存在理由を保っている売春婦や前科者といった社会階層は、もはや存在してはならないということである。なぜなら、この場合、相互感染が避けられず、接触は双方から相手を穢してゆくからである。この階層は、どちらも法律によって消滅させなければならない。

　また、公職にある人間がおかした国家にたいする背任の罪は、実際に、強盗罪よりも厳しく罰せられなければならない。

　行政機能としての国家は、祖国の資産の管理人としての姿を取るべきである。ただし、多少とも善良な管理人というだけで、一般には、善良であるよりも悪人であることを冷静に予期しなければならない。なぜなら、この職務は困難なものであって、道徳的に好ましくない諸条件のもとで遂行されるからである。とはいえ服従はやはり義務である。国家が命令する権利を保有しているからというのではなく、服従が祖国の存続と安泰とに不可欠だからである。ちょうど、旅行中の両親によって凡庸な家政婦にあずけられた心の優しい子供が、両親にたいする愛情から彼女に服従するのとほぼおなじように、国家にたいしては、それがいかなる国家であれ、服従しなければならない。国家が凡庸でないならば、それに越したことはない。とにかく、いつでも世論の圧迫が刺戟剤の役割を果たし、国家がその凡庸さから脱却するように仕向けなければならない。だが、凡庸であろうとなかろうと、服従の義務は同一である。

もちろん、この義務は無制限なものではない。だが、制限となりうるのは良心の反抗以外にはない。したがって、この制限にたいしてはいかなる公準も示しえない。各人において、自分のための公準を決定的なかたちで規定することさえ不可能である。もはや服従することができないと感じたとき、ひとは服従を拒否する。だが、罪をおかすことなく服従を拒否しうるためには、十分条件ではないにせよ、一つの必要条件がなくてはならない。その条件とは、例外なくいっさいの危険を無視せざるをえなくなるほど絶対的な義務によって促されているということである。不服従に傾きながら、あまりの危険に驚いて二の足を踏むとき、ある場合には不服従を夢みたゆえに、ある場合には不服従に徹しなかったゆえに、いずれも許すべからざる人間となる。とにかく、厳重に服従を拒否せざるをえないのでないかぎり、つねに厳重に服従する義務があるのである。公的権力にたいする不服従は、いかんともしがたい義務感から生まれたものでない場合、かならず窃盗行為以上の不名誉に陥るということが認められないかぎり、一国は自由を保持することができない。すなわち、公共の秩序は私有財産より神聖なものとされなければならないのである。公的権力は、かかるものの見方を、教育や他の適切な手段を通じて広めることが許されている。ただ、これにかんしては創意が必要である。

しかしながら、祖国にたいする憐れみ、祖国に不幸を蒙らしめまいとする優しい憂慮のみが、不幸にして内戦や外戦だけが所有してきたもの、すなわち、刺戟的で、感動的で、詩的で、聖なるものを、平和に、なかんずく国内の平和に与えることができる。この憐れみのみが、かくも長いあいだ忘れられ、歴史を通じて稀にしか経験されなかった感情、テオフィル・ド・ヴィヨーが、「法の聖なる尊厳[58]」という美しい詩句で表現した感情をわれわれに取り戻させることができる。

テオフィルがこの詩句を書いた時代は、おそらく、この感情がフランスに深く体得されていた最後の時代に当たっている。ついでリシュリューが、それからフロンドの乱が、つぎにルイ十四世が、さらにその他のことどもがやってきた。モンテスキューは、一巻の書物を通じてふたたびこの感情を公衆に滲透させようと試みたが、失敗に終わった。一七八九年の人間たちはこの感情を標榜したものの、心の奥底にそれを宿してはいなかった。さもなければ、この国は、あんなに簡単に内戦と外戦のなかにすべり落ちてはいかなかったであろう。

それ以後、われわれの国語自体がこの感情を表現するに不適切なものになってしまった。にもかかわらず、合法性を云々するとき人びとが想い起こさせようと努めるのは、この感情、ないしはその色あせた複製である。だが、一つの感情の名を言うだけでは、それをめざめさせるに十分な方法とはいえない。これは基本的な真理なのだが、人びとはあまりにもこのことを忘れている。

なぜおのれを欺こうとするのか？　戦争直前の一九三九年、特別政令（デクレ・ロワ）[59]の体制下において、もはや共和制的合法性は存在していなかった。音もなく、みずから立ち去ると知らせることもなく、また、だれひとり合図もしてくれなければ、引き留めるために一言いってくれるわけでもなく、「その出立を私にかくした[60]」ヴィヨンの青春のように、それは立ち去ってしまったのである。合法性の感情なるものは、完全に死んでしまっていたのである。現在、亡命者たちの想念のなかにこの感情がふたたび姿を現わしていようと、病める国民のいだく快癒という夢想のなかで、実際には両立しない他の感情のかたわらに一つの場所を占めていようと、そんなことはなにものをも意味しない。でなければ、ほとんどなにものをも意味しない。一九三九年に無力であったとするなら、組織的な不服従の歳月の直後に、どうしてそれが実効的なものになりうるであろうか？

他方、一八七五年の憲法（第三共和制の憲法）も、無関心ないしは一般の軽蔑のなかで一九四〇年に崩壊してしまった以上、またフランス国民によって見棄てられてしまった以上、もはや合法性の基礎となることはできない。まさにフランス国民はそれを見棄ててしまったのだ。抵抗派のグループも、ロンドンのフランス人たちも、それをいかんともなしえなかった。わずかばかりの未練が表明されたとしても、それは国民の一部からではなく、若干の議員たちからであった。後者には、職業上、ほかのいっさいのところでは死滅してしまった共和的諸制度への関心がまだ生き残っていたからである[61]。さらにまた、ずっとあとになって、この関心がいくらか現われはじめはしたが、それとてもたいしたことではない。現在のところ、飢えが第三共和制に、パンがあった時代の詩を仮託しているということにすぎない。それははかない詩である。と同時に、なん年ものあいだ感じられていた厭悪感〔第三共和制にたいする〕、そして一九四〇年に極限に達した厭悪感はいまだに持続している（とにかく、第三共和制は、ロンドンから公式に発せられた文書において廃止された。したがって、これを合法性の基礎として取り上げることは困難である）。

しかしながら、ヴィシーの諸要素が姿を消し、しかも革命的――おそらくは共産主義的――諸制度が出現しないかぎりにおいて、第三共和制的体制への復帰がみられるであろうことは確かである。だがそれは、空白があり、なにかが必要になるからということにすぎない。だから、必要であって合法ではない。国民の側でそれに対応する感情は、忠実ではなくて暗い諦念である。一七八九年という日付は、まったく別のかたちの反響をめざめさせている。だが、この日付に対応するのは霊感であって、制度ではない。

最近のわが国の歴史のなかに持続の断絶が現に存在する以上、合法性はもはや歴史的性格をもつことはできない。それは、いっさいの合法性の永遠の源泉から発しなければならない。みずからすすんでこの国の統治に当たろうとする人びとは、魂の内奥に永遠に刻まれ、国民の根源的憧憬に即応したある種の義務を公けに認めなければならない。また、国民は彼らの言葉と能力とを信頼し、その信頼を表明する手段が与えられなければならない。さらに国民は、彼らを受け入れるのは、彼らに服従を約束することだというふうに感じるようにならなければならない。

公的権力にたいする国民の服従は、祖国の必要であるがゆえに、まさにこの事実によって神聖な義務となる。と同時に、公的権力はその義務の対象であるがゆえに、みずからおなじ神聖な性格が与えられることになる。これは、ローマ流の愛国心に結びついた、国家にたいする偶像崇拝ではない。逆に、その対極にあるものである。国家が神聖なのは、偶像としてではなく、礼拝用の諸用具、祭壇の石、洗礼の水、あるいは、もろもろのこれに類したものとしてである。これらが物質にすぎないということはだれでもが知っている。物質の断片が神聖だとみなされるのは、それが聖なるものに奉仕しているからである。これが国家にふさわしい尊厳の形式である。

もし、フランス国民にたいしてこのような霊感を吹き込むことができないとするなら、混乱と偶像崇拝のあいだにしか選択の余地がないことになろう。偶像崇拝は共産主義の形態をとることもありうる。そしておそらく、そのような事態が生じるであろう。また国家主義的形態をとることもありうる。その場合、どうやらその崇拝の対象は、現代のきわめて特徴的な現象であるが、指導者として歓呼される人間と国家という鋼鉄の機械とからなる一組であろう。一方においては、宣伝が指導者をつくり出す。また他方においては、たとえ情況が幸いして真に価値ある人物がかかる職務につくことになったとしても、彼はたちまちにして、偶像としての自己の役割の虜（とりこ）になってしまう。これを今日の表現で言いかえるなら、純粋な憧憬の欠如は、フランス国民に、混乱かコミュニズムかファシズムか以外の可能性を残さないということになろう。

たとえばアメリカには、ロンドンのフランス人たちがファシズム的傾向を有しているのではないかと疑っている連中がいる。これはまちがった問題提起の仕方である。意図というものは、まっすぐに悪に向かう場合をのぞいて（悪をなすにあたっては、すぐ手の届く手段がかならず存在する）、それ自体としてはあまり重要性を有しない。よき意図は、それを実現することのできる手段と結合した場合にしか価値を有しない。聖ペテロはキリストを否もうという意図をまったく持っていなかった。しかし彼はキリストを否んだ。みずからそれを禁じることを可能ならしめる恩寵が彼にはなかったからである。のみならず、反対の意図を公言するために彼がついやしたエネルギーや、断言的な言辞もまた、彼からその恩寵を奪うのに力をかしたのである。これこそ、人生が与えるいっさいの試練にかんしてひとが考えるに値する実例である。

問題はまさに、ロンドンのフランス人にして、フランス国民がファシズムに陥るのを阻止し、同時に、コミュニズムなり混乱なりに転落するのを引き留めるに必要な手段を有しているか否かを知ることにあるのだ。ファシズムやコミュニズムや混乱は、唯一つの病患の、ほとんど区別できない等価値の表現にすぎない以上、彼らがこの病患にたいする救済策を有しているかどうかを知ることが肝要なのである。

彼らが救済策を有していないなら、大戦下におけるフランスの護持という彼らの存在理由は勝利とともに完全に消え去るはずである。そして勝利後、彼らはふたたび多数の同胞のなかに埋没しなければならない。彼らが救済策を有しているなら、すでに勝利前に、広範囲にわたり、実効的にそれを適用しはじめていなければならない。なぜならかかる処置は、国土の解放が各個人や大衆のなかに持ち込むことになる神経的な混乱のさなかでは開始されえないからである。また、いったん神経的興奮が鎮まったあとでは（ただし、そのような鎮静状態がある日突如としておとずれたと仮定してのことだ）、なおさら開始されえない。それではあまりにも遅すぎるし、もはやいかなる処置も問題にすらなりえないからである。

したがって、重要なのは、外国にむかって彼らがフランスの統治権を主張することではない。医者にとって重要なのが、病人を治療する権利を主張することではないように。はっきりと診断をくだし、治療法を考え出し、医薬をえらび、それが病人に適合しているということを確認することこそ肝要である。医者がかかる処置のいっさいを果たすとき、なるほど誤診をおかす危険はあろうが、ものごとを正しく診断したという可能性もりっぱにあるわけであるから、たとえひとが彼らにたいして職務の遂行をさまたげ、彼らのかわりに香具師(やし)を据えようとしても、全力をふるってそれと戦う権利が生じるのである。だが医者がまったくいない環境で、もっとも的確かつ明敏な治療が必要とされる病人のまわりに無知な人たちが右往左往しているのなら、彼がその連中のだれの手のなかで死のうと、あるいは偶然に助かろうとかまうことはない。しかし、いずれにせよ、彼を愛している人びとの手のなかにあるにこしたことはあるまい。とにかく、彼を愛している人たちなら、死の床の枕辺でまで荒れ狂う論争の苦しみを負わすことはないであろう。彼を救いうる方法を彼らが所有していないとしても。

【訳注】

（1）テッサリアの中心部、ヘラドの住民が原義。広くは、先住民族を征服して古代ギリシア文明を築いたドーリス人、イオニア人を指す。

(2) ニジェール河は、水源地よりナイジェリアのブサ急流付近まで大きく迂回して流れている。このカーヴに囲まれた地域をニジェール河彎曲部という。一九二〇年以降、フランスはこの地域を灌漑して綿の栽培をおこなうため、いわゆる《ニジェール工事》を起こし、労働力としてモシ族の集団移住をはかった。

(3) 一八九三—一九四一。フランスの探検家、土木技師。南洋諸島を調査して、ポリネシア原住民の起源と歴史について厖大な資料を蒐集した。

(4) 同業組合ないしはギルド時代の名残りの制度の一つ。修業時代の徒弟は、フランスの産業都市を結ぶ一定のコースにしたがい、徒歩でそれらの都市を巡歴して技術を磨いた。鉄道の発達にともない、この制度は徐々に消滅した。

(5) 同年六月五日、レオン・ブルムは第一次人民戦線内閣を組織したが、政変に伴って労働条件改善を要求する大ストライキ運動が起こり、ルノー工場など多くの大工場が労働者によって占拠された。

(6) 「労働者のための神父」といわれたジョゼフ・カルディン神父(一八八二年ベルギーに生まれ、一九六五年、司教でなかったにもかかわらず、枢機卿任命をうけた)によって育成されたキリスト教精神にもとづく労働運動の組織。「見る、判断する、行動する」をモットーとして現在は全世界に弘まり、フランスにおいてもっとも大きく発展し活溌な運動を見る。

(7) 青少年訓練所は、Chantier de compagnons の仮訳。ヴィシー政府によってつくられた教育機関の一つ。学校卒業直後の青少年にたいして、実地訓練を含む補足的職業教育をほどこすことを目的とした。

(8) ニオベとアンピオンのあいだには、七男七女があった。アポロンとアルテミスの母レトのあいだにはふたりの子供しかないのを見て、彼女は自分のほうがまさっていると誇り、レトの怒りを買った。ニオベの子供たちは、アポロンとアルテミスによって射殺され、彼女自身は悲しみのあまり石と化した。

(9) ヘラクレスの弓と毒矢を持つフィロクテテスは、トロイア遠征の途上、毒蛇に咬まれて不治の傷を受け、レムノス島に置きざりにされる。のち、この弓なしにはトロイアは陥ちぬとの予言を受けたギリシア方は、オデュッセウスを彼のもとにつかわし、策略をもって彼をあざむき、弓矢を奪う。彼は烈火のごとく怒るが、運命とヘラクレスの声をきき、返してもらった弓矢とともにトロイアに向かう。

(10) アガメムノンとクリュタイムネストラの娘エレクトラは、母が叔父のアイギストスとともに父を殺したのちは、父の仇たる母とその愛人のもとで、奴隷のごとき境遇に落とされ、飢えに苦しみながら弟のオレステスが成人して帰国するのを待ちわびる。弟が帰ってくると、彼を援けて母と叔父とを殺す。

(11) ルネサンスの偉大な古典学者、ギヨーム・ビュデの名にちなんだ叢書。すぐれた専門家たちの注解、翻訳、解説を伴った古典の原典批評版よりなる。

(12) Camps de compagnons. 青少年訓練所と平行して組織され、占領軍に禁止された兵役義務期間にかわることを目的とした。

(13) 「農民のなかへ」を合言葉にした、ナロードニキ運動をさす。

(14) ともに、女性の読者を対象とした、絵入りの通俗週刊誌。

(15) ラ・フォンテーヌの『寓話』八巻の二を参照。働き者の靴直しが、歌いながら仕事に励んでいる。その歌がうるさくて眠れない隣りの金貸しは、一〇〇エキュを与えて働かなくても済むようにさせる。しかし靴直しは、その金が盗まれるのを怖れてこんどは自分が眠れない。そこで、不安に耐えかねた彼は、一〇〇エキュを返上し、「私の歌と眠りを返してくれ」という。

(16) 九月二日に総動員令が下り、三日にドイツに対する宣戦布告がなされた。

(17) 一七三四—一八〇六。農民の子としてブルターニュに生まれる。パリに出て印刷工となり、放蕩生活を送るかたわら、多くの自伝的色彩の濃い小説を発表した。代表作は、『パリ夜話』、『ニコラ氏』など。

(18) ここでは、ヘシオドスの『仕事と日』をさす。この作品の中枢部は、農耕を正しくおこなう方法を述べた一種の農事暦である。

(19) 中代英語の寓意詩。ラングランドの作とも、無名詩人の合作であるともいわれる。当時の農村生活をうかがううえからも貴重な文献であるとされている。

(20) パリのサン゠シュルピス教会付属神学校は、歴史的に、フランスにおける聖職者養成の中枢機関であった。ここでは、極度に形骸化したその正統性と、霊的自発性の欠如についていわれたと解される。

(21) グルノーブル大学教授で、十七世紀思想研究の権威であるジャック・シュヴァリエは、占領中、ヴィシー政権のもとで文部大臣をつとめた。
(22) ロマンセは、スペインの中世にはじまり、十六世紀に全盛をきわめた詩体で、一種の抒情風叙事詩。いろいろなロマンセ集が編まれた。
(23) 『リチャード二世』、二幕一場、ランカスター公ジョン・オブ・ゴーントの台詞。
(24) 百年戦争の後半期にフランスを二分した党派。時の国王シャルル六世が失政のすえ発狂すると、両者のあいだに熾烈な権力闘争が起こった。最初、ブルゴーニュ公は民衆主義的との定評があり、アルマニャック公は封建諸侯の代表であった。のち、イギリス王ヘンリー五世は、このフランスの混乱に乗じ、ブルギニョン党と結んで侵略を再開し、アルマニャック党をアザンクールに破ってブルギニョン党とフランスの半分を支配した。
(25) 宗教戦争の時代、ボーリューの和議によってパリ以外の地で信仰の自由が認められるようになると、カトリック側は、これを不満として《神聖同盟》を結成した。指導者はアンリ・ド・ギュイーズ。この運動は、宗教的なものであると同時に、国王の権力を制限しようとする点で政治的でもあり、パリの貴族や民衆の支持を得た。
(26) パリ伯アンリは、オルレアン家の後裔でフランス王家を代表する人物。王党派にかつぎ出され、一九二六年来追放されていたが、一九五〇年に帰国が許された。
(27) 戦前、王党派の極右新聞「アクション・フランセーズ」の第一面に掲げられていたモットー。
(28) 彼らの《言語(ラング)》とはオック語をさす。また、トゥールーズを中心とし、ピレネー山麓からセヴェルネ山麓にいたる地中海沿岸地方、すなわち彼らの《祖国》は、ラングドックと呼ばれていた。
(29) 南仏エロー県の都市。一二〇九年、アルビジョワ十字軍によって破壊された。
(30) 一五五二―一六三〇。詩人、歴史家、軍人。父からユグノーとしての熱烈な信仰を受け継ぎ、新教側の首領アンリ・ド・ナヴァール（のちに旧教に改宗してアンリ四世となる）を援けて、宗教戦争に身を投じた。叙事詩『悲愴曲』、『世界史』、『子らに語る』などがある。

(31)　一五九五—一六三二。ラングドックの総督となり、リシュリューに対するガストン・ドルレアンの陰謀に加担し、トゥールーズで処刑された。

(32)　フランス東部ブルゴーニュには、五世紀ごろブルグンド王国が形成されていたが、ヴェルダン条約によって、東の伯爵領と西の公爵領とに二分され、ながいことゲルマニアに属していた。十一世紀から十五世紀にかけて第一、第二ブルゴーニュ家が興り、ともに繁栄して豪奢な宮廷を中心とする文化を誇った。しかし、シャルル勇胆王の死後フランス王国に合併された。

(33)　一三八〇年、幼王シャルル六世が即位すると、摂政たちがたがいに覇を競って悪政をしいた。この結果、パリ、ルーアン、ランス、トロワなどで重税に苦しむ民衆たちの暴動が起こり、それに呼応して、ヘント、ブリュージュなど、フランドルの諸都市も、イギリスの支援を得て、フランドル伯に対して暴動を起こした。一三八二年、フランス軍はロズベックで叛徒を打ち破り、反乱を鎮圧した。

(34)　一二八二年三月、復活祭明けの月曜日の晩祷の鐘を合図としておこなわれた、シチリア人によるフランス人の虐殺。当時のシチリア王は、アンジュー伯シャルル一世であったが、島民はフランス人の支配下において重税に苦しんでいた。

(35)　アンヌ・ド・ブルターニュ(一四七七—一五一四)は、ブルターニュ公フランソワ二世の長女で、父の死後もよく領土を保持したが、フランス王シャルル八世の侵略に屈して、彼と結婚した。同王の死後、ルイ十二世と結婚し、彼女の死によってブルターニュはフランス領となった。

(36)　この地方はブルゴーニュ伯爵領だったが、シャルル勇胆王の死後、オーストリア・ハプスブルグ家の領地となり、一五五八年スペイン・ハプスブルグ家の所有に帰し、スペインの宗主権のもとに大幅な自治権が認められていた。フェリーペ四世の没後、ルイ十四世は領有権を主張して、一六六八年武力占領をおこなった。エックス・ラ・シャペル条約ではスペイン領であることが確認されたが、一六七八年のニメーグ条約によりフランス領となった。

(37)　パスカレ・デ・パオリ(一七二六—一八〇七)。ジェノヴァ人の専制支配に抗して独立運動をおこない、コルシカ島の大部分を占領した。同島がフランスに譲渡されてからは、フランスに反抗、敗れてイギリスに亡命した。

(38) 一三五八年のジャックリーの農民一揆をさす。戦争の悲惨に耐えかねて、低地ノルマンディー、ピカルディー地方に起こったが、たちまち鎮圧された。

(39) 一五九〇―一六二六。詩人。自由思想家として当局からにらまれていたが、無神論的な詩を書き、高等法院から死刑の宣告を受けた。ついで国外追放に減刑されたが、モンモランシー公の庇護のもとにパリに帰り、その年のうちに死んだ。代表作は、『パルナッス・サチリック』、韻文悲劇『ピラムスとチスベ』など。

(40) 一六一三―一六七九。若い頃は放縦な生活を送り、聖職に反発していたが、才能が認められて、枢機卿、パリ大司教になった。フロンドの乱に際しては反マザラン派の首謀者になったが、敗れてイタリアに亡命した。マザランの死後帰国し、『回想録』全三巻を執筆した。

(41) パリ・コミューンにおいて、ヴェルサイユ政府軍とのあいだに激烈な市街戦が開始されてから、コミューン政府が壊滅するまでの一週間、いわゆる《流血の週間》における虐殺をさす。このあいだに殺されたパリ市民の数は、一万七千から二万に達した。

(42) とくに『オラース』に付されたリシュリューあての献辞。

(43) サン・シモン（一六七五―一七五五）の厖大な『回想録』は、十九歳の頃から書きためた覚え書をもとに、ルイ十四世治下の一六九一年からオルレアン公の死にいたるまでの宮廷絵巻を、二三五〇人におよぶ登場人物を駆使して描いたもの。この作品は、文学史上で高く評価されているばかりでなく、当時の重要な史的資料である。

(44) リズロットは、シャルロット＝エリザベート（一六五二―一七二二）の略称。ドイツのパラチナ選挙侯の娘で、ルイ十四世の弟フィリップ・ドルレアンと結婚した。彼女の多くの手紙と『回想録』は、十七世紀の宮廷生活を知るうえで貴重である。

(45) 『狂えるオルランド』におけるアリオストの滑稽な表現にしたがえば、死んでいることをのぞいて、いっさいの完全さをそなえていた馬。

(46) 一七六三―一八二〇。フランスの政治家。はじめジャコバン党員として恐怖政治の強行を説き、反革命派の大量処刑をおこなった。ついでロベスピエールらと対立したが、テルミドールのクーデターを計画して彼らを倒した。ナポレオンを支持して、警務大臣となり公爵に叙せられる。ナポレオンの没落に際しては、臨時政府の首席としてルイ十八世の王政復古を準備した。

(47) フランス人形劇の主人公。十八世紀のはじめリヨンの人形劇に登場し、たちまち民衆の寵児となった。ギニョルは貧乏人だが底抜けの陽気さを失わず、空威張りの軍人や警官、強欲なブルジョワなどを嘲弄する。のち《ギニョル》は、人形劇舞台、ないしは人形そのものをさす普通名詞になった。

(48) 祖国(patrie)の語源 patria は、pater(父)に由来する。

(49) 一八五八―一九一六。はじめフランス陸軍に勤務して、ブー・アマナの率いる回教徒の反乱軍と戦い、のち、モロッコ奥地を探検して学術的著作をものした。一八八六年、カトリックに改宗し、サハラ原住民や回教徒たちに布教活動をおこなった。第一次大戦中、アルジェリアの過激な回教徒団に殺害された。

(50) 古代エジプト人は来世の生活に関心をもち、死者の来世のために呪文や祈祷文を墳墓の壁や棺、パピルスなどに記しておいたが、これらが蒐集されて経典となったもの。死者を審く冥界の王オシリスの法廷で、死者が有利な裁判を受け、天国で永遠の生活が得られるようにすることが当初の目的であった。

(51) 本書は一九四三年に書かれた(フランス語版編集者の注)。

(52) 原意は数学における補外法または外挿法。ここでは比喩的に、既知のことがらを他の領域に適用して、そこから結論や仮説を導き出す推論をいう。

(53) パリサイ派は、保守的妥協的なサドカイ派に対立して、進歩的独立的な中産階級を代表し、きわめて愛国的であった。しかしイエスは、彼らの律法にたいする形式主義を非難し、偽善者として攻撃している(マタイ福音書二三・一三)。取税人は、ローマの徴税請負人の配下で、暴利をむさぼっていたため社会に容れられなかった。しかしイエスは、そのひとりを使徒に加え、彼らに栄光を与えている(マタイ福音書九・九、一〇・三)。

(54) 左翼連合は、同年五月の選挙において議会の過半数を占め、右翼のブロック・ナショナルを敗北させた。

(55) 前二三六―一八四。前二〇五年統領となり、元老院の反対を押し切ってカルタゴ本国を攻め、ハンニバルの軍をザマに破ってカルタゴを屈服させた。

(56) 前一八五―一二九。大アフリカヌスの長子の養子。第三ポエニ戦争で統領としてカルタゴ本国を攻め、前一四六年、これを降してポエニ戦争を終結させた。

(57) この名で呼ばれる学校は、理工科大学（エコール・ポリテクニック）、サン・シール士官学校、高等師範学校など、選良の養成をめざす国立の高等教育機関をさす。

(58) 「一六二〇年の平和について」と題するオードの末尾。つぎのごとき数節から成る。「もう死者の埋葬などたくさんだ。火災のために川のなかに投じられた、馬匹人間城壁の図絵はもうたくさんだ。天すらもそれに苛立っている。名誉がわれらの武勲におもねって、それにいかなる価値を付与しようとも、平和な王のもとに生き、法の聖なる尊厳に従うにまさるはない。」

(59) 本来議会が定めるべき事項について、議会の委任にもとづき、政府が発する政令。議会の立法権の部分的放棄を意味し、議会主義の原則に反する。

(60) ヴィヨンの全詩作品にこの詩句は見当たらない。出典未詳。

(61) 第三共和制の死を宣した一九四〇年七月十日法は、議会において、五六九票対八十票で可決された。

第三部　根をもつこと

民衆に霊感を吹き込むための方法をめぐる問題はきわめて新しい問題である。だがプラトンは、『政治家』その他でこれについて触れている。おそらくこの問題にかんしては、完全に消滅してしまった前ローマ的古代のかくされた知見のなかに教訓が見出されるはずである。また、聖堂騎士団[1]や初期のフリーメイソンのごとき集団の内部でも、この問題やこれに類した問題が論じられたにちがいない。私の誤りでなければ、モンテスキューはこの問題を知らなかった。強靭な精神の持ち主であったルソーは、きわめて明確にこの問題の存在を意識していたが、それ以上深くつきつめようとはしなかった。一七八九年の人びとは、この問題に勘づきさえしなかったように思われる。一七九三年には、これを提起する労さえとらず、ましてや検討を加えようとすらせず、手っ取り早い解決策を思いついた。すなわち、最高存在の礼拝、理性女神の礼拝である。これは滑稽かつ醜悪なものだった。十九世紀にいたると、知性の水準は、かかる諸問題が提起される次元のはるか下まで下落してしまった。

今日、宣伝の問題にかんしては、立ち入った研究がなされている。なかんずくヒトラーは、この問題にかんして、人類の思惟の資産に不滅の貢献をした。だが、これはまったく別の問題である。

宣伝は霊感をめざめさせることを目的としていない。逆に、霊感が通りうるいっさいの穴を閉ざし、塞いでしまう。そして魂全体を狂信でふくれあがらせるのだ。宣伝の手法は、逆の目的には適しない。だからといって、正反対の手法を使えばよいというのではない。原因と結果の関係はそれほど単純ではないのだ。

しかしまた、民衆の霊感は神のみに残された神秘であって、あらゆる方法の手のとどかないところにあると考えてもならない。神秘的黙想の至高にして完璧なる段階は、これよりも無限に神秘的な事象である。にもかかわらず、十字架の聖ヨハネは、それにいたる方法について、いくつもの論述をおこない、彼の論述は、その学問的明晰さにおいて、現代の心理学者や教育学者の著作をはるかに凌駕しているではないか。論述をおこなう義務があると信じたとき、彼はおそらく正しかったのである。彼にはその能力があったからだ。彼の作品の美しさは、その能力が真実のものであったという十分に明白な証拠である。はっきり言って、キリスト教に先立つはるかなる古代よりルネサンスの後半にいたるまで、いつの時代においても、霊的な問題や魂の幸福に関係するいっさいの問題について、方法が存在すると考えられてきたし、このことは、ひろく一般的に認められてもいたのである。だが十六世紀以降、人間が物質をますます方法的に支配するようになった結果、それに反比例して、魂の問題は、きわめて独断的なものであるとか、ある種の魔術、つまり意図と言葉との直接的効力にとらえられてしまっているとか信じられるようになったのである。

だが、実際にはそんなものではない。創造されたものは、この世界とかなたの世界とのあいだの接点にあるものをも含めて、すべて方法に従っている。それが、言葉よりも関係を意味する《ロゴス》という語の示すところなのである。ただ方法は、領域が異なるにしたがって異なったものになる。さらに、高みにのぼるにつれて、方法は厳密さと正確さを増す。物質的事象の次元が魂の事象の次元より神の叡智を反映しているとすれば、きわめて奇妙なことではないか。逆こそ真実である。

私の考えちがいでなければ、この問題にかんしてわれわれの導き手となってくれるものはまったくない。ところが、ほかならぬこの問題が、かつて存在しなかったというより消滅していたために、今日緊急に解決を迫られている問題となったのである。これはわれわれにとって不幸なことである。

さらにまた、たとえばプラトンが、この問題にかんして一般的な解決案を示してくれていたとしても、それを研究すれば、ことはそれで片づくといった性質のものではない。なぜなら、現在われわれは、歴史があまり援けになってくれないような情況に直面しているからである。かつてある国がドイツ敗北後フランスが置かれるかも知れない情況に遠廻しにでも類似した情況にあったとして、歴史はそんな国について語ってくれてはいないのである。第一、その情況がどんなものであるかということさえ、われわれにはまったく見当がつかない。われわれが知っているのは、ただ、それが前例のないものだということだけである。こんなわけで、たとえいかにしてある国に霊感を吹き込みうるかを知ったとしても、フランスにたいしてどんな手を打つべきかはわからないであろう。

他方、実行の問題が課せられているからには、個々の場合にかんして、一般的解決策についての知識は不可欠ではない。機械が故障したとき、労働者にせよ、職工長にせよ、技師にせよ、彼らが機械修理の一般的知識を有しない場合でも、それをふたたび動き出させる方法に気がつくことがある。そのような場合、第一になすべきことは機械をよく見ることである。だが、それを有効に見るためには、精神のなかに機械のからくりについての概念だけは有していなければならない。同様に、フランスの流動的な情況を日を追って見つめる際には、精神のなかに、国の教育方法としての対公衆活動について、明確な概念を有していなければならない。

だが、この概念を認め、それに留意し、それを理解しただけでは十分ではない。注意が他のことに注がれているときでもつねに現前しているように、恒常的なかたちでこの概念を魂のなかに宿らせておかねばならない。

これはわれわれにとってまったく新しい考え方であるがゆえに、ますます大きな努力が必要とされる。そもそもルネサンス以後、対公衆活動は教育の面からは理解されなくなり、ただ単に、これこれの点からのぞましいと考えられる権力形態を確立するための手段としてのみ、理解されるようになったのである。

教育（エデュカシオン）は——子供を対象とするものであれ、大人を対象とするものであれ、個人や公衆やあるいは自己を対象とするものであれ——原動力を生まれさせることにある。有利とされるもの、義務とされるもの、善とされるものを指し示すのは訓育（アンセーニュマン）の役目である。教育は、効果的な実践のための原動力を受け持つ。なぜなら、いかなる行動もそれに必要量のエネルギーを供給しうる原動力なしにはおこなわれえないからである。

他人であれ、自己自身であれ——ただ方向だけを指示するにとどめ、それに見合った原動力を確保するように留意することなく、しかもそのうえで人間という被造物を善に向かわせようと欲するのは、アクセルを踏むだけでガソリンの入っていない自動車を動かそうとするにひとしい。

あるいはまた、石油を入れてやらずにランプをともそうとするにひとしい。この誤りは、二十世紀のこのかた、十分に読まれ読み返され、十分に引用されて、十分に有名なある行文〔マタイ福音書二五・三〕のなかで告発されている。しかしながら、人間はつねにおなじ誤りをおかしている。

対公衆活動のなかに含まれるものにかぎって、教育の方法を分類することはかなり容易である。

第一に、脅迫なり公約なりによって恐怖や希望を生まれさせること。

第二に、暗示。

第三に、表現される以前から、大衆の心のなかに、ないしは国民の若干の活動分子の心のなかに現実に存在していた思想の一部を、公式なものとして、あるいは公的権威の承認を得たものとして表現すること。

第四に、実例。

第五に、働きかけの様式自体、および働きかけのためにつくられる組織の様式。

第一の手段はもっとも露骨なものであるが、いつの時代でも用いられている。第二の手段は、今日すべての人たちによって用いられている。ヒトラーが天才振りを発揮してその用い方を研究した手段である。

あとの三つは知られていない。

この三つは、われわれの対公衆活動がつぎつぎに取ることになると思われる三つの形態との関連において考えるようにしなければならない。すなわち、現在の形態、国土解放にともなう権力掌握の行動、それ以後の数カ月間における暫定的な権力の行使である。

現在のところ、われわれの自由になる媒体は二つしかない。ラジオと地下運動である。フランスの大衆にとってはほとんどラジオだけが問題になる。

右に列挙した五つの手段のうち、三番目の手段は二番目の手段と絶対に混同されてはならない。暗示は、ヒトラーが知っていたように、強圧手段である。それは拘束の一形式である。一方では繰り返しが、他方では、その繰り返しが発せられる集団が所有している権力、ないしはその集団が獲得しようとめざしている権力が、暗示にその効力の大部分を与えているのだ。

第三の手段の効力はまったく異なった種類のものである。それは、人間の本性のかくれた構造のなかに基礎をもつからである。

心の内面でときに表明されている思想、いや、ときに表明されさえしていない思想が、暗黙裡に魂に働きかけてはいるものの、まだわずかしかそれに作用していないということが起こる。

もしおなじ思想が、その発言が注目されているある他の人間によって、自己自身の外側で表明されるのをきくならば、その思想は百倍の力を与えられ、ときには内面的変貌をもたらすこともありうるのである。

また、当人が意識しているかいないかは別として、その人間が、ある種の言葉——すなわち当然善を期待しうる場所から実際の声として発せられ、耳に届くとき、力づけと、活力と、なにか糧のごときものを注入してくれるような言葉——を必要としていることもある。

個人生活において、言葉の有する右の二つの働きを果たしてくれるのは、友人か身内の導き手かである。だが、実際にはきわめて稀である。

しかし、各人の私生活のなかで、公的なドラマが個々の情況を完全に圧倒してしまった結果、この種の内密な多くの思想や要求が、一国民を構成するほとんどすべての人間たちにおいてたまたまおなじものになるという場合も存在する。

こういった場合には、一国民全体を対象にしながらも、本質的には集団をめざすのではなく、個人をめざす活動でありつづけるような活動が可能になる。そのとき、この種の活動は、各人の魂の深奥に宿る深い資質を窒息させるどころか、それを覚醒させ、鼓舞し、成長させることができる。ところが、いっさいの集団をめざす活動は、その追求する目的がいかに気高いものであれ、ものごとの本性から、必然的に逆の道をたどらざるをえないのである。

だが、だれがかかる活動をおこないうるのだろうか？

通常の情況においては、おそらく、かかる活動が発せられうるような場所は存在しない。政府の手によっておこなわれる場合も、きわめて強力な障害に妨げられて、部分的に、わずかな程度実現されるにすぎない。また、国家以外の場所からそれがおこなわれるように、別種の障害によっておなじように阻止されてしまう。

しかしこの点にかんして、現在フランスが置かれている情況は、摂理によって、すばらしく好都合である。

他の多くの点からみれば、フランスが他の国のように、ロンドンに正規の政府を有していないのは不幸なことである。しかしながら、ただこの点にかんしては、例外的に幸運なのである。おなじく、北アフリカ問題によって国民解放委員会が正規の政府に改組されなかったことも、この点にかんしては幸運であった。

シャルル六世以後、フランスには潜在的なかたちで、暗黙裡に、しかもきわめて根強く国家にたいする憎悪が存在しているために、政府から直接に発せられる言葉は、フランス人のひとりひとりによって、友人の声として受け入れられることはない。

他方、この種の働きかけにおいては、公的な性格を有しないかぎり、言葉は真の効果を発揮することができない。

戦うフランスの指導者たちは、彼らの言葉が公的な性格をもつに必要な最小限度だけ、政府に類似したあるものを構成している。

この運動は、十分にその当初の性格、すなわち忠実で、かつ完全に孤立した数名の魂の奥底からほとばしり出た反抗という性格を保持しているので、それから発する言葉は、あらゆるフランス人の耳に、友人の声のような、身近で親密な、熱のこもった優しい響きを伝えることができるのである。

また、なかんずくド・ゴール将軍は、彼に従った人たちに囲まれて、一つの象徴になっている。すなわち、ある一瞬、ほとんど彼ひとりのなかに凝縮された、フランスのフランス自身にたいする忠実さの象徴、とりわけ人間のなかに宿る、力への下劣な崇拝を拒否するいっさいのものの象徴となっているのである。

彼の名において言われたすべては、フランス本国で、象徴に結びついた権威を帯びる。その結果、彼の名において語る者はだれでも、思うまま、そのときどきに好ましいと思われるところにしたがって、フランス人の精神のなかで実際に発酵しつつある感情や思想の水準から霊感を引き出すことができる。さもなければ、もっと高い水準から、その場合には、彼がのぞむだけ高い水準からそれを引き出すこともできる。ときには、空のうえにある圏から、それを引き出すことを妨げるものさえなにもないのだ。権力の行使には下劣さがつきものだが、そういういっさいの下劣さの必要によって穢された政府から発せられる言葉にとっては、このことは不都合であろう。だが、各人の眼にもっとも高いものとされているものを代表する象徴から発せられる言葉にとっては、それとおなじ程度だけ好都合なのである。

　ある政府が、おのれにとってあまりにも高尚な言葉や思想を用いようとするとき、それからなんらかの輝きを受けるどころか、逆に、それらのものの信用を失墜させ、みずからは滑稽さに陥ってしまう。一七八九年の原則や、第三共和制下における《自由、平等、博愛》という紋切り型の表現にかんして生じたのは、まさにこれである。また、いわゆる《国民革命》によって謳(うた)い文句にされている、それ自体としてはきわめて高い次元にある言葉〔《労働、家族、祖国》をさす〕にかんして生じたことも、まさにこれである。後者の場合は、実際のところ、裏切りの恥辱が電撃的なはやさで信用失墜をもたらしてしまった。しかしながら、それほど急激にではないとしても、ちがったかたちで、いままでにもおなじような事態が生じたことはほぼ確実である。

　ロンドンのフランス解放運動は、おそらくわずかな期間だろうが、現在のところはまだ、かの比類なき特権、ほとんど象徴的な存在であるがゆえに、もっとも気高い霊感に輝きを与え、しかもその霊感の信用を失墜させることも、その霊感によってみずから不都合を受けることもないという特権を有している。

またこの運動は、それを推進した人びとがはじめ孤立無援の状態にあったために、当初から非現実性に苦しんできたが、まさにその非現実性そのものから、もしその活用法を知るならば、はるかに充実した現実性を引き出すことができるのである。

「私の力は弱いところに完全にあらわれる」〔コリント人への第二の手紙一二・九〕と聖パウロは言っている。だが、かかるすばらしい可能性に満ちた情況にありながら、奇妙な無分別から、亡命政権という平凡かつ卑俗な立場になりさがる欲望が生まれた。この欲望が満たされなかったのは摂理である。

対外的にも、いまの情況はおなじように有利である。

一七八九年以後、フランスは諸国民のなかで独自の立場を占めるようになった。これは最近のことがらである。一七八九年は遠い過去ではないのだから。十四世紀の末葉は、幼王シャルル六世によって、フランドルやフランスの諸都市に残虐な弾圧が加えられた時代だが、この時代から一七八九年にいたるまで、フランスは外国の眼からみて、政治的には、ほとんど絶対王政の暴政と、臣下の屈従しか代表していなかったのである。デュ・ベレーが、「フランスよ、学芸と軍事と法律の母よ[2]」と書いたとき、この最後の法律という言葉は余計だった。モンテスキューがみごとに証明したように、また、彼よりまえにレッス枢機卿が天才的な洞察力をもって説明したように、シャルル六世の死後、フランスに法律はまったく存在していなかったのである。一七一五年〔ルイ十四世死去、ルイ十五世即位の年〕から一七八九年までのあいだ、謙譲さに溢れた熱情をいだきつつフランスはイギリスに学んだ。当時イギリス人だけが、奴隷状態にあった諸国民のなかで、市民の名に値する唯一の国民であるように思われていたのだ。だが一七九二年以後、抑圧に苦しむすべての人たちの心を揺り動かしたのち、そのフランスがイギリスを敵としての戦争に突入すると、正義と自由の観念の威光はすべて、フランスのうえに集中することになった。その結果、つぎの世紀を通じて、フランス国民には他の諸国民が経験したことのなかった一種の熱狂が生まれ、彼らもまたフランス国民からその輝きを受けることになったのである。

フランス大革命は、不幸にして、ヨーロッパ大陸全土を覆った過去とのきわめて烈しい断絶に関連したものであって、その結果、一七八九年にはじまる一伝統が、実際上、古代の伝統に匹敵するものとなったのである。

一八七〇年の戦争は、全世界の眼にフランスがいかなる国として見られていたかを証明した。この戦争においては、エムスの電報[3]の奸策にもかかわらず、攻撃をはじめたのはフランス側である。さらにこの奸策自体が、攻撃がフランス側からしかけられたことを証明している。ドイツ側は彼らの内部でも足並みがそろわず、いまだナポレオンの思い出におびえているという有様で、侵略を受けるのは免れえないと覚悟していた。だから、やすやすとフランスに入ることができたとき、彼らはすっかり驚いてしまった。しかし、ヨーロッパ中から恐怖の的のように見られていることを知ったとき、それよりはるかに驚いてしまった。彼らの過失とされたのは、ただ一つ、自国を防衛して勝利を収めたということだったのだから。しかし敗れたほうはフランスだった。ナポレオンにもかかわらず、一七八九年のおかげで、勝利者が恐怖の的となるにはそれだけで十分だったのである。

ウィルヘルム皇太子の日記を読んでみると、ドイツの選良たちにとって、彼らには不可解なこの非難がどんなに痛ましい打撃であったかがわかる。

ドイツ人にみられる劣等複合、すなわち、うしろめたさと不当な仕打ちを受けているのだという感情との、みかけだけ矛盾したものにすぎない複合、および反動的なその凶暴さはたぶんこのときに発する。とにかくこのとき以後、ヨーロッパ人の意識のなかで、プロシア人が、当時までドイツ人のタイプだと思われていたもの、つまり、青い目をした夢みる音楽家、《善良な gutmuütig》、パイプをくゆらし、ビールを飲むといった、いまでもバルザックの作品を読めばお目にかかる、まったく無害な人間に取ってかわった。そしてドイツは、ますます自己の新しい像に似たものになっていったのである。

フランスもまた、これにほとんど劣らない精神的損害を蒙った。人びとは一八七一年以後のフランスの再起を讃える。しかし、いかなる代償によってそれがなし遂げられたかは考えない。フランスは現実主義者になってしまったのだ。おのれを信じることをやめてしまったのだ。殺された人間の数によっても、またその凶暴さによっても、まさに驚くべきものであるコミューンの虐殺は、もはや消えることのないかたちで、労働者には、国民からしめ出された除け者であるという感情を、またブルジョワジーには、うしろめたさの結果として、労働者にたいする一種肉体的な恐怖感を植えつけてしまった。一九三六年六月にもまた、このことが確認されたのだ。一九四〇年六月の崩壊は、ある意味において、一八七一年にあんなにあっけなく、あんなに血腥いかたちで終わってしまった内戦の直接的結果なのだ。この内戦は、陰然とほとんど四分の三世紀ものあいだつづいていたわけである。それ以後というもの、有名校出の青年たちと民衆とのあいだの友情、十九世紀のフランス思想全体が一種の糧を汲み取っていた友情は、単なる思い出にすぎぬものになってしまった。他方、敗北の屈辱感はブルジョワ青年層の思考を、反動的に、国家の偉大さにかんするもっとも凡庸な観念のほうに向けてしまった。そして、おのれが蒙った征服、おのれの価値を減じたと考えた征服の被害妄想に取り憑かれたフランスは、征服することよりもっと高い使命が可能なことをもはや感じなくなってしまったのだ。

かくてフランスは、他の諸国民とおなじになった。黄色い肉体や黒い肉体の分け前を世界から切り取ることや、ヨーロッパにおける覇権を手に入れることしか夢みなくなったからである。

あんなにも意気軒昂とした一時期のあと、こんなにも低い水準に下落してしまうにあたっては、大変な混乱を伴わざるをえなかった。その混乱の極点は、一九四〇年六月である。

真実である以上、どうしても言っておかなければならない。敗戦後にみせたフランスの最初の反応は、おのれ自身の過去、おのれの近い過去を吐き出すことだった、と。これはヴィシー政府の宣伝の結果ではない。それどころか、最初、《国民革命》にみかけの成功をもたらす原因となったのである。かつまた、当然の健全なる反応でもあった。敗戦に際して善とみなされうるような局面が一つあったとすれば、それは、敗戦がその行きづまりであった過去を吐き出すという可能性だったのだ。その過去とは、フランスが、一つの使命の特権を要求すること以外にはなにもしなかった過去であり、しかも、フランスはその使命を、もはや信じなくなったがゆえにみずから否認したのである。

外国においては、フランスの崩壊は、一七八九年の精神がなにものかをもたらしていたところにのみ深い感慨を与えた。

フランスは、一時的に国民としての存在を失ってしまったが、このゆえにこそ、諸国民のあいだで、かつてこの国があったところのもの、ながいあいだ、この国がふたたびそうなることが待たれていたもの、すなわち一つの霊感となることが許されたのである。世界のなかで、フランスが一つの偉大さ——自国の内的生命の健康自体に欠くべからざる偉大さ——をふたたび見出すためには、敵の敗北によってふたたび一つの国民となるまえに、一つの霊感とならなければならない。そのあとでは、おそらく、さまざまな理由によって、霊感となることは不可能であろう。

この面でもまた、ロンドンにおけるフランス解放運動は、もしそれを活用するすべを知るなら、ひとの考えうるかぎりにおいて最良の情況にある。この運動は、一国の名のもとに語るに必要な最小限度において公的なものである。そして、たとえ名目的なものであろうと、虚構のうえに立つものであろうと、フランス人にたいしてなんらの政府としての権威を所有せず、自由なる同意からすべてを引き出している。したがって、なにかしら精神的な権威のごときものをもつにいたっている。また、このうえなく暗澹たる時期にも崩れ去ることのなかった忠実さ、および、その名のもとに毎日すすんで流されている血は、フランス語のなかでもっとも美しい言葉を自由に使用する権利をこの運動に与えている。この運動は、全世界にフランス語をきかせるためにまさに置かれねばならない姿に置かれているのだ。その語る言葉は、自己の権威を、権力（これは敗戦によって無に帰した）からでも、栄光（これは屈辱によって消え去った）からでもなく、まず第一に、現在の悲劇に見合った思想の高邁さから、つぎに諸国民の心情に刻まれている精神的伝統から引き出しているのだ。

この運動の有する二つの使命を定義することは容易である。一つの使命は、フランスを助けて、その不幸の深淵のなかで、この国の精神と、苦難のうちにある人たちの現在の要求とに応える霊感を見出させてやること、もう一つの使命は、その霊感がひとたび見出されたら、あるいはすくなくともかいまみられたら、それを世界全体に広めることである。

われわれがこの二つの使命に専念するならば、これより低い次元にある多くの問題はあわせて解決されるだろう。だが、はじめに低い次元の問題にかかずらってしまったら、その問題自体も解決されなくなるだろう。

いうまでもなく、必要とされているのは言葉だけの霊感ではない。真の霊感はすべて、筋肉のなかを通って行動に出てくる。そして、今日におけるフランス人の行動は、敵を駆逐するに役立つ行動以外にはありえない。

とはいえ、ロンドンのフランス解放運動は、敵と戦っているフランス人の戦意をできるだけ強度に発揚させることのみを使命としていると考えるのは正しくない。

その使命はあくまで、フランスを援けて真の霊感を見出させてやることにあるのだ。かつその霊感は、ほかならぬその真実性のゆえに、当然のことながら祖国解放のための努力とヒロイズムとなって、ゆたかに流れ出すことになろう。

結局はおなじことではないかという議論は成り立たない。

脅迫や約束や暗示といった、手荒で即効的な手段では果たし切れない高次の使命を達成することが要求されているからである。

それどころか、フランス国民を構成している人びとの暗黙の思想、暗黙の要求に答える言葉を使用するというのは、それがしかるべきかたちで実現されるかぎり、達成しなければならない事業にすばらしく適した方法なのである。

まずそのためには、フランス国内に情報収集組織が必要となる。すなわち、それら暗黙の思想、暗黙の要求を識別し、それらをロンドンに通報することを第一の任務、第一の関心事とする人びとが必要である。

この任務にとって不可欠とされるものは、いかなる人間たるを問わず、あらゆる人間存在とその魂とにたいする熱烈なる関心、相手の立場におのれを置き、表明されていない思想の兆しに注目できる能力、達成されつつある歴史にたいするある直観的感応力、および、微妙なニュアンスと複雑な諸関係を文字で表現することのできる才能である。

観察すべき対象が広汎かつ複雑である以上、かかる観察者が多数必要とされるであろう。しかし、事実上これは不可能である。すくなくとも、いまからただちに、そのまま利用できる人たちのすべてを例外なく利用しなければならない。

フランス国内に、不十分だが――どうしても不十分ならざるをえない――現実の情報収集組織がつくられたと仮定しても、それよりはるかに重要な第二の作業がロンドンでおこなわれねばならない。それは選別作業である。この作業こそ、この国の魂を形づくることになるものだ。

フランス人の心情のなかで、すでにそこに宿っているあるものにたいする応答として、どのような言葉が反響を見出しうるかを認識しても、この認識だけでは事実の認識にすぎない。それにはなにが善であるかという指示はいっさい含まれていない。だが政治は、いっさいの人間活動と同様に善をめざす活動である。

フランス人の心的状態は、一つの事実以外のなにものでもない。原則的には、それは一つの善も一つの悪も形づくっていない。その割合には多大の差異があるにせよ、事実としては、善と悪との混合体である。

これは明白なる事実である。しかし、繰り返し反省するにふさわしい事実である。なぜなら亡命状態に自然に結びついた感傷は、多かれ少なかれこの事実を忘れさせることがあるからである。

フランス人の心情のなかに反響をめざめさせることのできるいっさいの言葉のなかから、そうすることがのぞましい言葉を選び分け、それを繰り返し語り、さらには消滅させるのが有利とされるものを消し去るために、他の言葉は語らないようにしなければならない。

この選別の基準はなにか？

二つの基準を考えることができる。一つは、語の霊的意味における善(ビヤン)である。もう一つは有用性である。つまり、いうまでもなく戦争とフランス国民の利益とに結びついた有用性である。

第一の基準にかんしては、まずもって検討しなければならない公準がある。それを自己の魂と良心のなかで、きわめて注意深く、きわめてながいあいだ吟味し、決然とそれを採用するか、あるいは決然とそれを放棄しなければならない。

キリスト教徒なら、それを採用せざるをえない。

それは霊的に善とされるものは、あらゆる観点から、あらゆる関係において、あらゆる時代を通じ、あらゆる場所で、あらゆる情況のもとに善とされるという公準である。

キリストは、これをつぎのような言葉で表現している。「いばらからぶどうをとり、あざみから無花果(いちじく)をとる人はない。すべて、よい木はよい実を結び、悪い木は悪い実を結ぶ。よい木は悪い実をつけないし、悪い木はよい実をつけない」〔マタイ福音書七・一六―一七〕。

この言葉の意味はつぎのごときものである。一般にわれわれの思考の営みがおこなわれる、地上的、肉的領域のかなた、そしていたるところ、善と悪とが解きがたくからまり合っているこの領域のかなたに、もう一つ他の領域、霊的な領域があり、そこでは善はひたすら善であるし、下位の領域にたいしても、善はひたすら善のみしか生み出さない。またこの領域では、悪はひたすら悪であり、悪は悪しか生み出さない。

これは、神にたいする信仰の直接的な帰結である。絶対善は、ただ単に、すべての善のうちで最良のものというだけにとどまらない――それなら相対的な善にすぎない。それだけではなくて、絶対善から逸脱した人びとが探し求める善をも含めて、いっさいの善を最高度にうちに宿している、唯一にして完全なる善である。

この絶対善から直接に発するいっさいの純粋なる善は、同種の本性を有する。

したがって、ロンドンを通じてフランス人の心情のなかに生まれさせるべき反響のリストのなかに、まずもって、純粋かつ真正な意味において善なるものは、そのすべてを、時宜性などいっさい考慮せず、また真正さの検討以外のいかなる検討をもおこなわず、採用しなければならない。そして彼らにむかい、繰り返し倦むことなく、できるかぎり単純かつ粉飾のない言葉を介して、そのすべてを伝えなければならない。

いうまでもなく、ただ単に、悪、憎悪、下劣さにすぎないようないっさいは、時宜性など考慮することなく、ことごとく拒否されなければならない。

残るのは、それ自体として必然的に悪とされるのではないが、時宜性の問題がからまっている、霊的な善よりも低い次元にある中間的な原動力である。

そういった個々の原動力については、実際にそれをあらゆる角度から調査し、これこれの観点から、可能なこれこれの情況において、これこれの結果が生じうるというふうに、そのすべての場合を可能なかぎり完全なかたちで検討しなければならない。

こうした配慮に欠けるなら、のぞんでいるもののかわりに、のぞんでいないものを誤って生み出すことにもなりかねない。

たとえば、一九一八年以後の平和主義者たちは、自分たちの主張により容易に耳を傾けさせるために、人々の安全と安楽の欲求に訴えるべきであると信じた。彼らはそうすることによって、国の外交政策を指導するに足るだけの影響力を獲得できるものと期待した。その場合、彼らは平和を保障する方向にそれを指導するつもりだったのである。

獲得された影響力が、たとえ大きいものであっても、外交政策の指導権を手に入れるほど大きくないといった場合、自分たちがめざめさせ、鼓舞した原動力がいかなる結果をもたらすかについて、彼らは反省しようとしなかったのである。

彼らが、この問いを自分に問いさえすれば、答えはすぐさま、はっきりと現われたはずである。すなわち、そのような場合、そんなかたちでめざめさせられた原動力は、戦争を阻止することも遅らせることもできず、好戦的な攻撃側に勝利を得させるだけであり、ながきにわたって平和への愛そのものをも穢すことになるであろう、と。

ついでに言っておくが、われわれが理解しているかぎりにおいて、民主主義的制度のからくりは、罪深い、運命的なこの種のなげやりへとひとを誘うことにあるのだ。

こうした罪をおかさないためには、個々の原動力について、つぎのように問わなければならない。その原動力はこれこれの環境においては効果を生じる。だが他の環境においてはどうであろうか？それはこれこれの領域においては効果を生じる。だが他の領域においてはどうであろうか？これこれの情況が生まれうる。だが他の情況は生まれないか？さらにまた、それぞれの情況、それぞれの環境、それぞれの領域において、たちどころに、もっとあとで、さらにあとで、どのような効果を生じることになるか？いかなる点でそれらの可能な効果の一つ一つは有益であるか、いかなる点で有害であるか？それぞれの可能性の確率の度合はどのように思われるか？

これらの点の一つ一つを、さらにこれらの点のすべてを同時に、注意深く観察しなければならない。しばらくのあいだ、選択へのあらゆる傾きを抑制し、ついで決断をおこない、しかるのち、すべての人間の決断とおなじく、誤謬の危険をおかさなければならない。

選択がおこなわれたら、それを実地試験にまわさなければならない。フランス国内に置かれた記録装置がその結果を逐次識別するように努力すべきは言うまでもない。

しかし言葉は序の口にすぎない。行動こそ、人びとの魂を形成するさらに強力な手段である。行動は原動力にたいして二つの特性を有する。まず第一に、肉体によって実行に移される行動を生み出したときにのみ、原動力は魂のなかで真の現実となる。

フランス人の心情のなかに現存する、ないしは、そのなかに芽ばえつつあるこれこれの原動力を鼓舞するだけにとどめ、彼ら自身の原動力を行動のうちに実現するにあたっては、彼ら自身の力を当てにするというだけでは十分でない。

さらにロンドンからは、できるかぎり最大限に、できるかぎり持続的に、できるかぎりことこまかく、ラジオその他の適切な手段を通じて、行動にかんする指示を与えてやることが必要である。

ある兵士は、戦場における自己の行動にかんして、あるときつぎのように述べた。「私はあらゆる命令に服従した。しかし命令を受けず、自分の意志にもとづいてある危険に立ち向かわなければならなかったら、そんなことは自分にとって不可能だったろう、はるかに自分の勇気のおよばないことだったろう、というふうに感じていた」と。

この指摘にはきわめて深遠な真理が含まれている。たしかに命令なるものは、信じられないほどの効力を有する刺戟剤である。そして、ある種の情況においては、それが指示する行動に不可欠なエネルギーを宿している。

ついでながら言っておくが、そのような情況を形づくるものはなにか、それらに決定的な要素はなにか、その種々相はなにかを研究し、その完全なリストをつくることができるならば、戦争と政治とをめぐる、もっとも基本的かつ緊急なる諸問題を解く鍵を手にいれることができるだろう。

はっきりと認識され、明確かつ完全に厳正な義務を伴う責任もまた、命令とおなじようにひとを危険に立ち向かわせることができる。この種の責任は、ひとがある行動に拘束されたあとに、その行動に固有のこれこれの情況の結果として生じる。その責任を認識する能力は、知性が明晰であればあるだけ増大する。だがそれ以上に、知的廉直さ、つまり、苦しみを避けようと虚言を弄したくなるとき、それを妨げる限りなく貴重な徳力に左右される。

命令や明確な責任に促されなくても危険に挺身できる人間は、つぎの三種類に分けられる。まず生まれながら胆力にめぐまれ、大抵のことでは恐怖を感じない性格をもち、悪夢などには見向きもしないといった想像力の持ち主たち。彼らはしばしば注意深く危険を識別しようとせず、冒険心から軽々しくそれに立ち向ってゆく。つぎに勇気はあまりないくせに、不純な原動力からエネルギーを汲み取っている人たち。たとえば、勲章をもらいたいという野心、復讐欲、憎悪などがその種の原動力である。その人間の性格やそれぞれの情況にしたがって、きわめて多様な原動力が、きわめて多数存在する。最後に、神から発せられる、直接的、個別的な命令に服する人たち。

この最後の場合は、一般に信じられているほど稀ではない。ただ稀であるように信じられているのは、これに該当する場合があっても、しばしば隠されているし、当事者自身にさえも隠されている場合が多いからである。また、この場合に該当する人たちは、しばしば自分は神を信じていないと思い込んでいる人間に属しているからである。しかし、一般に信じられているより稀でないとはいえ、不幸にして、けっしてざらにあるというわけにはいかない。

他の二つの場合にみられる勇気は、しばしばきわめて劇的であり、英雄的行為という名の名誉が与えられてはいるが、人間的な質の面からみると、指揮官の命令に従う兵士の勇気よりずっと低い次元にある。

ロンドンのフランス解放運動は公的性格を有するとはいえ、その有する度合は、それから発する指令が命令に特有の刺戟剤的効力を含みながらも、犠牲の自由な受諾に伴う明敏かつ純粋な一種の陶酔を曇らせることはないというほどのものにすぎない。

この結果、この運動にたいして限りない可能性と責任とが生じてくる。

フランス国内に、この運動の命令によって達成される行動と、その命令のもとに働く人びとの数が増加すればするほど、フランスにとっては、勝利のうちに——これは軍事的勝利ばかりでなく、精神的な勝利をも意味する——戦列に復帰すること、および戦後に祖国を再建することを可能ならしめる魂をふたたび見出す好機が増加することになる。

しかし、行動の数量以上に、その選択の問題が大切である。

この問題はいろいろの観点からみて大切である。なかんずくそのいくつかの観点は、きわめて重要な高い次元に属しているために、この問題だけを切り離して、それを完全に陰謀の技術家たちの手中にゆだねてしまうことは危険である。

ごく一般的にみても、あらゆる種類の領域において、全面的に、ないしは、ほとんど全面的に技術が君臨しているところではすべて、悪が支配することは避けがたい。

技術家たちはかならず、自分が君臨することをめざす。問題に通暁しているのは自分たちだと感じているからである。またこのことは、彼らの側からすればごく当然なのである。彼らがその目的を達したとき、その結果として避けがたいものとなる悪の責任は、彼らのなすがままにまかせた人たちだけにかかってくる。彼らのなすがままにまかせるようになるのは、いつでも、これこれの技術が従属すべき個々の目的について、曇りのない、完全に明確な観念をつねに精神のなかに現前させていなかったからである。

フランス国内で推進される行動についてロンドンから伝えられる指令書は、いくつもの目的に応えるものでなければならない。

情報や破壊活動にかんしては、直接の軍事目的がいちばんはっきりした目的である。

この点では、ロンドンのフランス人は、イギリス側の要求と、本国のフランス人のよき意志とのあいだの仲介者となることしかできない。

情報が戦闘行為より戦争の帰趨を決するという事実がしだいに明らかになりつつあることを理解するならば、右の問題がきわめて重要であることは一目瞭然である。機関車と破壊活動の組合せは、船舶と潜水艦の組合せと好一対をなす。機関車の破壊は潜水艦の撃沈に匹敵する。この二種類の破壊のあいだの関係は、攻勢と守勢とのあいだの関係にすぎない。

生産組織の破壊もこれにおとらず重要である。

フランス国内で推進される行動にたいするわれわれの影響力の量および数は、主として、イギリス側からゆだねられる物的手段に左右される。フランスにたいするわれわれの影響力、すなわち、現にわれわれが有している影響力と、それ以上にわれわれが獲得することができると考えられる影響力とは、イギリス側にきわめて貴重な貢献をなすことができる。したがって、双方からの必要があるわけである。だが、われわれからの必要のほうがはるかに大きい。人びとは当面の問題しか考えたがらないが、すくなくとも当面の問題だけを考えるなら、たしかにそうである。

こうした情況のもとで、彼らとわれわれとのあいだに、単に良好であるにとどまらず、熱烈で真の友情に溢れた、いわば内面的な関係が存在しないとすれば、それは容認しがたい事態であり、そのような事態は解消されなければならない。人間の関係にして、それがあるべき姿にないとき、一般的には、かならず双方に過ちがある。だがその過ちをただすにあたっては、相手の過ちを考えるより、自分自身の過ちを考えるほうがつねにはるかに有益である。さらにまた、すくなくとも当面だけの必要を考えるなら、われわれの側からの必要のほうがはるかに大きい。それに、われわれは彼らに迎え入れられた亡命者であり、感謝の負債がある。最後に、ひとの知るごとく、イギリス人は、自己から出て他人の立場に立とうという才能に欠けている。彼らの最良の資質、この地球上における彼ら固有の役割は、ほとんどかかる才能と両立しない。不幸にしてこの才能は、現実にはわれわれにおいてもほとんどおなじくらい稀である。だが他方、この才能はその性質上、フランスの天職と呼ばれているものにふさわしい。以上の理由によって、諸関係をしかるべき熱烈さの度合に保つように力をつくすのはわれわれの側の務めである。いうまでもないが、あらゆる度合の追従によって穢されることのない、理解への真剣な願望がわれわれの側から生まれて、相手の慎重さを貫き通し、相手がかくし持っている真の友情の能力にまで達しなければならない。

個人的感情は、世界の大事件のなかで、いまだひとがその全貌をとらえたことのないほど大きな役割を演じている。二人の人間のあいだに、二つの人間集団のあいだに友情が存在しているか否かという事実は、ある場合、人類の運命にとって決定的なものとなる。

この事情は完全に理解可能である。真理は個々の人間の精神のなかにしか現われることはない。その真理をどのようにして伝達したらよいのか？　それを説明しようとしても相手は耳を傾けてはくれまい。なぜなら、その真理を知らない相手側は、それを真理として認めないだろうから。彼らは現に語られつつあるのが真理であることを知らないであろうし、それが真理だと気づくだけ十分な注意を払わないであろう。彼らにとっては、そのような注意の努力を払うなんの理由もないのだから。

ところが、友情、感嘆、共感、ないしはその他好意的な感情はすべて、当然のことながら、相手がある程度の注意を払うように仕向けるだろう。なにか新しいことを発言しようとしている人間は――型通りの言葉には注意など必要ないのだから――まず最初、彼を愛している人たちにしかきいてもらえないものなのである。

こんなわけで、人間のあいだの真理の交流は、完全に感情の状態に左右される。このことはあらゆる種類の真理についても妥当する。

祖国を忘れていない亡命者たち――それを忘れてしまった人たちはもはや救われがたい――においては、その心情が不幸なる祖国のほうに向かうことはいかんともしがたく、自分が現に住まっている国に友情を感じるための感情的余裕はほとんどない。この友情が彼らの心のなかに実際にめばえ、成長してゆくのは、彼らが自分にたいしてある種の無理を強いた場合にかぎられる。だがこの無理は義務である。

いまやフランス国民は、ロンドンのフランス人に注目しつつ生きているが、フランス国民にたいして後者が有するもっとも緊急なる義務は、自分たちとイギリスの選良とのあいだに、現実に生きている、熱烈かつ内密なる、効果的な友情が存在するように努力することである。

戦略的有用性以外にも、まださまざまな考慮が行動の選択にかんして加えられなければならない。それらの考慮は戦略的有用性よりもはるかに重要なものではあるが、順序としてはそのあとにくる。なぜなら戦略的有用性は行動が現実になるための条件なのだから。それを欠くならば、あるのは行動ではなく、右往左往である。また、行動にその主要な価値を与えるものとしての行動の間接的な効力も同時に失われてしまう。

かさねて言っておくが、この間接的な効力は二つに分けられる。

行動はそれを生み出す原動力に充実した現実感を与える。外側から理解されるかたちで、それらの原動力に表現を与えてやっただけでは、まだ半分の現実感しかそれに与えることはできない。行動はまったく別の効力を有しているのである。

多くの感情が心情のなかに同時に存在する。フランス人の心情のうちに存在するそれらの感情を識別したのちに、そのなかで必要とされるものを選択し、公的表現が与えうる存在度にまでもってくるためだけでも、その選択はすでにさまざまな物質的必要によって制限されてしまう。たとえばフランス人あてに毎晩十五分間放送するとしても、妨害電波のためにたしかに聴取されたというわけにはいかないし、どっちみち繰り返しは教育的必要であるから、しばしばおなじことを繰り返さなければならない。すると、かぎられた数のことしか放送できないということになる。

行動の領域に移ると、制限はもっと厳しくなる。さきに述べた基準にしたがって、新しい選択をおこなわなければならない。

一つの原動力が行為に変貌していく際のその変貌の仕方は、研究すべき課題である。ある一つの行為は、ある一つの原動力からも、またある別の原動力からも生まれる。あるいは、それらの混合からも生まれる。ところが逆に、ある原動力は、おなじ行為を生み出さないことがある。

ある行動を達成するように相手を誘う(いざな)うにとどまらず、ある原動力の働きかけのもとにそれを達成するように誘うための最良の方法、おそらくその唯一の方法は、言葉を通じて形成されるこの両者の結合にあるように思われる。すなわちある行動がラジオを通じて勧告されるときは、その勧告と同時に一つないしはいくつかの原動力に表現が与えられなければならない。またその勧告が繰り返されるときには、その原動力にもかさねて表現が与えられなければならない。

明確な指令ということなら、ラジオ以外の方法を通じても伝えられることはもちろんである。だが、その種の指令といえども、そのすべてが、おなじ問題にかんしてラジオが伝える激励、ただ慎重さが許すかぎりにおいて明確さのほうは割引し、原動力の表現のほうは割増ししたかたちで与えられる激励に裏付けられねばならないであろう。

行動は原動力の領域において、もう一つの効力を発揮する。それは、まえになかば亡霊のような状態で存在していた原動力に現実感を与えるばかりでない。まえにまったく存在していなかった原動力や感情を魂のなかに出現させるのだ。

この現象は、情況の吸引力ないしは拘束力によって、ある行動が、それを生んだ原動力に内在するエネルギーの総量を越えたところまで進んだ際、かならず生じてくる。

このメカニスム――その認識は個人生活の指導にとっても、他の人たちへの働きかけにとっても本質的なことがらである――は、悪をも善をもともに生み出しうるものである。たとえば、慢性の病人が家族のなかにいて、真の愛情から手厚い看護を受けているうちに、最後には家族の人びとの心のなかに、口にこそ出されないが、陰然たる敵意を生まれさせてしまうことがよくある。それは愛情に含まれている以上のエネルギーを与えねばならなくなったからである。

この種の義務が日頃の疲労にかさなって非常な重圧になった国民には、外部からは不可解な、無感動ないしは残酷さの外観が現われる。「グランゴワール」誌がかつてご親切に指摘してくれたように、小児殺しはそのような国民に多く見られる。

このメカニスムの善を生じさせる力は、あるすばらしい仏教説話によって具体的に示されている。仏教の伝説によると、仏陀は、彼によって救われたいというのぞみをいだきつつ彼の名を唱える者は、極楽に上げられ、彼のかたわらに坐を与えようという誓約をしたという。《仏の御名号の持念》(4)という名の行(ぎょう)はこの伝説にもとづく。それはサンスクリットなり、中国語なり、日本語なりで、《光りの仏に栄光あれ》という意味の音節をある回数繰り返すことである。

ある若い仏僧が、自分の父親の永遠の救霊について不安をいだいた。金のことしか考えない強欲な老人だったからである。老師はその老人を彼のもとに連れてこさせ、南無阿弥陀仏を唱えるたびごとに一スーをやろうと約束した。そして、夕方何スーになったかを言いにくるなら、その金額を払ってやろうということになった。老人は大よろこびで、暇なときにはいつでもこの行に精を出すことにした。そして毎晩、金を受け取るために老師のもとへやってきた。ところが突然、彼の姿が見られなくなった。一週間たって、老師は若い僧をやって父親の消息をたずねさせた。すると、老人はいまや南無阿弥陀仏にすっかり夢中になってしまい、なんど題目を唱えたかも数えられなくなり、そのために金を受け取りにくることもできないのだということがわかった。老師は、若い僧に、静観して様子をみるように命じた。しばらくたって老人は眼を輝かせて老師のもとにやってきて、啓示を受けたと告げたのである。

つぎのキリストの教えが暗に示しているのもこの種の現象である。「あなたたちは、自分のために、天に宝をつみなさい。……あなたの宝のある所には、あなたの心もあるのである」〔マタイ福音書六・二〇〕。

これはつまり、人間の心のなかに宿る愛の一部を、地上から天国へ移す効力をもつ行動が存在するということである。

吝嗇漢は、金を蒐めはじめた当初において、吝嗇漢ではない。おそらく彼はまず、金で手に入れることのできる愉楽の想念に動かされているのだ。だが毎日負わされる努力と禁欲とが誘引力を生み出す。犠牲が当初の衝動をはるかに乗り超えてしまうと、犠牲の対象である財宝が、彼にとってそれ自体目的となってしまう。そして彼という人間をこの目的に従属させてしまう。蒐集狂もまた、同種のメカニスムのうえに成り立つ。これについては、ほかにも多くの例を挙げることができるはずである。

このようにある対象に払われた犠牲が、その犠牲を生み出した衝動をはるかに追い越してしまうとき、その対象にたいして反発の動きなり、あるいは逆に、最初の衝動とは無縁の、より強力な新しい種類の愛着なりが現われる。

後者の場合、対象の性格にしたがって善なり悪なりが存在することになる。

病人が対象である場合しばしば反発が生じるのは、その種の努力に未来がないからである。外に見える結果が疲労の内なる蓄積に釣合わないのだ。ところが吝嗇漢のほうは、富が増大してゆくのを目で見ることができるのである。

とはいえ逆に、家族内の病人が狂信的な愛着を鼓吹するといった情況、ないしは特殊事情の結合も存在する。これらのことを十分に研究するならば、おそらく法則を発見することができるであろう。

だが、たとえ簡略にでもこれらの現象にたいする認識が与えられるならば、実際的な規則は立てられるはずである。

反発という結果に立ちいたらないためには、まず原動力の涸渇という可能性を予見しなければならない。そしてときおり、おなじ行動にたいして、別の原動力に公的表現の権威を与えるようにしなければならない。それは、心情の秘められた部分に自発的になにかめばえるとき、それに応える原動力となるべきものである。

なかんずく、吝嗇漢を財産に縛りつけるようになる移行のメカニスムが、悪ではなく、善を生み出すような仕方で作用するように監視する必要がある。その際に悪が生み出されうるとしても、それを回避するか、とにかく、あたうかぎり最小限にとどめるようにしなくてはならない。

そのわけを理解することは簡単である。

このメカニスムはつぎのような構造をもつ。すなわち、一つの行動は、まがりなりにも、まずその外的動機によって推進されたあと、それ自体が執着の対象となる。その結果、行動がそれ自体よいか悪いかにしたがって善か悪かが生じてくる。

フランスへの奉仕のためにドイツ兵を殺し、そのしばらくあと、人間を虐殺することに喜びを感じるようになるとすれば、それが悪であることは明らかである。

フランスへの奉仕のために、ドイツへの強制移送から逃れようとする労働者を援け、そのしばらくあと、不幸な人間たちを救うことに歓びを感じるようになるとすれば、それが善であることは明らかである。

あらゆる場合がこれほど明らかであるというわけではない。だが、あらゆる場合をこの方法で検討することが許されよう。

とにかくすべてが同一条件なら、それ自体としていつでもそのなかに善への誘引力を含んでいる行動様式のほうを選ぶべきである。すべてが同一条件でないときでも、たいていはそうしなければならない。善のためにそうしなければならないというだけではなく（これは充足理由である）、さらにまた有利さのゆえからもそうしなければならない。

悪は、善よりもはるか容易に、効果的な原動力となる。しかし純粋な善がある魂の内部で効果的な原動力になると、涸れることも変わることもない推進力の泉となる。このことは、悪の場合にはけっしてみられない。

愛国心から、敵国をあざむいて自国に奉仕するためにスパイになることはもちろんできる。しかし、その活動につぎ込まれる熱意が愛国心という原動力のエネルギーをうわまわり、その結果、活動それ自体に喜びを見出すようになると、だれに奉仕しているのか、だれをあざむいているのかがもはや当人にもわからなくなって、だれかれかまわず奉仕したりあざむいたりすることができるようになる瞬間がかならずといっていいくらいやってくる。

逆に、愛国心を通じて祖国よりも高次の善にたいする愛をめばえさせ、それを育てあげるような行動にすすむとき、その魂は殉教者たりうる資質を獲得し、祖国はその利益を享けることになる。信念は現実主義の政治よりも現実主義である。このことが信じられない人間は信念をもっていないことになる。

したがって、フランス国内における非合法的抵抗運動を組織するための行動様式にかんしては、そのつど、問題を各方面から調査したうえで、きわめて厳密な検討と測定とが加えられなければならない。

これに関連して、以上の観点からのみおこなわれる、現場における注意深い観察もまた不可欠である。

さらに、以上の考察と直接の目的とを同時に考慮しながら、新しい行動形式を案出する必要があることはもちろんである。

（たとえば、国家による個人の監視に関係のある公的資料隠滅のための大規模な秘密行動を、ただちに組織すること。これを隠滅するためには、放火などきわめて多様な手段を用いることができる。これには直接的にも、また、のちのちまでも測り知れない利益があろう。）

行動そのものよりもいっそう高次の現実は、それぞれの行動を統括する組織によって実現される。かかる組織が人為的につくられず、日常の必要性のなかから植物のように育ってゆき、同時に、善への明晰な視野によって忍耐づよく見守られながら形成されてゆくならば、おそらく可能なかぎり最高度の現実が実現されることになろう。

フランスにはさまざまな組織が存在する。しかし成長途上にあるさまざまな組織の胚種、萌芽、ほのかな輪廓なども存在していて、このほうがかぎりなく大きな興味の対象となる。

それら成長途上にある組織を研究し、現場において熟慮検討し、かつ、ちょうど彫刻家が大理石の塊のなかにひそむ形姿を見通して、その形姿をそとに引き出すように、慎重さと忍耐とをもってそれを造形するために、ロンドンに宿る権威をいわば道具として使用しなければならない。

この造形作業は、直接的な考察と直接的ならざる考察とにもとづいて、同時にすすめられなければならない。

言葉と行動とにかんしてさきに述べたいっさいのことがらが、ここでもまた適用される。

公式に発表された言葉をとらえて、それを結晶させ、そのなかに含まれている霊感を、別の表現だが、それにきわめて忠実なさまざまな言葉に翻訳し、整合した諸行動としてそれらの言葉を実現させる組織（そのようになるとき、当初の霊感が効果的なものであることがますます保証されることになる）、しかも、親密さと友愛と優しさとに満ちた、活気のある、熱烈な集団であるような組織——このような組織こそ、敗北によって根こぎにされた不幸なフランス人が生きつづけ、戦争と平和に資する救いを見出すことのできる腐植土となるのである。

こうした組織はいますぐ実現されねばならない。勝利のあとでは、安逸か権力かへの個々人の欲望がどうしようもなく解き放たれることになるだろうから、なにごとであれ新たに着手することは絶対に不可能である。

かさねていうが、かかる組織はいますぐ実現されねばならない。これは言葉で表現できないほど急を要する問題である。その機を逸するならば、おそらく、ほとんど犯罪にも匹敵する責任を背負うことになる。

フランスの救いとその偉大さを実現できるのは、唯一つ、この国が、その不幸のどん底において、おのれの精神（ジェニー）との接触を回復することを措いてはありえない。この事業はいますぐ着手されねばならない。現在ではまだ、この国の不幸は圧倒的である。フランスは、ふたたび見出された自己の精神にたいする最初のおぼろげな自覚を一つの軍事的行動を通じて表現しつつ現実的なものにする可能性を、おのれのまえに、つまりおのれの未来に有しているのだ。

勝利のあとでは右の可能性はなくなってしまうだろう。平和はそれに匹敵する可能性を与えてはくれないだろう。なぜなら、戦時の行動より平和時の行動を想像し、構想することのほうがはるかに困難だからである。平和時の行動を完遂するためには、一つの霊感が、すでにして高い次元の自覚と輝きと現実性とを有していなければならない。平和時のフランスにそれがのぞみうるのは、戦争の末期にかかる事態がすでに生み出されている場合にかぎられる。戦争は、こうした霊感を育て培う教師でなければならない。そのためには、深い真実の霊感、まことの光が戦争のさなかに現われ出ていなければならない。

フランスはふたたび、全面的に戦争に立ち戻り、おのれの血を流して勝利に協力しなければならない。しかしそれだけでは十分ではない。それだけのことなら暗中模索のなかでもおこなわれうるだろう。またそれでは、真に利するところが少ないだろう。

さらに加えて、その戦争のエネルギーの糧となるものが、ほかならぬ、不幸の深みのなかで見出されたフランスの真の精神でなければならない。たとえ、このような夜のあとでは、その自覚の程度が最初低いことはやむをえないとしても。

そのとき、戦争自体がその自覚を燃えさかる焰となすことができよう。

ロンドンのフランス解放運動の真の使命は、その政治的軍事的立場のゆえに、政治的軍事的なものであるよりまえに精神的なものである。

その使命は、一国という規模における良心の指導であると定義されよう。

ここで素描された行動様式が実現されるためには、一つ一つの選択が、それぞれきわめて異なった種類のさまざまな考察を同時に検討するといったかたちでおこなわれることが必要である。それには、芸術や学問における創造的営みに必要とされるのとほとんど同種類の、高い次元の注意力が要求される。

とはいえ、諸国民の運命を決し、正義を目的とする政治が、なにゆえに美と真とを目的とする芸術や学問より低次の注意力を要求することがありえよう?

政治は、芸術、つまり詩、音楽、建築といった芸術ときわめて密接な血縁関係をもっているのだ。

多局面をふまえた同時的構成こそ芸術創造の法則であり、ここにその困難がある。

たとえば詩人は、語の配列とそれぞれの語の選択をめぐって、すくなくとも、同時に五つないしは六つの構成上の局面を考慮しなければならない。すなわち、彼が採用した詩形式に含まれる詩法上の諸規則（音綴の数や脚韻）、語の文法的な整合、思想の展開上から考えられた語の論理的な整合、音綴のなかに含まれた音の純粋に音楽的なつながり、句切り、休止、各音綴および各音綴群の持続によってつくり出されるいわば物質的な律動、各語の周囲にその語が含んでいる暗示の可能性がかもし出す雰囲気、語が継起してゆくにしたがっておこなわれる、一つの雰囲気から他の雰囲気への移行、ある雰囲気、あるいはある思考の動きに対応する語の持続によってつくり出される心理的律動、繰り返しや新しさの効果、およびおそらくは、その他さまざまなものの効果、そして最後に、以上のすべてに統一を与える唯一の美的直観などがそれである。

霊感とは、魂の諸能力の緊張である。この緊張が、多数の局面にわたる構成に不可欠な高度の注意力を生み出す。

かかる注意力を有しない人間でも、謙遜と忍耐と努力とをもって固執し、変わることのない烈しい欲求によって促されるならば、いつかはその能力が与えられるであろう。

かかる欲求に責めさいなまれていないなら、その人間が詩をつくることは必要事ではない。

政治もまた、多局面をふまえた構成によって支配される一つの芸術である。たまたま政治的責任を担うことになった人間はだれでも、もしおのれのうちに正義にたいする飢えと渇きとを感じるならば、多局面をふまえた構成の能力を与えられるようにねがうべきである。またそうねがったあと、かならずや時とともにそれが与えられるようになるはずである。

ただ今日においては、時は切迫している。多くのものが緊急に必要とされているのだ。

ここに略述された政治活動の方法は、人間の知性の可能性を超えるものである。すくなくとも、既知の可能性にかんするかぎりそうである。しかしまさにこの点にこそ、その価値がある。この方法が適応可能か否かを問うべきではない。答えはつねに否(ノン)であろう。にもかかわらず、この方法を完全に明晰なかたちで心に宿し、しばしば長時間にわたって瞑想し、思考が根をおろす魂の深所にそれをしっかりと植えつけ、決断をくだすにあたってはそれがつねに現前するようにしなければならない。おそらくそのとき、たとえ不完全であろうと、それらの決断がよしとされる確率が生まれるのである。

ラシーヌとおなじように美しいものをつくり出そうと欲して詩句をつくろうとしても、けっして美しい詩句をつくり出すことはできまい。だが、そのような希望をいだかないとしたら、ますますその可能性はなくなってしまう。

ある種の美が宿る詩句を生み出すためには、語の配列によって、プラトンが天の向う側に住まうと言った純粋で神聖なる美に迫まろうと欲したことがなければならない。

キリスト教の本質的真理の一つは、不完全さの少ない状態にむかっての進歩が、不完全さのより少ない状態への欲求によっては達成されないという教えである。完全さへの欲求のみが、魂のなかでそれを穢す悪の部分を滅ぼす力を有する。このゆえに、キリストはつぎのように命じたのである。「天の父が完全であるように完全でありなさい」〔マタイ福音書五・四八〕。

人間の言語が聖なる美から遠ざかり、人間の知的感性的能力が真理から遠ざかれば遠ざかるほど、社会生活の諸要求もまた正義から遠ざかる。したがって、政治は芸術や学問のように創造的発明の努力を必要としないということはありえない。

　このゆえに政治的意見、およびそれらが相対立する議論のほとんど全部が政治とは無縁なものである。ちょうどモンパルナスの酒場における美学的意見の衝突が芸術と無縁なものであるように。政治家が前者のうちに、芸術家が後者のうちに見出すことができるのは、単なる刺戟剤にすぎない。それらの刺戟剤はほんの少量試みるにとどめなければならない。

　われわれは、政治をこのように高度な一種の芸術とみなしたことはほとんどない。だがそれは、何世紀にもわたって、ただひたすら、でなければ、とにかくたいていの場合、権力の獲得および保持の技術として政治を考えることに慣れてきたからなのである。

　そもそも権力は目的ではない。その性格上、その本質上、その定義上、権力はもっぱら手段を構成する。権力と政治との関係は、ピアノと作曲との関係にひとしい。メロディーを創り出すためにピアノを必要とする作曲家は、ピアノのない村にいるとしたら当惑してしまうだろう。だがピアノが一台手に入れば、問題とされるのは作曲することのほうである。われわれは不幸にして、ピアノの製作とソナタの作曲を混同してしまった。

　せっかくの教育方法も、人間的完成にかんする観念を霊感の源としていないなら価値に乏しい。民衆の教育が問題である場合、霊感の源となるべき観念は文明の観念でなければならない。だが、不完全さしか含まない過去にそれを求めるべきではない。ましてや未来への夢想のなかにそれを求めるべきではない。かかる夢想は、必然的にわれわれ自身と同様に平凡なものであろうし、したがって、過去よりはるかに劣るものであろう。かかる教育の霊感は、教育方法自体とおなじように、事物の本性のなかに刻み込まれた永遠の真理のうちに求められねばならない。

以下、この問題にかんして、若干の指示を与えておく。

なかんずく、われわれは四つの障害によって、価値あるとされる文明の形式に達せられずにいる。われわれにみられる、偉大さにかんする誤った観念、正義の感情の堕落、金銭の偶像崇拝、宗教的霊感の欠如がそれである。この点にかんしては躊躇せず、第一人称複数形をもって発言することができる。なぜなら、いまの瞬間、この地球上の唯ひとりの人間すらこの四つの欠点からまぬがれていることは疑問だし、ましてや白色人種のなかにそういう人間がいることはさらに疑問だからである。たとえなんにんかいるとしても（なにはともあれ、そう希望すべきであろうから）、彼らは隠されてしまっている。

偉大さにかんするわれわれの観念は、もっとも重大な欠点である。しかし、われわれがそれを欠点として意識する度合はもっとも少ない。すくなくとも、われわれの側の欠点としてはそうである。相手側にある場合には、われわれはそれにたいしてつよい抵抗を感じる。だが、キリストが、わらと梁（はり）について語った言葉のなかに含まれている警告〔マタイ福音書七・三〕にもかかわらず、われわれはそれを自分たちの欠点として認めようとは考えないのである。

われわれが偉大さにかんしていだいている観念は、ヒトラーの全生涯に啓示を与えた観念とおなじものである。わが身をすこしも顧みることなくその観念を告発するならば、天使たちは涙を流すか、あるいは笑いころげるにちがいない。もっとも、われわれの宣伝に関心をもってくれる天使がいるとしての話だが。

トリポリ地方が占領されるとすぐ[5]、ファシスト流の歴史教育は停止されたらしい。けっこうなことである。しかし古代にかんして、ファシスト流の歴史教育が第三共和制下の歴史教育といかなる点でちがっていたかを知るのは興味深いことであろう。おそらく、相違はごくわずかだったはずである。なぜなら、古代史にかんするフランス共和国最大の権威者カルコピノ氏[6]は、ローマにおいて、古代ローマとガリアについて一連の講演をおこなったが、それらの講演は、かの地でおこなわれるにきわめてふさわしいものであったし、また大歓迎を受けたからである。

今日ロンドンのフランス人は、カルコピノ氏を非とすべきいくつかの理由を有している。しかし、それも彼の歴史的観念についてではない。ソルボンヌのもうひとり別の歴史学者は、一九四〇年一月、ローマ人にかんしてかなり手厳しいことを書いたある人間にたいして、つぎのように語っている。「イタリアがわれわれを攻撃してきたら、あなたの説は正しかったことになろう」と。歴史的判断の基準として、これでは不十分である。

敗者はしばしば、ときとして正しからざる感傷をも含めて、好意的な感傷の対象となる。だがそれも、一時的な敗者の場合にかぎられる。権力の威光が伴うとき、不幸はすばらしい威光を放つ。弱者の不幸は嫌悪の対象としてでないかぎり、注意の対象にすらならない。キリストは十字架にかけられたが、その後に復活し、彼に従う者たちを報い、他のすべての者たちを罰するために近く再臨するという鞏固な確信をキリスト教徒がいだいたとき、いかなる刑罰も彼らを怖れさせることはなくなった。だがそれ以前、キリストが単に絶対的な意味で純粋な人間にすぎなかったあいだは、不幸が彼を襲うと、たちまち見棄てられてしまったのである。彼をこよなく愛していた者たちも、おのれの心情のなかに、彼のために危険をおかす力を見出すことができなかった。刑罰というものは、それに立ち向うにあたって、報復という刺戟剤がない場合、勇気だけでは手に負えないものとなる。報復は個人的なものである必要はない。中国で殉教するイエズス会士は、教会の現世的偉大さによって支えられている。たとえ彼が個人としてそれからなんの救いも期待できないとしても。この地上には権力以外の力は存在しない。これは公理となりうることがらである。この地上のものでない権力の場合、その権力と接触するためには、どうしても一種の死を通り抜けるという代償を払わなくてはならない。

この地上には権力以外の力は存在しない。同情をも含めて、もろもろの感情に力を与えるのはこの権力である。これにかんしては、多くの実例を挙げることができる。一九一八年後の平和主義者は、なにゆえオーストリアよりもドイツの運命にあれほど感動したのであろうか？ 有給休暇の必要が、一九三五年ではなく一九三六年にいたって、なにゆえあんなに多くの人びとにとって幾何学的明証を有する公理として現われたのであろうか？ 農業労働者より工場労働者たちに関心をもつ人びとが、なにゆえこんなに多いのであろうか？ その他の実例についても同様である。

歴史のなかにもおなじ実例がある。人間が敗者の英雄的抵抗を讃えるのは、その後の時代に、ある種の報復がおこなわれた場合であって、それ以外の場合ではない。人間は完全に破壊されてしまったものにたいしては、同情をいだかない。エリコ[7]、ガザ[8]、チル、シドン[9]、カルタゴ、ヌマンシア[10]、ギリシア領だったシチリア[11]、コロンビア以前のペルーにだれが同情をいだくであろうか？

だが反論も生まれよう。いわばなにも知らない事物の消滅にどうして涙が流せよう、と。人間がそれらの事物について知らないのは、消滅してしまったからである。それらを破壊した者たちは、それらの文化の保存者となる義務を感じなかったのだ。

一般に、もっとも重大な過失、すべての思考をゆがめ、魂を滅ぼし、魂を真と善との埒外に置くことになる過失は、識別することが不可能なものである。なぜなら、ある種のことがらは注意力にとらえられないという事実をその原因としているからである。注意力にとらえられない以上、いかように努力しようと、どうしてそれに注意することができよう。このゆえに、真理は本質的に超自然的な善なのである。

歴史についてもおなじことが言える。歴史のなかでは、敗者は注意力から脱れてしまう。歴史は、動植物の生命を支配する進化論よりもさらに非情な進化論の牙城である。敗者たちは消え去る。彼らは虚無である。

ローマ人はガリアに文明を与えたといわれている。ガリアは、ガリア・ローマ芸術以前には芸術を有しなかった。ガリア人がキケロの哲学的著作を読む特権を有する以前には思想は存在しなかった、云々というわけである。

われわれはいわば、ガリアにかんしてなにも知らない。だが、われわれが所有しているほとんど無に等しい手掛りをもってしても、これらすべての説が虚言であることは証明されるのである。

ガリア芸術は、わが国の考古学者諸氏[12]から論文の題材にされる心配はない。木が素材だったからである。だが、ブールジュの町は美の完全なる奇跡というべきものだったからこそ、ガリア人たちはそれを破壊する勇気が出ず、最後の戦闘を失ってしまったのである。もちろんカエサルはそれを破壊し、同時に、そこに住んでいた四万人をひとり残さず虐殺した。

われわれはカエサルを通じて、ドルイド教の神官の研鑽は二十年を要し、神と宇宙にかんする詩篇を暗記することをその骨子としていたことを知っている。したがってガリアの詩は、とにかく二十年の研鑽を必要とするだけの内容をもった、多くの宗教的形而上学的詩篇からなっていたわけである。この唯一の指摘によって暗示される信じられないほどの豊かさに比較すれば、ラテンの詩は、ルクレティウスの存在にもかかわらず、なにかしらみすぼらしい感じがする。

ディオゲネス・ラエルティウス[13]の言うところにしたがえば、ギリシアの知恵にはいくつもの外来の起源があり、ガリアのドルイド教の神官もその一つであるとする言い伝えがあるという。また他の記録によれば、ドルイド教の神官の思想はピュタゴラス教団の思想と類縁関係があるとされている。

こんなわけで、ガリアの民のなかには、ひとりプラトンの作品のみがその霊感を想い描くことを可能ならしめるほどの、宗教詩の大洋のごときものがあったのである。

だがローマ人が、愛国主義の犯罪をおかしたとしてドルイド教の神官のすべてを虐殺したとき、これらいっさいは消滅してしまったのである。

ローマ人は、彼らの言うごとく、ガリアでおこなわれていた人身御供の慣習を廃止したことは事実である。だがそれがどんなものであったかについて、その方法やそれがおこなわれる精神について、なに一つ知られていないし、また罪人の処刑の方法であったか、無辜(むこ)の人間を殺すことであったか、もし後者だとするなら、同意のもとにおこなわれたかどうかも、なに一つわかってはいないのである。ローマ人の証言はきわめて漠然としたもので、疑わずに受け入れることはできない。だがわれわれが確信をもって知っているのは、ローマ人自身がガリアにおいて、またその他あらゆる土地において、何千人もの無辜の人間たちの殺戮をおこない、しかもそれが神々を讃えるためにではなく、群衆をよろこばすためであったということである。これこそ、とりわけてローマ的制度であり、彼らがいたるところに伝えた制度なのである。そんなローマ人を、われわれは大胆にも、文明の伝達者とみなしているのだ。

もちろん、征服される以前のガリアがローマよりはるかに文明化されていたなどと公言したら、非常識というべきだろう。

ただ、これはきわめて特徴的な一例なのである。ガリアのあと、おなじ土地のうえにわれわれのごとき国民が出現したにもかかわらず、愛国心がわれわれのあいだでも、いずこにおとらず過去をたずねようとするつよい傾向を有するにもかかわらず、保存されたわずかの資料が忌避できない証言を与えているにもかかわらず、ガリア軍の敗北は、われわれが破壊されたこの文明の高い精神的価値を認めようとする際に、乗り越えがたい障害になっているのである。

もっとも、カミーユ・ジュリアン[14]の努力のように、ガリアに好意的な試みは存在する。だがトロイアの地がもはや一つの国民の中心地でなくなってから、いったいだれが、『イーリアス』や、ヘロドトスや、アイスキュロスの『アガメムノン』のなかにこのうえなく明晰なかたちで現われている真実を識別しようと努力したであろうか？　すなわちトロイアは、それに不当な攻撃を加え、それを破壊してしまった者たちよりも、文明、文化、精神性においてはるか高度の水準にあったし、その消滅は人類の歴史における災害であったという真実を。

一九四〇年六月以前、フランスの新聞紙上には、愛国心を高揚させるために、独仏の抗争をトロイア戦争に比較する論説がみられた。そのなかでは、今度の戦争は野蛮に対する文明の戦いであって、野蛮人とはトロイア人であると説明されていた。この謬説の原因は、トロイアが敗者であったという事実をのぞいてはなにもない。

ギリシア人は、みずからおかした犯罪にたいする後悔の念につきまとわれ、すすんで犠牲者たちのために証言しているのに、そのギリシア人にかんしてわれわれがこうした誤謬に陥らざるをえないとするなら、その常套手段が殺戮した相手を中傷することであるような他の諸国民にかんしてをやである。

歴史は資料のうえに成り立つ。歴史家たる者は、職業上、なんの確証もないような仮説をつつしむ。表面的には、これはきわめて合理的なことである。だが実際には、合理的どころではないのだ。なぜなら資料には穴があるために、思惟の均衡のうえからは、実証的基礎を欠く仮説が、それらがあくまで仮説であるという条件で、また各論点の周辺にはかかる仮説がいくつも存在するという条件で、想念のうちに現われることが必要とされるからである。

だからますます、資料をまえにしては行間の意味を読み取り、自己の存在を完全に忘れて、想起された事件のなかにおのれを移し換え、深い意味を秘めた小さなことがらにながいあいだ想いをこらし、その意味するいっさいを見破らなければならない。

だが、資料尊重の立場と歴史家の職業的精神とは、思惟をかかる修練に服させようとしない。いわゆる歴史家的精神は、肉と血とを発見するために紙背に徹することはない。それはただ、思惟を資料に従属させることにあるのだ。

そもそもことの本性上、資料は権力者や征服者のところから出る。このゆえに歴史とは、虐殺者が犠牲者たちと自分たち自身にかんしておこなった供述の編纂にほかならない。

こんなかたちの情報のみが与えられる以上、いわゆる歴史の法廷なるものは、《ペストにかかった動物たち》(15)以外の流儀で判決をくだすことはできない。

ローマ人にかんしては、彼ら自身が書いた著作と、彼らの奴隷であるギリシア人が書いた著作以外には、なに一つ残されていない。不幸なる後者のほうは、その屈従的な言い落しのかげに、もし真の注意力をもってそれを読む労を厭わなければ、かなりのことを語ってくれている。だが、なにゆえ、そのような労を厭わない者があろう？　その努力の原動力となるものがないのだ。アカデミー大賞やソルボンヌの講座を牛耳っているのはカルタゴ人ではないからである。

同様に、なにゆえ、ヘブライ人が虐殺したり屈従させたりしたカナーンの民にかんして、ほかならぬヘブライ人が残した情報を疑ってかかる者がいるだろうか？　カトリック研究所への任命権をもっているのはエリコの民ではないからである。

ヒトラーの青春にもっとも深い影響を与えた書物の一つは、スラ(16)にかんするごくつまらぬ著作であったことがヒトラーの伝記の一冊から知られている。それがごくつまらぬ著作であったことなどどうでもよい。とにかく、その書物は、選良(エリート)と名づけられている人たちの態度を反映していたのだ。

だれが軽蔑をこめてスラのことを書くであろうか？　ヒトラーが、その書物やあらゆるところで讃えられている偉大さの類型をのぞんだとしても、それは彼の過ちではない。そして彼はまさにその種の偉大さに達したのであるし、われわれとて目を過去に向けるや、たちまち、こぞってそのまえに卑屈に頭をさげているのである。

ただわれわれは、かかる偉大さにたいして、精神の卑屈な隷従を示すだけに甘んじ、ヒトラーのように手中にそれを握ろうなどという誘惑を感じないだけである。だがこの点にかんしては、ヒトラーのほうがわれわれよりすぐれている。あることがらをよしと認めるなら、それを手に入れようと欲すべきである。それをしないのは卑劣にほかならない。

偉大さに飢え、ウィーンの街をさまよっている、根こぎにされた、そのあわれな青年の姿を想像してみよう。偉大さに飢えたのはまさに彼のほうである。だが彼が犯罪以外の偉大さの形式を見抜けなかったのは、いったいだれの罪なのか？　民衆が読むことをおぼえてから以後、口伝というものが存在しなくなってから以後、公衆に偉大さの観念とその具体的な実例とを与えるのは、ペンをもつことができる人間たちの役割になった。

スラにかんするその凡庸なる書物の著者、およびスラやローマについての論述によって、そのような書物が書かれる雰囲気を醸し出したすべての人びと、さらにより一般的には、言葉なりペンなりをあやつるための権威を得たあと、青年ヒトラーがそのなかで成長した思想的雰囲気を醸し出すことに貢献した人びと——これらの人びとこそ、おそらくヒトラー以上に、彼がおかした犯罪に責任があるのだ。彼らの大部分は故人である。だが今日生きている人びとも先輩たちに似ている。生誕の日付といった偶然によって罪が少ないとすることはできない。

ヒトラーの懲罰が話題になっている。だが、彼を懲罰することはできない。彼はただ一つのものをのぞみ、それを手に入れた。それは歴史上の人物となることだった。彼を殺そうと、拷問しようと、幽閉しようと、屈辱を与えようと、つねに歴史が立ち現われて、いっさいの苦痛と死の危害から彼の魂を保護するであろう。ひとが彼になにを強制しようと、それは不可避的に歴史的な死、歴史的な苦痛、つまり歴史となるであろう。神への完全なる愛に達した人間にとって、いっさいの事件は、いわば神に由来するものとしてよしとされるように、歴史の偶像崇拝者にとってもまた、歴史に由来するいっさいのものはよしとされるのである。いや、後者のほうがはるかに分がいい。神への純粋な愛は魂の中核に宿る。だから、感応力は打撃のまえにむき出しになっている。したがって、神への愛は甲冑にならない。偶像崇拝は甲冑である。それは苦痛が魂の内部に侵入することを妨げる。ヒトラーにいかなる罰を加えようと、彼が自分を偉大な人間であると感じることを妨げることはできない。なかんずく二十年後、五十年後、百年後、あるいは二百年後、ドイツ人であるなしを問わず、ある孤独な夢想家の少年が、ヒトラーは偉大なる人物であった、徹頭徹尾、偉大なる運命であったと考え、魂のいっさいをあげて、おなじような運命をねがうことを妨げることはできない。そうなったら、その少年の同時代人は不幸であろう。

ヒトラーを罰することができると同時に、きたるべき諸世紀に生きる偉大さに渇いた少年たちも彼の実例に背を向けるようになるといった唯一の刑罰は、彼の実例を偉大さから閉め出すに足る、偉大さの意味の全面的な変革である。

ヒトラーを偉大さから閉め出すためには、今日の人間たちのあいだで、偉大さの観念とその意味との全面的変革がおこなわれなくてもことが済むと信じるとしたら、盲目になった国家主義的憎悪に起因する幻想にたぶらかされているのである。この変革に協力するにあたっては、まずもって、自己自身のなかでこの変革をなし遂げなければならない。われわれ各人は、偉大さにたいする感情の向け方を変えることによって、いまの瞬間から、自己自身の魂の内部においてヒトラーの懲罰をはじめることができる。これは容易にできるわざではない。なぜなら雰囲気の圧力とおなじように重く取り囲んでくる社会的圧力が、これに拮抗するからである。これをやり遂げるためには、精神的に社会から追放される必要がある。このゆえにプラトンは、善を識別する能力は、神から直接の教育を受けた予定された魂にしか存在しないと言ったのである。

ヒトラーとナポレオンとはどこまで類似しているか、どこまで相違しているかを探求することは無意味である。興味ある唯一の問題は、一方を偉大さから追放しても他方がそれから追放されずにすまされるか、賞讃にたいする彼らの資格は同種のものか、あるいは本質的に相違するかを知ることである。この問題を明晰なかたちで提起し、それをながいあいだ直視したのち、なおかつわれわれが虚言に陥ってしまうのなら、万事休すである。

マルクス・アウレリウスは、アレクサンドロス大王とカエサルとにかんして、ほぼつぎのように語っている。彼らが正しくなかった以上、彼らを模倣するように強制するものはなにもない。同様に、彼らを讃美するように強制するものもなにもない、と。

しかり、権力という至高の影響力をのぞいては、このように強制するものはなにもないのだ。

ひとは愛せずして讃美することができるだろうか？　讃美が愛であるとするなら、どうして善以外をあえて愛しうるであろうか？

自己自身と誓約して、歴史においては、真理と正義と愛の精神が輝き出している行動や生涯しか讃美しない、あるいは、これよりはるかに劣りはするが、その内部に、かかる精神の現実的予感が働いているのを識別できる行動や生涯しか讃美しないということになれば、ことは簡単であろう。

そうなると、たとえば聖王ルイ自身さえ排除される。彼は友人たちにむかい、おのれの面前で異端や不信に穢れた言辞を弄した者はすべて、相手の腹に剣を突き刺すべきだという困った忠告をしたからである。

実際には、彼を弁護しようとして人びとはこう言うであろう。それは彼の時代の精神であり、現代より九世紀もまえのことだから、釣合いの感覚が鈍かったのである、と。だがこれは嘘である。聖王ルイのすこしまえ、ベジエのカトリック教徒は、彼らの都市の異端者たちの身体に剣を突き刺すどころか、彼らを引き渡すことに同意するよりすべて死ぬほうを選んだのである。教会は彼らを殉教者の列に加えることを忘れてしまった。ところが、おのれの手でつくり出した犠牲者によって死の懲罰を受けた異端審問官たちは、りっぱにこの列に加えたのである。過去三世紀にわたって信仰の自由（トレランス）と啓蒙と世俗化とを標榜した人びとも、ほとんどこの思い出を再興しようとはしなかった。このように英雄的な徳の現われにたいして、右の人びとは信仰の自由という平板な名を与えはしたが、その実、彼らにとっても扱いに困る代物だったであろう。

だが、聖王ルイの弁護者の説が真実であり、狂信ゆえの残酷さが中世の全人間を支配していたと仮定しても、それから引き出される唯一の結論は、この時代には讃美すべきもの、愛すべきものはなにもないということであろう。また、聖王ルイを一ミリメートルたりと善のほうへ近づけることにはならないであろう。真理と正義と愛の精神は、日付とはなんの関係もない。それは永遠のものである。悪とは、この精神から行動や思惟をへだてる距離である。十世紀の残酷さは、十九世紀の残酷さと、過不足なく、まさにおなじだけ残酷である。

残酷さを識別するにあたっては、情況とか、行為や言葉に結びついているうつろいやすい意味とか、各々の集団に固有の象徴的言語とかを考慮しなければならない。しかし、ひとたびある行為が明らかに残酷さとして認められた以上は、場所と時代とを問わず、その行為はおぞましいものなのである。

もしわれわれにして、二千年ないしは三千年まえ、同胞たちの残酷さに苦しんだいっさいの不幸な人間たちを自己自身とおなじように愛するならば、抗いがたくこの事実を感じるであろう。

その場合には、カルコピノ氏のように、奴隷制は帝政下のローマにおいては寛容なものになった、鞭打ちよりも厳しい刑罰がくだされることは稀だったからだ、などと書くことはできないであろう。

進歩という現代の迷信は、キリスト教をローマの公認宗教とした虚言の副産物である。つまりこの迷信は、ローマによって征服された国々の精神的資産を破壊し去ったこと、それらの資産とキリスト教とのあいだに完全な関連性があるという事実を隠蔽したこと、キリストの贖いについては、それが現世的な働きであって永遠的な働きではないと考える歴史観が出現したことに結びついているのだ。かかる進歩の思想はのちになって世俗化された。そして、いまやわれわれの時代の毒となっている。非人間性は、十四世紀においては偉大でりっぱなことがらであったが、十九世紀には恐怖の対象となったという仮定を認めるなら、歴史物を読みふけった二十世紀の少年がつぎのように独白するのを妨げることができるだろうか？「人間性が美徳であった時代はいまや終わり、非人間性の時代が立ち戻りつつある。ぼくは自分の心にこう感じている。」また、連続直線のかわりに循環的継起を想像することをだれが禁じうるだろうか？　進歩のドグマは、善を流行の問題にすることによって、それを穢してしまったのだ。

このドグマがきわめてよく事実に照応しているように思われるのは、ただ単に、歴史家の精神が殺人者を言葉通りに信じ込むことにあるからにほかならない。ときとして恐怖感がティトゥス・リヴィウス[17]の読者の鈍重な無感覚を貫き通すことがあると、彼らはひとりごつ、「それは時代の風潮だったのだ」と。ところがギリシア人の歴史家たちを通じて、われわれはまざまざと、ローマ人の残虐さが、今日におけるドイツ人の残虐さとまさに同様、彼らの同時代人を恐怖にすくませていたことを感じ取るのである。

私の思い違いでなければ、古代史のなかに見出されるローマ人にかんするいっさいの史実のなかで、完全に純粋な善の実例はたった一つしかない。三頭政治時代、追放（プロスクリプティオ）[18]がおこなわれたころ、リストに名が載った元老院議員や執政官や政務官たちは、自分の奴隷たちの膝をかきいだき、相手を主人だの救い主だのと呼びながら救いを哀訴した。ローマ人の自負心も不幸には抵抗できなかったからである。当然のことだが、奴隷たちは彼らの懇願を拒否した。例外はほとんどなかった。だがひとりのローマ人は、わが身を貶しめるまでもなく、自分の奴隷たちによって邸のなかにかくまわれた。彼が邸内に入るのを見た兵士たちは、主人の引き渡しを迫って奴隷たちを拷問した。彼らは屈することなく、その拷問に耐えていた。だが主人のほうは、その隠れ場所から拷問のさまを目撃していた。彼はその光景を黙って見るにしのびず、みずから兵士たちのまえに現われ、ただちに殺害されてしまった。

正しい心の持ち主なら、いくつかの運命から一つをえらぶ立場に置かれた場合、そのことごとくが例外なくスキピオ家のひとり、カエサル、キケロ、アウグストゥス、ヴェルギリウス、あるいはグラックス兄弟のひとりたるよりはむしろ、この主人、ないしはこれらの奴隷のひとりたることをえらぶにちがいない。

後者こそ、讃美してしかるべきことがらの実例であるからだ。歴史のなかには、完全に純粋なるものはほとんどない。だがそのほとんどない純粋さの大部分は、このローマ人のように、あるいは十三世紀初頭のベジエの住民たちのように、その名前が消滅してしまった人たちにかんするものなのだ。純粋さを想起させるような名前を探そうとしても、ほとんど見当たるまい。ギリシア史のなかでは、アリスティデス[19]、プラトンの友人だったディオン[20]、スパルタの社会主義的な若い王で、二十歳にして殺されたアギス[21]の名しかおそらく挙げることはできまい。フランス史のなかでは、ジャンヌ・ダルク以外の名が見当たるだろうか？　怪しいものである。

だが数が少なかろうと、そんなことはどうでもよい。だれも数の多いものを讃美するように強制しはしない。自己の全霊をもって讃美できるものだけを讃美することこそ大切なのである。下劣な魂の持ち主でないならば、だれがアレクサンドロス大王を全霊をもって讃美することができるだろうか？

歴史教育の廃止を提唱している人びとがいる。いうまでもなく、日付や画期的事件の概要（それもできるかぎり簡略なもの）をのぞけば、歴史の教訓だけを教えようとしたり、歴史にたいして文学にたいするのとおなじ種類の注意の向けかたをしようとする馬鹿げた習慣は廃止すべきである。しかし歴史の研究を廃止するということになれば、由々しい問題である。歴史なしには祖国は存在しない。時間という次元を失った国民がいかなるものであるかは、合衆国を見れば十分すぎるほど十分であろう。

また歴史を教える場合には、戦争を一番あとまわしにするように提唱する人びとがいる。そんなことをすれば、虚言を吐くことになる。われわれは今日、諸国民にとって戦争より重要なものはないということを十二分に感じているが、これは過去にとってもおなじように明瞭なことなのである。いままでとおなじように、あるいはそれ以上に戦争について語らなければならない。だが、いままでとは別様に語らなければならない。

人間の心情を認識するためには、両者がたがいに啓蒙しあうというかたちで歴史研究と実人生の経験とを結合させる以外に方法はない。そして、こうして獲得された糧を、若者たちや大人たちの精神に与えてやることこそわれわれの義務である。だが、それは真理の糧でなければならない。ただ単に、諸事実が人間の確認できるかぎり正確でなければならないだけではなく、それらが善と悪とにかんする真の遠近法のなかで示されていなければならないのである。

歴史とは、下劣さと残酷さとが織りなした一枚の布であって、そのところどころにわずかの純粋さが輝いているといったほどのものなのだ。どうしてそうなのかというと、まず第一に、人間たちのあいだにはほとんど純粋さが見当たらないからであり、第二に、そのほとんど見当たらないものの大部分が隠されたままになっているからである。したがって、可能なかぎりその間接的な証言を探し出さなければならない。たとえばロマネスク様式の教会堂やグレゴリオ聖歌は、それ以後の諸世紀よりもはるかに多くの純粋さを有していた民衆たちのなかからしか現われ出ることはできなかったはずである。

フランスを愛するためには、この国が一つの過去を有することを実感しなければならない。しかし、その過去を包んでいる歴史の外被を愛してはならない。語らない、名もない、消え失せた過去の部分を愛さなければならない。

摂理の働きによって、ある時代が有する最良のものが後世の記憶に伝えられるとする説は、絶対的に誤っている。本来、後世に伝えられるのは虚偽の偉大さである。摂理の働きはりっぱに存在する。だがそれは、多くの虚偽の偉大さにちょっぴりの真実の偉大さを混ぜ合わせるという仕方でおこなわれるのである。それを見分けるのはわれわれの役目である。この摂理の働きがなければ、われわれは途方に暮れてしまうことだろう。

諸世紀を通じて虚偽の偉大さのみが伝達されるという現象は、歴史だけに特有のものではない。それは一般的な法則である。たとえばこの法則はまた、文学や芸術をも支配している。政治的才能が空間を支配するのに比較されるかたちで、ある種の文学的才能が数世紀にわたって支配するということが起こるのだ。この両者は、おなじ性質の、おなじように現世的な、おなじように物質と権力の領域に属する、おなじように卑俗な支配の形式である。だからこそ取引きと交換の対象になりうるのだ。

アリオストは、彼の主人であったエステ公[22]に、ある詩のなかで、結局はつぎのような意味のことを言いながら顔を赤らめもしなかった。自分の存命中、私はあなたの支配下にある。私が金持ちになるか貧乏人になるかはあなた次第だ。だがあなたの名は、未来において私の支配下にある。三百年後、あなたがよく言われるか、悪く言われるか、あるいはなにも言われないかは私次第だ。私たちは協定を結んだほうが有利である。私に庇護と富とをお与えなさい。そうすれば、私はあなたを賞め讃えよう。

ヴェルギリウスは、礼節の感覚をもった人物だったから、この種の取引を公言するようなことはしなかった。しかし、アウグストゥスと彼とのあいだでおこなわれた取引も、実際にはまさにこれとおなじものだった[23]。彼の詩句は読んでしばしば心地よいものではある。だがそれにもかかわらず、彼やその同類たちにたいしては、詩人という名以外の名を見つけなければなるまい。詩は金で売られるものではない。『アイネイアス』が、かかる条件のもとでつくられたあと、『イーリアス』に匹敵するとすれば、神は不正義である。だが神は正義である。『アイネイアス』は無限に劣っているからである。

善が軽蔑されているのは、ひとり歴史研究の分野だけではない。子供たちに与えられるいっさいの勉学においても然りである。だから彼らは、ひとたび大人になると、自分たちの精神にさし出された糧のなかに、善の軽蔑に凝り固まってゆくための動機しか見出しえないのである。

周知のように、才能は道徳性となんの関係もないというのが、子供や大人のあいだできまり文句の域に達した真実である。そもそも、子供や大人に讃美の対象として当てがわれるのは、どの領域においても才能だけである。だからいかなるものたるを問わず、およそあらゆる才能の発現のなかに、彼らは厚顔にも、自分たちにも実行が薦められている善徳（ヴェルチュー）の欠如がひけらかされているとしかみない。このことから引き出される結論は、善徳が凡庸さの特性だということにほかならない。この確信は非常に深くひとの心に浸み込んでいるために、いまや善徳という言葉自体が滑稽なものとなってしまった。ところが、かつてこの言葉は、正直とか善意とかいう言葉と同様にきわめて充実した意味を有していたのだ。イギリス人は、他の諸国民よりも過去に密着している。今日のフランス語には、《good》や《wicked》を翻訳できる言葉は一つもない。

歴史の授業のなかでは、残酷さや野心、文学の授業のなかでは、エゴイスム、自負、虚栄、名声を得ようとする渇望、科学の授業のなかでは、人間の生活を転覆させたいっさいの発見（この際、発見の方法や転覆の結果などはまったく考慮されることがない）というふうに、これらの要素がそれぞれさかんに賞めそやされているというのに、それに接した子供が、どうして善を讃美するすべを学ぶことができよう？　きわめて一般的なこの傾向に逆らおうとするいっさいは、たとえばパストゥールにたいする讃辞などのように、調子はずれの響きしか立てないのである。虚偽の偉大さが横行する風潮のなかでは、真実なものを見出そうと欲しても徒労である。にもかかわらず、虚偽の偉大さは軽蔑しなければならない。

才能が道徳性と結びつきを有しないことは事実である。才能のなかに偉大さが存在しないからである。だが、完全なる美、完全なる真理、および完全なる正義とのあいだに結びつきがないというのは虚偽である。いや、結びつき以上のものがある。神秘的な統一があるのだ。なぜなら善は一つだからである。

美を創造する天分、真理を啓示する天分、ヒロイズム、および聖性が区別できないといった偉大さの焦点がある。この焦点に近づくと、すでにこれらの偉大さが融合しあう傾向を示していることがわかってくる。ジョットにおいては、画家の天分とフランチェスコ派の精神とを区別することはできない。中国の禅画と詩のなかでは、画家ないしは詩人の天分と、神秘的な悟達の境地とを区別することはできない。ベラスケスが画布のうえに王公や乞食を描くとき、画家の天分と、人間の魂の奥底を貫き通す燃えるような無私の愛とを区別することはできない。『イーリアス』、アイスキュロスの悲劇、ソフォクレスの悲劇は、それを書いた詩人たちが聖性の状態にあったという明白なしるしを示している。他のすべてのことは度外視して、純粋に詩的な見地からすれば、ヴィクトル・ユゴーの全作品よりも、アッシジの聖フランチェスコの讃歌――これこそ完全なる美の宝石である――を書いたということのほうが無限に好ましい。ラシーヌが、フランス文学を通じてギリシアの大傑作とほとんど肩を並べうる唯一の作品〔『フェードル』（一六七七）をさす〕を書いたのは、彼の魂が回心の問題で苦しんでいたときである。他の劇作品を書いたとき、彼は聖性から遠くにあった。そこにはかの悲痛なる美は見出されない。『リヤ王』のごとき悲劇は、純粋なる愛の精神からじかにみのった果実である。聖性は、ロマネスク様式の教会堂とグレゴリオ聖歌のなかに輝き渡っている。モンテヴェルディ、バッハ、モーツァルトは、その作品においても、その生涯においても純粋なる人びとであった。
その天分がきわめて純粋で、はっきりと、聖人のうちでもっとも完全な人たち特有の偉大さにきわめて近いといえるほどの天才たちが存在する以上、なにゆえにその他の天才を讃美して時を浪費することがあろう？　その他の天才たちを利用し、彼らから知識と愉楽とを汲み取ることはできる。だが、なにゆえ彼らを愛することがあろう？　なにゆえ善以外のものに心をゆだねることがあろう？

フランス文学のなかには、はっきりそれとわかる純粋さの流れがある。詩の分野では、最初の者にしてもっとも偉大なるヴィヨンからはじめるべきであろう。われわれは彼がおかした罪についてなにも知らないし、彼がすすんでおかした罪があるか否かについてさえ知らないのだ。だが魂の純粋さは、不幸についての断腸の表現を通じて歴然と現われている。最後の者ないしはほとんど最後の者とすべきは、『フェードル』および『霊的讃歌』のゆえにラシーヌである。このふたりのあいだに位するものとして、モーリス・セーヴ、ドービニェ、テオフィル・ド・ヴィヨーの名を挙げることができる。これら三人は偉大なる詩人であり、稀なる高みに達することのできた人びとである。十九世紀においては、すべての詩人たちが多かれ少なかれ文壇の徒であった。このことは詩を屈辱的なかたちで穢すものである。すくなくともラマルティーヌとヴィニーとは、実際に純粋で真正なるものを希求した。ジェラール・ド・ネルヴァルのなかにも、真の詩が若干ある。世紀の終わりに、マラルメは詩人として、またおなじくらい一種の聖人として讃美された。この資質は、彼のうちでたがいに弁別しがたい二つの偉大さであった。マラルメは真の詩人である。

散文の分野では、おそらくラブレーのなかに神秘的な純粋さが存在する。とにかく彼においては、いっさいが神秘的なのだ。モンテーニュのなかにも、その数多くの欠陥にもかかわらず、たしかにおなじものがある。なぜなら彼のうちには、つねにある純粋な存在が宿っており、それなくしては、おそらく彼は凡庸さのなかにとどまっていたであろう。すなわち、ラ・ボエシーでありつづけたであろう。(24) 十七世紀ではデカルト、レッス枢機卿、ポール・ロワイヤル、そして、なかんずくモリエールを考えることができる。十八世紀には、モンテスキューとルソーがいる。以上でほとんどすべてである。

この列挙のなかにある種の正確さがあるとしても、その他のものは読まなくてよいということにはならない。そうではなくて、それらを読むに際しては、そこにフランスの精髄を見出したと信じてはならぬということなのである。フランスの精髄は純粋なるもののなかにしか宿ってはいない。

フランスの精髄がキリスト教的・ヘレニズム的精髄であると言うとき、絶対的な意味でそのひとは正しい。このゆえにフランス人の教育と育成にあたっては、フランス特有のものより、ロマネスク芸術、グレゴリオ聖歌、典礼詩、および最盛期のギリシアの芸術、詩および散文に重きを置くことが妥当であろう。そこからわれわれは、あらゆる点で絶対的に純粋な美を豊かに汲み取ることができるのである。

ギリシア語が専門家むけの博学の対象と考えられているのは不幸なことである。ギリシア語の勉強をラテン語の勉強の下に置くことをやめるなら、またせめて、翻訳をかたわらに、やさしいギリシア語の教本を子供が容易に楽しんで読むことができるようにしてやろうと考えるようになるなら、中等教育以下のところでも、きわめて広汎にギリシア語の初歩的知識を弘めることができるはずである。すこし才能に恵まれた子供なら、われわれが美と真理と正義の観念そのものを汲み取った文明にたいして、それと直接に接触することができるようになるだろう。

われわれが、いかなる領域たるを問わず、偉大さは善以外のものの結果でありうると信じているかぎり、善への愛が全民衆を通じてその心に燃えあがることはあるまい。だが、国を救うために必要なのは、まさにそうなることなのである。

このゆえに、キリストは言われたのだ。「よい木はよい実を結び、悪い木は悪い実を結ぶ」と。完全に美しい芸術作品が悪い実であるか、それを生み出す霊感が聖性に近い状態にあるかどちらかである。

もし純粋なる善が、この地上において、芸術、学問、理論的思弁、公共活動など各分野で真の偉大さを生み出したことがないとするなら、もしこれらいっさいの分野に虚偽の偉大さしか存在しないとするなら、そして、もしこれらいっさいの分野におけるすべてのものが軽蔑すべきものであり、したがって非とすべきものであるなら、世俗的生活にたいする希望はまったくないことになろう。また、他の世界からこの世界に天啓が与えられる可能性はまったくないことになろう。

だが、そんなことはありえない。だから虚偽の偉大さと真実の偉大さとを識別し、愛にたいしては後者のみを与えることが不可欠なのである。真実の偉大さは、よい樹にみのったよい果実であり、よい樹とは、聖性に近い魂の態度である。偉大さを自称する他のもろもろのものにたいしては、自然の好奇を観察するように、冷静な眼をもってそれらを観察しなければならない。現実において二つの見出しによる区別が誤りを含みうるものであるとしても、この区別の原則を心の深奥に根づかせることはやはり基本的なことがらなのである。

科学にかんする近代的観念は、歴史や芸術にかんする近代的観念と同様に、現在の異常性に責任を負っている。この観念もまた変革されなければならない。よりよい文明の誕生に期待を寄せうるのはそのあとのことである。

この変革が重視されるのは、科学は厳密に専門家たちの領域であるとはいえ、すべての人びとのうえにおよぼされる科学と科学者との威信は測り知れぬほど大きく、全体主義的ならざる国においても、他のすべての威信をはるかに凌駕しているからである。フランスにおいて、戦争が勃発したとき、科学の威信は、おそらく存続していた唯一の威信だった。他のいかなる威信も、もはや尊敬の対象にはならなかったのである。一九三七年の博覧会における《発見館》の雰囲気には、宣伝的なあるものと同時に、語のもっとも卑俗な意味においてだが、ほとんど宗教的なあるものがただよっていた。科学は、その応用にすぎない技術とともに、西欧人であること、白色人種に属する人間であること、現代人であることを自負しうるわれわれの唯一の資格なのだ。

あるポリネシア人にむかって、世界の創造にかんするきわめて詩的で美しい祖先伝来の伝承を棄て、まったく同種の詩情を含む『創世記』の伝承を受け入れるように説く宣教師は、相手を説得する力を、彼がいだいている白人優越の意識、すなわち科学にもとづくその意識から汲み取っているのである。ところがそういう彼も、個人としては、そのポリネシア人とおなじくらい科学に無縁な人間なのだ。なぜなら専門家でない者は、だれによらず、科学にはまったく無縁な人間だからである。『創世記』はなおさら科学とは無縁である。司祭を軽蔑し、子供たちをミサに行かせまいとする態度を示す村の小学校教師は、相手を説得する力を、中世的ドグマにたいする現代人の優越性について彼が有する意識、すなわち科学にもとづく意識から汲み取っているのだ。しかしながら確認の可能性については、アインシュタインの理論といえども、すくなくともキリストの受胎と生誕にかんするキリスト教の伝説とおなじように根拠が薄弱だし、おなじように良識に反するものなのである。

フランスにおいては、いっさいが疑われ、なにひとつ尊敬されない。宗教、祖国、国家、法廷、財産、芸術、あげくには、あらゆるものを軽蔑する人たちがいる。だが、彼らの軽蔑も科学のまえでは沈黙する。雑駁な科学主義のもっとも熱烈な信奉者はアナーキストたちである。ル・ダンテック[25]は彼らの偉人だ。ボノに率いられた《悲劇の盗賊団[26]》は、彼の思想から霊感を得たものだったし、彼らのうちで同輩からぬきんでて英雄視されていた男は、《科学のレイモン》と渾名されていた。これと正反対な立場にあるのが、いっさいの世俗的価値を軽蔑するにいたるまで宗教的生活に没入した司祭たちや修道士たちである。しかしながら、彼らの軽蔑も、科学のまえでは沈黙する。宗教と科学とのあいだで戦わされているように思われるいっさいの論争を通じて、教会の側には、ほとんど喜劇的ともいえる知的な劣勢が見られる。なぜならそれは、たいていはきわめて平凡な相手方の議論の圧力からではなく、ひたすら一種の劣等感から生まれるものだからである。

科学の威信にかんしては、今日これを信じない者は見当たらない。したがって科学者たちはもちろん、科学について書くかぎり、哲学者や作家たちにたいしても、十三世紀の司祭たちが有していた責任に匹敵する責任が課せられている。彼らはいずれも、真理とはなにかを探究し、発見し、ひとに伝えるために十分な時間がもてるように、社会が養ってやっている人間たちである。二十世紀においても、十三世紀におけるとおなじように、このために振り向けられるパンは、おそらく、不幸にして浪費されたパンである。あるいはそれよりも悪しきものであるかも知れない。

　十三世紀の教会はキリストを有していた。だが宗教裁判所も有していた。二十世紀の科学は宗教裁判所を有しない。だがキリストも、それにかわるなにものも有していないのである。

　今日、科学者たち、および科学をめぐっての論述をおこなうすべての人たちに負わされている責務はきわめて重く、彼らもまた、歴史家たちと同様に、あるいはそれ以上に、ヒトラー自身よりヒトラーの犯罪にたいして有罪であるといえよう。

『わが闘争』のつぎの文章に現われているのは、まさにこの種の思想である。「人間は、おのれが自然の支配者であり主人であると信じるがごとき誤謬に陥ってはならない。……いくたの遊星や太陽のような中心恒星が円形の軌道にしたがい、月のような衛星がそれら遊星の周囲をまわり、いたるところで、ただひとり力のみが弱きものの主人として君臨し、弱きものの従順なる奉仕を強制するか、さもなくば弱きものを打ちくだくがごとき世界では、こんご人間は、おのれだけが特別の法則に従うことはできないと感じるであろう。」

　この行文は、申し分のないかたちで、科学のなかに閉じこめられた世界観から合理的に引き出しうる唯一の結論を表現している。ヒトラーの全生涯は、この結論の実地応用にほかならない。彼が真理として認めうると信じたものを実地に応用したからといって、だれが彼を非難しえよう？　みずからおなじ信念の素地を有しながら、それを意識せず、それを行為に移さなかった人たちが罪を免れえたのは、ただ彼らがヒトラーのうちにあったある種の勇気をもたなかったからにほかならない。

かさねて言っておくが、糾弾することが正当とされるのは、見棄てられ、あわれな姿で放浪していた、かの飢えた魂の青年ではなく、彼に虚言を与え、それを食べさせた人びとなのである。彼に虚言を与え、それを食べさせたのは、われわれより年長の人たちであるが、われわれもまた彼らに似ているのである。

現代の破局においては、死刑執行人もその犠牲者たちも、なによりもまず、われわれがその深淵に横たわっている怖ろしい悲惨についての証言を、意識せずしてともにもたらしているのだ。

犯罪者を懲罰する権利を獲得するためには、彼らとおなじ罪がわれわれ自身の魂のなかに種々変装してひそんでいる以上、まずもってそれらの罪からおのれを浄めなくてはなるまい。だが、この努力を首尾よくおこない、ひとたびそれがなし遂げられるや、われわれはもはや懲罰にたいするいかなる欲望も有しなくなるであろう。たとえ懲罰をおこなわざるをえないと信じたとしても、最小限にとどめ、それをおこなうに際しては、極度の苦痛を受けることになろう。

ヒトラーは、今日でもなお好遇されている十八世紀的観念、そしてデカルトのなかにすでにその根が見出される観念の不合理性をきわめてよく見抜いた。二世紀ないしは三世紀このかた、人間は同時につぎの二つのことがらを信じてきた。すなわち、力が全自然現象の唯一の支配者であるということと、理性によって認められた正義のうえに人間の相互関係を樹立することができるし、また樹立しなければならないということである。これは明らかに不合理である。宇宙の万物が絶対的に力の主権のもとに屈服し、しかも人間だけが、肉と血からなる存在であり、かつ、その思考は感覚の印象のままに動くとされながら、この力の主権から自由であるなどとは考えがたいからである。

つぎのどちらかを選ばねばならない。すなわち、宇宙のなかには、力とならんで、それとは別個の原理が働いていると認めるべきか、あるいは、力を人間の諸関係の唯一絶対の主人として認めるべきかである。

前者を選ぶ場合には、ガリレイ、デカルト、その他の人びとによって創始され、十八世紀になかんずくニュートンによって受けつがれ、十九世紀、二十世紀にいたった近代科学と激しく対立することになる。後者を選ぶ場合には、ルネサンスに出現し、一七八九年に勝利をおさめ、はなはだしく堕落したかたちのもとにではあるが、第三共和制を通じてその根本精神とされたユマニスムと激しく対立することになる。

世俗化の精神と急進主義的政治とに霊感を与えた哲学は、この科学とこのユマニスムの双方に立脚しているが、いま述べたように、この二者はあきらかに両立しない。したがって、つぎのように言うことはできない。一九四〇年、ヒトラーがフランスにたいして得た勝利は真理にたいする虚言の勝利だった、と。首尾一貫しない一つの虚言が首尾一貫した虚言に敗れたにすぎないのだ。それゆえに、軍隊と同時に精神も屈してしまったのである。

過去数世紀を通じ、人びとは漠然と、科学とユマニスムとのあいだの矛盾を感じていた。ただそれを直視する知的勇気に欠けていたのである。そして、まずはこの矛盾を目のまえに引き据えずして、それを解決しようと試みた。この知的不誠実さはつねに誤謬によって罰せられたのである。

功利主義はかかる試みの一つの成果である。それは、小さい奇蹟的な機械仕掛の存在を想定し、それによって力は、人間関係の領域に入ってくると、正義の自動製造機に変わるというのである。

十九世紀ブルジョワジーの経済的自由主義は、全面的に、かかる機械仕掛にたいする信仰のうえに成り立っている。その唯一の制限は、正義の自動製造機たる特性を有するために、力は、武力や政治権力の使用を排して、金銭の形態を取らねばならぬということであった。

マルクシズムは、かかる種類の機械仕掛にたいする信仰にほかならない。そこでは、力は歴史という名が与えられている。そして階級闘争という形態を取る。正義は未来に託されているが、それまでに一種黙示録的な破局を経なければならない。

ヒトラーもまた、知的勇気と洞察力とを示した一時期のあと、かかる小さな機械仕掛の信仰に落ち込んでしまった。だが彼にとっては、未発表型の機械が必要だった。ただ、天才的なひらめきを見せる直観をのぞいては、彼には知的創意にたいする好みも能力も欠けていた。そのためヒトラーは、自分の機械の型を、彼に吹き込む嫌悪感のゆえに心に取り憑いて離れない人間たち〔ユダヤ人を指す〕から借用した。そしていとも簡単に、選ばれた民族という観念、すなわち、いっさいをおのれに屈従せしめ、しかるのち奴隷たちのあいだに奴隷制にふさわしい一種の正義を打ち樹てるべき運命を担った民族という観念を、機械として選んだのである。

多様な外観を示しはするが、根本的には似たり寄ったりのこの種の観念にとって、そのすべてに共通する不都合がただ一つあった。つまりそれらが虚言だということである。

力は正義の自動製造機ではない。行き当たりばったりに、どちらでもお構いなく、正義か不正義かの結果が飛び出してはくるが、確率からすると、ほとんどかならず不正義が飛び出してくるといった機械仕掛なのである。時間の流れはこのことになんの関係もない。それは、この機械仕掛の働きにたいして、たまたま正義にかなった結果の出る最低確率を増大させることはないからである。

もし力が絶対的に支配者であるならば、正義は絶対的に非現実である。だが力は支配者ではない。われわれはこのことを経験によって知っている。そして正義は、人間の心情の内奥に宿る現実である。人間の心情の構造は、星の軌跡とおなじ資格において、この宇宙の諸現実のなかの一つの現実である。

おのれの行為が予定した目的からあらゆる種類の正義を絶対的に排除するなどということは、人間のなしうるわざではない。ナチ党員たちですらそれをなしえなかった。もしそれが人間に可能であったならば、おそらく人間はそれをやり遂げていたにちがいない。

（ついでながら、つぎのことを指摘しておきたい。結局のところ、彼らの勝利の結果生まれるとされている正しい秩序の観念は、本来奴隷たるべきすべての人間にとって、隷従こそもっとも正しく幸福な状態であるとする考え方にもとづいている。ところで、これはアリストテレスの考え方であり、奴隷制を弁護するための彼の重要な論旨にほかならない。聖トマスは、奴隷制には賛同しなかったとはいえ、アリストテレスを、正義の問題をも含めて、人間の理性が近づきうるいっさいの研究対象にたいする最高権威者とみなしていた。この結果、現代キリスト教におけるトマス主義的伝統の存在は、ナチスの陣営とその反対陣営とのあいだに共犯関係をつくりあげる一つの絆――不幸にしてこの種の絆の数は多い——となっている。なぜなら、われわれはアリストテレスのこの考え方を拒否するとはいえ、おのれの無知ゆえに、彼のなかでこの考え方の根となった他のもろもろの考え方のほうは、どうしても受け入れざるをえないからである。すすんで奴隷制の弁護をおこなう人間は正義を愛していない。彼が生きた世紀はこのこととなんの関係もない。正義を愛していない人間の思想を権威あるものとして受け入れることは、正義にたいする侵害であり、かならずや判断力の減退という罰を受けるであろう。たとえ聖トマスがこうした侵害をおかしたとしても、われわれにはそれを繰り返す義務はない。)

正義が人間の心情から抹殺しえないものであるとするなら、それは世界における実在である。だとすれば、誤っているのは科学のほうである。

いや正確にいうならば、科学そのものではなくて近代の科学である。ギリシア人は、われわれの科学の基礎となった科学を所有していた。その科学には、それら本来の形式における、数学、幾何学、代数学、それに天文学、力学、物理学、生物学があった。蓄積された知識の量は、もちろんはるかに少なかった。しかし科学という言葉がわれわれにたいして有する意味でのその科学性、われわれの眼に有効とされている公準に合致したその科学性のゆえに、ギリシアの科学は現代の科学に比肩し、かつそれを凌駕する。現代のものより、正確、明晰、厳密だったからである。また論証と実験的方法の使用は、いずれも完全なる明晰さにおいて理解されていたからである。

このことが一般に認められなかったのは、この問題があまり知られていなかったからにほかならない。特別な天職でも自覚しないかぎり、あたかも現実に生きている世界のなかに入り込むように、ギリシア科学の雰囲気のなかに入り込みたいと考える人間はほとんどいない。しかも実際にそうした人たちでさえ、真実を見極めようとする努力をおこたったのである。

今日四十歳に達しようとしている数学者たちの世代は、つぎのことを認めるようになった。すなわち、数学の発展途上、科学的精神がながきにわたって衰退していったあとをうけて、いまや学者にとって不可欠な厳密さへの復帰の努力が、ギリシアの幾何学者たちの方法とほとんどおなじ方法によっておこなわれつつある、と。

ギリシアの科学は、技術的応用にかんして多くの成果をあげなかったが、それはその能力に欠けていたからではなくて、ギリシアの学者たちがそれを欲しなかったからなのである。それらの学者たちは、二十五世紀まえの人間たちに見合っただけ、われわれにくらべていちじるしく遅れてはいたが、暴君や征服者によって使用される可能性のある技術的発明の結果について、すでに危惧をいだいていたのだ。だから彼らは、技術的発見のできるだけ多数にかんして、それを公衆に引き渡したり、いちばん金を出してくれる者に売り渡したりするようなことはせず、自分の楽しみでたま成し遂げた発見として厳重に秘密にしておいた。だから、おそらく彼らは貧乏であったにちがいない。だがアルキメデスは、一度だけ、祖国防衛のために自分の技術的知識を活用した。それもだれにもいっさい秘密を明かすことなく、自分自身でそれを活用したのである。彼が実現しえたかずかずの奇蹟の物語は、その大部分が、今日でもなおわれわれには謎である。とにかく彼はきわめて上首尾にことを運んだため、ローマ軍がシラクサイに入ることができたのは、半分裏切りのような策を弄した結果だった。

ところでこの科学は、現代の科学とおなじように、あるいはそれ以上に科学的でありながら、絶対に唯物的ではない。いやむしろ、世俗的研究ではなかったのだ。ギリシア人はそれを宗教的研究とみなしていたのである。

ローマ人はアルキメデスを殺した。その直後、彼らはギリシアをも殺した。イギリスなかりせばドイツがフランスを殺したであろうように。ギリシアの科学は完全に消滅してしまった。ローマ文明のなかではなにものも生き残らなかった。その思い出は中世に伝えられたが、いわゆるグノーシス派の思想を介して、秘伝的集団のなかに伝えられたのである。その場合にもただ保存が主眼であって、創造的継承がなされたとは思われない。おそらく化学にかんしては例外であろうが、この面ではほんのわずかなことしか明らかになっていない。

とにかく公開の世界にギリシア科学が復活したのは、(年代に誤りがなければ)十六世紀初頭のイタリアおよびフランスにおいてである。それは急速に驚異的な発展を遂げ、ヨーロッパの生活全域に侵入した。今日では、われわれの思考、習慣、反応、行動のほとんどすべてが、この科学の精神ないしはその物質的応用の刻印を受けている。

このことは、《科学者》の称号を奉られていない場合でも、とりわけ知識人にたいして妥当する。さらに、科学の応用によって構成された人工的世界のなかで全生活を送っている労働者にたいしては、それ以上に妥当する。

しかしながら、ある種の物語に見られるように、ほとんど二千年におよぶ仮死状態からめざめたこの科学は、もはやおなじものではなくなってしまった。人間がそれを変えてしまったのだ。それは、あらゆる宗教的精神と絶対的に両立しない別種の科学であった。

今日、宗教が日曜の朝の行事化してしまったのはこのためである。一週間の残余は、科学の精神が支配している。

一週間全部を科学の精神に従わせてしまっている無信仰者は、内的統一を誇る感情をいだいている。だが彼らはまちがっている。なぜなら、彼らの道徳は他の者たちの宗教とおなじく、科学と矛盾しているからである。ヒトラーはこのことをはっきり見抜いていた。さらに彼は、ナチ親衛隊の存在ないしは脅威が感じられるすべての場所で、いやそれより遠くまで、多くの人びとにこのことを知らしめている。今日において、いわば内的統一の確固たる錯覚を与えうるものは、褐色なり、赤なり、あるいは別の色なり、とにかく一つの全体主義的体制への無条件的加盟以外にはほとんどない。だから全体主義的体制は、混乱した多くの魂たちにとってきわめて強い誘惑となっているのである。

キリスト教徒たちにおいては、宗教の精神と科学の精神——彼らはこの両者に帰依している——との絶対的不両立性のゆえに、たえず魂の内部に、公言されない、陰然たる不安が宿されている。この不安はほとんど意識されないこともある。また場合によっては、多少とも意識されている。だが、いうまでもなく、ほとんどつねに公言されることはない。この不安は内的統一性を妨げ、キリスト教的光明が全思惟に滲透することを阻止する。この不安がたえず存在するため、その間接的結果として、もっとも熱烈なキリスト教徒といえども、その生涯の各瞬間、無意識のうちに、キリスト教の精神に反する公準が適用されている判断や意見をいだくにいたっている。だがこの不安のもっとも憂慮すべき結果は、知的誠実さという美徳が十全なかたちで行使されなくなっているということである。

民衆の非宗教性という近代的現象は、科学と宗教との二律背反によってほとんど完全に説明される。都市の住民を科学の結晶である人工的世界のなかに住まわせはじめてから、この現象は次第にはびこってしまった。ロシアでは、信仰を根こぎにしようとして、ほとんど全面的に科学と技術の精神を当てこんだ宣伝がおこなわれ、この変貌の速度を早めた。まずいたるところで都市の住民が非宗教的になったあと、都市にたいする劣等感から相手の影響を受け易くなった農村の住民が、程度の差こそあれそのあとにつづいた。

民衆が教会に行かなくなった結果、宗教は自動的に右翼に位置を占めるようになり、ブルジョワジーの所有物、穏健派の所有物になってしまった。実際上、制度としての宗教は、教会に行く人たちを頼りにせざるをえない。外側にとどまっている人たちを頼りにすることはできないのだ。民衆が教会に行かなくなる以前でも、現世的権力にたいする聖職者の屈服が、教会に重大なる過誤をおかさせたことは事実である。しかしその過誤は、民衆から見棄てられなければ償われうるものであった。そして一部分、その過誤ゆえに民衆から見棄てられたのだとしても、その割合はごく小さかった。教会をからにしてしまったのは、ほとんどもっぱら科学である。

ブルジョワジーの一部が労働者階級より科学によって敬虔さを損われる度合が少なかったとすれば、それはまずもって、科学の応用との接触が、前者においては後者より恒常的でもなければ、肉体的でもなかったからである。だが、なかんずく前者が信仰を有しなかったからである。信仰を有しない人間は信仰を失うことができない。若干の例外をのぞいて、宗教上の実践はブルジョワジーにとって慣習にすぎない。世界について科学的な観念を有するからといって、慣習を守ることが妨げられるわけではないのだ。

こうしてキリスト教は、実際上、若干の光明の中心を除外すれば、民衆を搾取する人間たちの利益に結びついた慣習となったのである。

したがって、悪の現代的形態に対する戦いにおいて、現在この宗教が結局のところきわめて平凡な役割しか果たしていないとしても、意外とすべきではない。

いわんや、宗教生活が真摯かつ強烈に営まれている環境や心情のなかでさえ、真理を求める精神が不十分であるために、あまりにもしばしば、その生活の中心に不純さの本源がかくされているにおいてをや。科学の存在は、キリスト教徒にやましさの意識を与える。もし零(ゼロ)から出発し、すべての問題を、いっさいの好みを斥け、絶対的に無私なる批判精神をもって検討した場合、キリスト教のドグマがはっきりと全面的に真理として現われるとあえて確信できる人間は、彼らのあいだにほとんどいない。

この確信の欠如が、宗教と彼らとの結びつきをゆるめてしかるべきであろう。ところがそうはならない。どうしてそうならないかというと、宗教生活が彼らに、おのれが必要としているあるものを与えてくれるからにほかならない。彼らは、多かれ少なかれ漠然と、おのれが一つの必要によって宗教に結ばれていることを感じているのだ。ところで、必要なるものは、人間を神に結びつける正当な絆ではない。プラトンも言っているように、必要の本性と善の本性とのあいだには大きな隔たりがある。神は人間にたいして、無償で、ありあまるほどに自己を与える。だが人間のほうは、それを受けようとのぞんではならない。人間は、完全に、無条件で自己を与えなければならない。かつ、その際の唯一の動機は、善の不断の追求を通じて、錯誤から錯誤へとさまよったのち、神のほうを向いたときにはじめて真理を見出したと確信したからだ、ということでなければならない。

　ドストエフスキーはつぎのように言ったとき、もっとも怖ろしい冒瀆的言辞を弄したことになる。「キリストが真理でないとしても、私はキリストとともに真理のそとにあることのほうをのぞむ。」キリストは、「私は真理である」（ヨハネ福音書一四・六）と言った。キリストはまた、自分はパンであり、飲み物であるとも言った。ただし、「私（の肉）はまことのパンであり、私（の血）はまことの飲み物である」（ヨハネ福音書六・五五）と付け加えている。すなわち、ただ一つ真理であるところのパン、ただ一つ真理であるところの飲み物だという意味である。まずもって、真理としてそれを欲し、しかるのちはじめて、糧としてそれを欲しなければならない。

　以上のことを人びとは完全に忘れてしまったのだとせねばなるまい。彼らはベルグソンをキリスト教徒とみなすことができたからである。すなわち神秘家たちのエネルギーのなかに、彼の偶像である生命の飛躍（エラン・ヴィタル）の完成された形式を見たと信じたベルグソンをである。神秘家たちや聖人たちの場合、奇蹟とされるべきは、彼らが他の人間たちより多くの生命力、強度の生命力をもっていることではなく、彼らのうちで真理が生命力になったことであるというのに。この世においては、生命力、ベルグソンの十八番（おはこ）である生命の飛躍は虚言にすぎず、死のみが真実である。なぜなら、生命は生きるために信じることが必要とされるものを信じるように強制するからである。この屈従は、プラグマティズムの名のもとに教説として打ち建てられた。ベルグソンの哲学はプラグマティズムの一形式である。ところが、肉と血とを有しながら、精神の内面で死と比較できる境界線を乗り越えた人間たちは、そのかなたで別の生命を受けることができる。その生命は、第一義的には生命ではなく、第一義的には真理である。生けるものとなった真理であり、死のように真実で、生命のように生けるものである。グリムの童話が語っているように、雪のように白く、血のように赤い生命である。真理の息吹き、聖霊であるのはこの生命にほかならない。

すでにパスカルは、神の探究において誠実さを欠くという罪をおかした。科学に親しむことを通じて知的形成をおこなった彼は、その知性を自由に働かせることによって、キリスト教のドグマのなかに確信を見出すことが期待できなかった。さらにまた、キリスト教なしですますという危険をおかすこともできなかった。知的探究をおこなうにあたっては、彼はまえもって、その探究がおのれをどこに導くかを決定した。それ以外のところに到達することを避けるために、彼は意識的に選んだ示唆に従うことにした。そして、そのあとで証明を求めた。確率や手掛りの分野では、いくつかのきわめて重要なことがらを発見した。だが、純然たる証明ということになると、賭の理論、預言、奇蹟など、つまらぬことがらしか主張しなかった。彼にとってさらに由々しきこととすべきは、けっして確信に到達できなかったということである。彼はけっして信仰を得なかった。手に入れようと努力したからこそそれが得られなかったのである。

キリスト教におもむく人びと、ないしは、キリスト教のなかに生まれ、けっしてそれから離れたことがなく、真摯かつ熱烈なる心によって帰依している人びとの大部分は、まず心情の要求によってうながされ、ついでそれによって支えられている。彼らは宗教なしではいられないだろう。すくなくとも、宗教なしですまそうとすれば、心のなかに一種の堕落が生まれるだろう。ところが、宗教的感情が真理を求める精神から発するようになるためには、自己の宗教にたいして、それが真理以外のものである場合、その結果生きる理由を失うことになろうと、敢然それを放棄しうる完全な心構えがなければならない。かかる精神の状態をもってして、はじめてひとはその宗教のなかに真理が存在するか否かを識別できるのである。さもなければ、問題を厳密なかたちで提起することさえできない。

神は、あたかも守銭奴にたいする財宝のごとく、人間の心情にたいして生きる理由とされてはならない。アルパゴンとグランデは財宝を愛していた。財宝のためとあれば、殺されることも厭わなかっただろう。財宝ゆえの苦しみによって死ぬこともあっただろう。財宝のためならば、勇気とエネルギーの奇蹟を成し遂げたことだろう。人間はこのようなかたちで神を愛することができる。だが、そうすべきではないのだ。あるいはむしろ、こうした種類の愛が許されるのは、ただ魂のある一部においてである。この部分はそれ以外のことを理解しえないからだ。だがこの部分は、もっと価値のある魂の部分に従属し、それにゆだねられるべきである。

真理を求める精神は今日の宗教生活にはほとんど見られないと断定しても、誇張に陥る心配はない。

このことはなかんずく、キリスト教弁護のために寄せられる議論の性格自体のなかに確認される。その多くは、《ピンク錠》の広告のごときものである。ベルグソン、および彼の流れを汲むすべての場合がそうである。ベルグソンにおいては、信仰は、すばらしく強度な生命力を与えてくれる強力ピンク錠のごときものとして登場する。歴史にかんする論証の場合も同様である。その論旨はこうである。「キリスト以前に人間がどんなに凡庸であったかを考えてみたまえ。キリストがやって来た。そのあと人間は、かずかずの過失にもかかわらず、全体としてどんなによいものになったかを見たまえ！」これは絶対的に真理に反している。だが、たとえ真理だとしても、かかる方法は、服用前と服用後の病状を書き立てる薬の効能宣伝の水準に護教論を引き下げることである。また、虚構でないとしたら必然的に無限であるべきキリストの受難の功徳を、たとえ現実であるとしても（実際にはそうではない）、必然的に有限であるべき歴史的、現世的、人間的結果によって推測することである。

プラグマティズムは、信仰の観念そのものをも侵害し、穢してしまったのだ。

真理を求める精神が宗教生活のなかにほとんど見られなくなった以上、それが世俗生活のなかに見られたらおかしなことになる。そして、永遠の価値秩序がくつがえされてしまうだろう。だが、そんなおかしなことにはならないのである。

学者たちは公衆にたいして、真理に捧げられるべき宗教的敬意が科学に与えられることを要求し、公衆のほうも彼らを信じている。だが、公衆はあざむかれているのだ。科学は真理の霊がみのらせた果実ではない。このことは、ちょっと注意してみれば一目瞭然である。

科学的探究の努力は、十六世紀から現代にいたるまで理解されてきたかたちにおいては、真理への愛を原動力としていない。

普遍的かつ確実に適用可能な一つの公準がある。それは、なにごとを評価するに際しても、そこに含まれている善の割合は、そのもの自体においてではなく、そのものを生み出した努力の原動力となったものにおいて判別するようにしなければならないということである。なぜなら、原動力のなかに善があるだけそのもの自体にも善があるのであって、それ以上にはないからである。木とその実とにかんするキリストの言葉がこのことを保証している。

ほんとうは、ただ神のみが心情の深奥にかくされた原動力を識別できる。しかし、一つの活動を支配している観念（一般にかかる観念は外に現われている）は、ある種の原動力と両立するが他の原動力とは両立しない。その観念が、ことの性質上、必然的に排除してしまう原動力というものがあるからである。

したがって、個々の人間活動が生み出した成果を、その活動において重要な役割を演じた観念と両立しうる原動力を検討することによって評価するようになる分析が必要となるのである。

こうした分析から、もっとも純粋な原動力を働かしめるようなかたちで諸観念を修正しつつ、人間たち——民衆や個人、そしてまず第一に、自己自身——を改善してゆく方法が生まれてくる。

真に純粋な原動力と両立しえざるいっさいの観念は、それ自体として誤謬の汚点をもっているという確信こそ、信仰箇条の第一に挙げられるべきものである。信仰とは、なによりもまず、善は一つだという確信なのだ。真理、美、道徳性というように、はっきりと区別され、相互に独立したさまざまな善が存在するかに信じることは、多神論の罪をおかすことにほかならず、アポロンやディアナを相手に想像力を楽しませるのとは別のことがらである。

過去三世紀ないしは四世紀の科学を分析するにあたってこの方法を適用するならば、真理という美しい名前はこの時代の科学より無限に高次なものであることを認めざるをえない。学者たちは、その全生涯を通じて、一日一日と努力をつづけながらも、真理を所有しようという欲求に駆られることはない。なぜなら、彼らが手に入れるのは単なる知識にすぎず、知識はそれ自体として欲求の対象ではないからである。

たとえばある子供が地理の勉強をするのは、よい点数を取るためか、与えられた命令に従おうとするためか、両親を歓ばせるためか、遠い国々やその名称に詩情を感じるためかである。これらの動機のいずれも存在しないとするなら、その子供は勉強をするはずがない。

ある瞬間にブラジルの首府がどこかを知らなかったのに、つぎの瞬間にそれを学んだとするなら、彼は一つ余計に知識を得たことになる。だが、なんら以前より真理に近づいたわけではない。知識の獲得は、ある場合にはひとを真理に近づかせる。だがある場合には近づかせてくれない。それぞれの場合をどのように識別したらよいのか？

ある男がひとりの女性を愛し、その女性に全幅の信頼を寄せていたのに、たまたま彼女の不倫の現場をとらえたとするなら、彼は残酷なかたちで真理と接触したことになる。だが彼と面識がなく、はじめて名前を耳にした女性が、それにおとらず彼と面識のない都市のなかで夫を裏切ったことを知ったとしても、真理と彼との関係にはなんらの変更も生じない。

この例は問題を解く鍵を与えてくれる。知識の獲得がひとを真理に近づけるのは、ひとが愛しているものにかんする知識が問題とされる場合だけであって、他のいかなる場合でもない。

真理への愛というのは適切な表現ではない。真理は愛の対象ではない。真理は対象ではないのだ。ひとが愛するのは、存在するあるもの、ひとが思考するあるもの、その思考を通じて真理か誤謬かの契機となりうるあるものである。一つの真理とはかならず、あるものにかんする真理である。真理自体は実在そのものの輝きである。愛の対象は、真理自体ではなく実在である。真理を欲するとは、実在との直接的接触を欲することである。実在との接触を欲するとは、それを愛することである。ひとが真理を欲するのは、真理において愛するためである。真理への愛について云々するよりは、愛に宿る真理の霊について語ったほうがよい。

真実にして純粋なる愛は、なによりもまず、それがいかなるものであれ、無条件に真理のなかに完全にとどまることを欲する。他のいっさいの愛は、なによりもまず充足を欲する。この事実のゆえに誤謬と虚言の根源となる。真実にして純粋なる愛は、それ自体が真理の霊(エスプリ)である。それは《聖霊(サン・テスプリ)》である。霊(エスプリ)と翻訳されるギリシア語〔πνεῦμα〕は、文字通り、火の息吹き、火と混じた息吹きを意味する。そして古代においては、今日の科学がエネルギーという語で指し示す観念を指していた。したがって、《真理の霊》とでも表現すべきものは、真理のエネルギー、活動する力としての真理を意味する。純粋なる愛、どんな代償を払おうと、どんな場合であろうと、虚言をも誤謬をも拒否する愛は、この活動する力である。

この愛が、身を擦り減らして探究する努力において学者の原動力となるためには、その学者が愛すべきなにものかを持たなければならない。また、彼が自分の研究対象についていだいている観念のなかに、善が内包されるようにならなければならない。ところが、その逆のことがおこなわれているのだ。ルネサンス以後——もっと正確にいうならば、ルネサンスの後半以降——科学の観念自体が、善と悪とのそと、なかんずく善のそとに対象を設定し、善や悪となんらの関係もなく、とりわけ善とはなんらの関係もなく対象を考察する研究という観念に変わってしまった。科学は事実のみを事実として研究する。そして数学者たちまでが、数学的諸関係をただ単に知性の事実とみなしている。事実や力や物質は、それぞれ個別的に、他と関係なくそれ自体として考察され、そこには、人間の思考が愛しうるものはなにも存在しない。

こうなると、新知識の獲得が学者たちの努力にたいする十分な刺戟剤とならなくなり、他の刺戟剤が必要となってくる。

彼らはまず、狩猟、スポーツ、ゲームのなかに含まれているものとおなじ刺戟を求める。しばしばわれわれは、数学者が自分の専門をチェスの遊びに比較するのを耳にする。またある人びとは、嗅覚や心理的直観が必要とされる活動に比較する。彼らに言わしめれば、どのような数学的観念が、それを採用した場合、不毛か不毛でないかをまえもって見抜かなければならないからだという。だから、これまたゲーム、ほとんど偶然に賭けるゲームなのだ。心情がその美にとらわれてしまうまで十分に深く科学を極めた学者の数はごく少ない。ある数学者は、好んで数学を、特別に固い石材をもってする彫刻に比較している。公衆にたいし真理の司祭を自認している人たちにして、もしおのれをチェスの遊戯者に比較するならば、彼らが引き受けた役割をいちじるしく貶めることになろう。彫刻家に比較するほうがまだしもである。しかし、彫刻家たる天職を有するなら、数学者より彫刻家になったほうがよい。だがよく検討してみると、科学にたいする現代的観念にみられるこのような比較論は、意味を有しない。それは、他の観念のきわめて漠然たる予感にほかならない。

科学の威光のなかでは、技術がきわめて大きな比重を占めている。だから応用の思考が学者たちにとって強力な刺戟剤になっているのではないかと想定したくなる。ところが実際には、刺戟剤になっているのは応用の思考ではなく、応用が科学に与える威光そのものなのだ。政治家が歴史をつくることに陶酔するのとおなじく、学者たちもまた、偉大なることがらの渦中にあると感じて陶酔している。だがそれは、偽りの偉大さ、つまり善にたいするあらゆる考慮と無関係な偉大さという意味において偉大であるにすぎない。

これと同時に、彼らのうちのある者たち、とりわけ理論的な研究に従事する者たちは、そのような陶酔を味わいながらも、技術的応用とは無関係だと自称することを誇りにしている。こうして彼らは、現実には両立しないが、錯覚のうちでは両立する二つの利益を受けることになる。いずれにせよ、それはきわめて快適な立場である。彼らは人間の運命をつくる者たちのうちに数え入れられる。となると、その運命にたいする彼らの無関心は、人類を蟻の種族の水準にまで引き下げてしまう。これは神々の立場である。いっぽう彼らは、科学にかんする現代的観念において技術的応用を排除するなら、善とみなされうるようなものはもはやなにも残らないということを理解しない。チェスに比較されるようなゲームに巧妙であろうと、なんら価値はない。技術なくしては、今日、公衆のうちだれひとりとして科学に関心を示すまい。公衆が科学に関心を示さないとしたら、現在科学系統の職業に従事している人びとは、別の道を選んでいたであろう。彼らはみずから標榜している超脱的態度にたいして権利を有しない。だが妥当なものではないにもかかわらず、この態度は一つの刺戟剤になっている。

他の者たちにとっては、逆に応用の思考が刺戟剤として役立っている。ところが彼らは、重要度にのみ敏感であって、善や悪には無関心である。人類の生活を転覆させるような発見をいままさに完成できると感じている学者は、その目的を実現するために全能力を緊張させる。善なり悪なりとして現われてくるその転覆の可能的結果を算定するために立ち止まり、もし悪のほうにより可能性があるならばその研究を断念するというようなことは、どうやら、ほとんど、ないしは絶対的に起こらないであろう。かかるヒロイズムは不可能であるとさえ思われているのだ。しかし自明の理であるべきものなのである。ところがこの場合もまた、他の場合とおなじように、虚偽の偉大さ、善ではなく量によって決定される偉大さが支配しているのである。

最後に、学者たちはたえず、ある種の社会的原動力に突きあげられている。それはほとんど公言がはばかられるほど卑俗な原動力であり、表面上では大きな役割を演じてはいない。しかし極度に強力な原動力である。一九四〇年六月、フランス人がいともあっさりと祖国を放棄し、しかもその数カ月後、まだ実際の飢餓に責めさいなまれる以前に、卵の一つを手に入れるためにもすばらしい忍耐力を示し、なん時間も疲労や寒さに耐えるのを見た人なら、卑俗なる原動力の信じがたいエネルギーを知っているはずである。

学者たちにみられる第一の社会的原動力は、単純直截に職業的義務感である。彼らは、科学を生産することによって支払われている人びとである。彼らに期待されているのは、科学を生産することである。したがって彼らは、科学を生産することが義務であると感じているのだ。だが、それだけでは刺戟剤としては不十分である。昇進、教授職、名誉や金銭などあらゆる種類の報酬、外国に迎えられること、同僚たちの尊敬や賛嘆、評判、名声、称号、こういったものの占める比重は大きい。

学者たちの習性がこのことにかんする最良の証明である。十六世紀や十七世紀においては、学者たちはたがいに挑戦しあっていた。自分が発見したものを公表するときでも、仲間が完全に理解するのを妨げるために、わざと証明の連鎖のなかの鎖の輪をはずしておいたり、あるいはまた、その順序を狂わせたりした。彼らはこのようにして、競争者が自分たち以前におなじ発見をしていたと主張する危険から身を守ったのである。デカルト自身も、『幾何学の原理』のなかでおなじことをやったと告白している。このことはデカルトが、ピュタゴラスやプラトンにとってこの語が有していた意味における哲学者、すなわち、聖なる知を愛する者でなかったことを証明している。ギリシアの滅亡後、哲学者は存在しなくなってしまったのである。

今日では、ある学者があるものを発見するや、その発見の価値を成熟させ吟味する以前に、先取特権を確保しようと、《報告要旨》と称されるものをいそいで発送する。フリードリヒ・ガウスのような場合は、おそらく現代科学における唯一の例外であろう。彼は、このうえなくすばらしい発見を記した手稿を抽出の奥にしまったまま忘れていた。そのあと、だれかがあるセンセーショナルな学説を公表したとき、彼はなにげなく、つぎのように指摘したのである。「あれはみんな正しい。私は十五年まえにあれを発見していた。だが、あの方向に問題をさらに押しすすめてゆくと、さらにこれこれのことを定理とすることができる」と。だがいうまでもなく、これは第一級の天才にしてはじめてなしうるわざである。過去三世紀ないし四世紀のあいだには、おそらくほんの一握りだが、このような人間がなんにんかはいただろう。彼らにとって、科学とはいぜん彼らの秘密を意味していたのだろう。だが、その他すべての学者の日常の努力においては、低級な刺戟剤がきわめて大きな役割を演じている。

今日、平和時においては世界各地との交流が容易になり、また他方、専門化が極端なまでに押しすすめられたが、その結果として各専門分野の学者たちは、おたがいが唯一の顧客ということになり、いわば一つの村に比較できるようなものを構成するようになった。そこでは陰口がたえずささやかれている。めいめいは他のめいめいを知っていて、たがいに共感なり敵意なりをいだいている。また世代や国籍が反目しあう。私生活、政治、出世競争が重要な役割を演じる。こんなわけだから、この村全体の意見は必然的に腐敗する。ところがこの全体の意見が、学者を監督する唯一のものなのである。なぜなら、門外漢や他の専門分野の学者たちは、彼らの研究についてなんらの知識も持ちあわせないからである。社会的な刺戟剤があまりにも強力であるため、学者の思惟はこの全体の意見に屈服してしまう。彼はそれに気に入られることを求める。全体の意見が受け入れることに同意したものは科学のなかに受け入れられる。全体の意見が受け入れてくれないものは科学から閉め出される。私心のない裁定者などどこにも存在しない。専門家はめいめい、彼が専門家であるという事実そのものによって私心ある裁定者なのだから。

ある理論に含まれる可能性が豊かであれば、それが客観的公準になるという説も出よう。だがこの公準も、受け入れられた理論のあいだだけでしか通用しない。学者村全体の意見によって拒否された理論は、必然的に不毛なものとなる。なぜなら、人びとはそれを発展させようと努めないからである。このことは、なかんずく物理学にたいして当てはまる。この学問の探求と管理の手段は、きわめて限られた集団の手に握られた専有物だからだ。量子論にしても、プランクがそれをはじめて発表したとき、それが非合理であったにもかかわらず——あるいは理性に飽いていたから、おそらくは非合理であったために——人びとは夢中で飛びついた。だが、もしそうしなかったら、この理論が豊かな可能性をもっていることを彼らはけっして知らなかったであろう。それに飛びついた瞬間、人びとはまだ、それが豊かな可能性をもっていることを予見するなんらの所与も有していなかったのである。こんなわけで、科学の分野にも進化論的過程が存在するのだ。理論はいわば偶然に出現し、もっとも適応できるものだけが生き残る。かかる科学は生命の飛躍の一形式でありうるかも知れないが、真理探究の一形式ではありえない。

一般大衆でさえ、あらゆる集団的意見の産物と同様、科学も流行に従うということを知らないわけにはいかないし、じじつ知らないわけではない。学者たちは、彼ら大衆にむかって、これこれの理論は時代遅れだなどとしょっちゅう口にしている。もしわれわれがいかなる醜聞をも感じないほど愚鈍になっていなければ、これこそ醜聞とされるべきものである。流行に従うものにたいして、どうして宗教的敬意を払うことができるであろうか？　物神崇拝の黒人たちのほうがわれわれよりはるかにまさっている。彼らのほうがずっと偶像崇拝的でないからだ。彼らが宗教的敬意を捧げるのは、彫刻された美しい木片であり、美はそれに永遠性を与えているからである。

われわれは現在、偶像崇拝という病いにかかっている。この病いはきわめて根深いために、キリスト教徒から真理のために証言する能力を奪ってしまっている。聾者がどのように対話してみたところで、その喜劇味において、現代精神と教会との論争の足元にもおよばない。無信仰な人間たちは、科学的精神の名においてキリスト教的信仰にたいする反論をつくりあげようとして、かえって間接的に、さらには直接的に、信仰のはっきりした証明になるような真実を援用する。ところがキリスト教徒たちは、そのことにけっして気がつかない。そして心にやましさを感じつつ、悲しくなるほど知的誠実さを欠く態度で、それらの真実を否定しようとわずかに努力している。彼らの盲目は偶像崇拝の罪にたいする罰である。

偶像崇拝者たちの困惑は、彼らがその熱狂を表現しようと欲するとき、これにおとらず喜劇的なものとなる。彼らはなにか讃美するものを求めながら、それを見出せずにいるのだ。応用を讃美することは容易である。だが、応用だけでは技術にすぎず、科学そのものではない。科学自体のなかで、なにを讃美したらよいのか？　もっとはっきり言うなら、科学は、人間のなかに宿る以上、学者のなかのなにを讃美したらよいのか？　これを見抜くのは容易なことではない。公衆の讃美のまえに学者を立てようとするとき、すくなくともフランスでは、いつでもパストゥールが選ばれる。ジャンヌ・ダルクが国家主義的偶像崇拝の衝立になっているように、パストゥールは科学の偶像崇拝の衝立になっている。

パストゥールを選ぶのは、彼が人類の肉体的苦痛を和らげるために大いに貢献したからである。だが、成功しようとする意図が彼の努力の支配的原動力でなかったのなら、彼が成功したという事実を単なる偶然の一致とみなさなければならない。もしそれが支配的原動力だったとするなら、彼に捧げらるべき讃嘆は科学の偉大さとなんの関係もない。では実践的な徳が問題だとしよう。この場合にも、パストゥールは、ヒロイズムにいたるまで献身的だった看護婦とおなじ範疇にはいり、ちがうのはただ、成果の大きさということだけになるだろう。

真理の霊は、科学を推進する原動力から脱落してしまった結果、もはや科学のなかに現前することができなくなった。埋め合わせとして、この霊を哲学や文学のなかに高い度合いで見出そうとするなら、われわれは幻滅を味わうことになろう。

その著者が、まずは筆を取るに先立って、ついでは原稿を印刷にまわすに先立って、真の憂悶を感じつつ、「私は真理のなかにいるだろうか?」と自問したという印象を与えるような書物、あるいは論文の数は多いであろうか? また書物をひらくに先立って、真の憂悶を感じつつ、「私は真理を見出そうとしているだろうか?」と自問するような読者の数は多いであろうか? 考えることを職業にしているすべての人たち、司祭、牧師、哲学者、作家、学者、あらゆる種類の教授たちにたいして、その場ですぐ、つぎの二つの運命のいずれか——すなわち、たちまち決定的なかたちで、文字通りの意味における痴呆状態のなかに転落し、そのような崩壊に伴ういっさいの屈辱を蒙り、ただ単に、そのあらゆる苦渋を味わいうるだけの明敏さのみを与えられるか、あるいはまた、瞬時にして世界的な名声と死後数千年におよぶ栄光とを保証してくれるような、めざましい突然の知的能力の発達が与えられ、ただ単に、その思考がいつでもやや真理のそとにあるという不都合だけを甘受するか——を選択するように迫ったとしたら、彼らの多くがかかる選択にたいして、わずかなりと躊躇を感じると信じられるだろうか?

真理の霊は、今日、宗教や科学をはじめあらゆる思惟からほとんど姿を消してしまった。われわれがその悲劇性すら意識することなく、ただじたばたもがいている怖ろしい病いは、まったくこのことから生じているのである。「この虚言と誤謬の霊――王たちの失墜の不吉な先触れ[27]」とラシーヌは言ったが、この霊は今日もはや君主たちの専有物ではない。それはあらゆる階級の人びとにまでひろがり、数々の国民のすべてをとらえ、彼らを狂乱におとしいれている。

これにたいする救済策は、真理の霊をふたたびわれわれのあいだに天降らせることである。まずもって、宗教と科学のなかに。そうなれば、この両者は和解することができるだろう。

真理の霊が科学のなかに宿りうるのは、学者を動かす原動力が彼の研究分野たる対象への愛となることを条件とする。この場合の対象とは、われわれが生きている世界である。そのなかでは、美をのぞいてなにを愛することができよう？　科学の真の定義は、それが世界の美の研究だということである。

よく考えてみるならば、このことは明白である。物質や盲目的な力は科学の対象ではない。思考はそれらに達することはできない。それらは思考のまえから逃れてゆく。学者の思考は、物質と力とを、秩序と調和の見えざる、手に触れられざる、不変の網目のなかに捕えている諸関係にしか達することはできない。老子はつぎのように言っている。「天網恢恢疎而不レ漏」〔天の法網は広大で目があらいようだが、なに一つそれをすり抜けることはできない――老子第七三章〕と。

どうして人間の思惟は思惟以外のものを対象にすることができようか？　これは認識論における周知の難問であって、その結果、人びとはその考察を放棄し、陳腐な説としてかたわらにとりのけてしまっている。だが一つの回答が存在する。それは、人間の思惟の対象もまた思惟だということである。学者は、宇宙のなかに永遠に記されている神秘的な知恵とおのれの精神との一致を目的とすべきである。そうなるとき、科学の精神と宗教の精神とのあいだに、対立や分離などどうして存在しうるであろうか？　科学的探究は宗教的瞑想の一形式にほかならない。

ギリシアの場合がまさにこれである。それ以後、いったいなにが起こったのであろうか？　ローマの剣が衰亡におとしいれたときに宗教的精神を本質としていたはずのギリシアの科学が、そのながい仮眠状態からめざめたときに唯物的になっていたなどということがどうして起こったのであろうか？　その合い間にいかなる事件が突発したのであろうか？

宗教のなかに変貌が生じたのである。キリスト教の到来が問題なのではない。原始キリスト教は、われわれにとっても、新約聖書のなかに、とりわけ福音書のなかにそのまま現存しているが、古代の秘儀宗教とおなじく、完全に厳密なる科学の中心的霊感たるにまさにふさわしいものであった。しかしおそらくは、ローマの公的宗教に移行したことと関係があるのだろうが、キリスト教は一つの変貌をとげたのである。

この変貌以後、キリスト教的思考は、つねに破門の危険にさらされていたなん人かの稀なる神秘家たちを除外すれば、神の摂理の観念としては、もはや人格的摂理の観念以外は認めようとしなかったのである。

この観念は福音書のなかに見出される。なぜなら、そこで神は父と名づけられているからである。しかしながら、ほとんどメカニスムに類似した意味での非人格的な摂理の観念もまた、そこに見出されるのである。「あなたたちは、天においでになるあなたたちの父の子となるのである。天の父は、悪人のうえにも、善人のうえにも、陽をのぼらせ、義人にも不義の人にも雨をお降らせになる。……あなたたちの天の父が完全であるように、あなたたちも完全なものになりなさい」〔マタイ福音書五・四五〕。

生命なき物質の盲目的公平さとはかかるものである。その人間の質とは絶対的に無関係な、このことゆえにしばしば不正義の非難が与えられる世界秩序の非情なる規則性とはかかるものである。――人間の魂にたいして完全さの範例として与えられるべきは、まさにかかるものである。これこそ深遠なる思想であって、今日のわれわれもまだ把握することができずにいる思想である。現代のキリスト教は、完全にかかる思想を失ってしまった。

種子にかんするいっさいの譬えは、非人格的摂理の観念に照応している。恩寵は神のところからあらゆる人間に降りそそぐ。恩寵がそれぞれの人間のなかでどんなものになるかは、彼らがいかなる人間であるかに左右される。実際に恩寵が滲透したところでは、それが結ぶ実は、メカニスムに類似した過程の結果である。かつこの過程は、メカニスムとおなじく、持続のなかでおこなわれる。忍耐の美徳、この忍耐というギリシア語〔ὑπομονή〕をもっと正確に翻訳するならば、不動の待機は、この持続の必要性に関連している。

恩寵の働きにおける神の不介入は、あたうかぎり明瞭なかたちで表現されている。「神の国は、土地に種をまいた人のようなものである。日夜、起き伏しするうちに、気づかないうちに種は生え出てて育っていく。土地は自然に実をむすび、はじめは苗、次には穂、それから穂のなかにゆたかな実がみのる」〔マルコ福音書四・二六〕。

懇願にかんするすべてのこともまた、メカニスムと類似したものを想起させる。純粋な善にたいする真実の欲求は、ある程度以上に強度なものはすべて、それに見合った善を天降らせることができる。そのような結果が見られない場合は、その欲求が真実のものでないか、あまりにも弱いものであるか、求められた善が不完全なものであるかのいずれかである。条件が満たされるならば、神が拒むことはけっしてない。恩寵の芽生えとおなじように、この過程もまた持続のなかで完成される。このゆえにキリストは、われわれにわずらわしい人間であることを命じている。この点にかんして彼が用いている比喩もまた、メカニスムを想起させる。たとえば、裁判官に寡婦（やもめ）の願いをきかざるをえないようにさせる心理的メカニスムがその一つである。「あのやもめはわずらわしいから、審いてやろう」〔ルカ福音書一八・五〕。また、眠っている男にたいして、友人のために戸をあけざるをえないようにさせるものもその一つなのである。「友人であるから起きてそれをあげるのではないにしても、すくなくともわずらわしいので、起きて、のぞみのものをあげるだろう」〔ルカ福音書一一・八〕。もしわれわれにして、神に一種の強請をおこなうならば、神はみずからつくり出したメカニスムにしたがって行動することしかできない。超自然的メカニスムは、すくなくとも物体の落下の法則とおなじように正確である。自然的メカニスムは、価値にたいするいっさいの考慮なしに、事件を事件として生ぜしめる条件である。また超自然的メカニスムは、純粋なる善を純粋なる善として生ぜしめる条件である。

このことは、聖人たちの実践的経験によって確認されている。彼らはしばしば、つよくのぞんだために、ある魂のうえに、それ自体としてのぞみうる以上の善を降らせることができることを認めたというふうに言われている。このことから、善は天から地上へ、ある種の条件が実際に地上で実現された度合だけ降ってくるということが確かめられる。

十字架の聖ヨハネの全作品は、超自然的メカニスムの厳密に科学的な研究にほかならない。プラトンの哲学もまたそれ以外のなにものでもない。

審き自体でさえ、福音書のなかでは、なにか非人格的なものとして現われる。「御子を信じるひとは審かれないが、信じないひとは、神の御独子（おんひとりご）を信じなかったがために、すでに審かれている。その審きというのは、……悪をおこなうひとは、光を憎み……真理をおこなうひとは光のほうに来る」〔ヨハネ福音書三・一八〕ということである。「私は、聞いたことにもとづいて審く、私の審きは正しい」〔ヨハネ福音書五・三〇〕。「私の言葉をきいて、それを守らないひとがあっても、私はそれを審きはしない。私は、世を審くためではなく、世を救うために来たのだから。私をすて、私の言葉を受けないひとを審くものは別にある。私の語った言葉こそ、終わりの日に、そのひとを審くだろう」〔ヨハネ福音書一二・四七〕。

一番遅れてやって来た雇い人の物語のなかには、葡萄畑の主人の側に気まぐれがあるように思われる。だが少し注意してみるならば、事実は逆である。彼はただ一つの賃金しか払わない。ただ一つの賃金しか所有していないからである。彼には小銭がない。聖パウロは賃金を定義して、「私が知られているように、私は知るであろう」〔コリント人への第一の手紙一三・一二〕と言っている。ここには程度の差はない。おなじように、賃金を受ける行為にも程度の差はない。呼ばれたとき、駆けつけるか駆けつけないかである。たとえ一秒たりとこの呼びかけに先んじる能力はだれにもない。やって来た時期など問題ではないのだ。また、葡萄畑における労働の量や質も考慮されないのだ。時間によってではなく、同意したか拒絶したかによって、ひとは、時間から永遠のなかに入ることが許されるか否かなのである。

「すべてみずから高ぶる人は下げられ、みずからへり下る人は上げられる」〔ルカ福音書一四・一一〕この言葉は天秤を想起させる。まるで、秤皿の一方には魂の地上的部分が、もう一方にはその聖なる部分が、それぞれ載せられているようだ。聖金曜日の聖歌もまた、十字架を天秤に比較している。「……その人たちは報いを受けた」〔聖金曜日ミサ典文中の集祷文〕。したがって神は、この地上で報われることのない努力、空虚のうちでなし遂げられた努力しか報いる力をもたないのである。空虚は恩寵を引き寄せる。空虚のなかの努力のみが、キリストの言う、「天に宝を積む」という行為となるのである。

福音書はわれわれに、キリストの教えのごくわずかな部分しか伝えてくれていないが、にもかかわらず、そこには人間の魂の超自然的物理学とでも名づけるべきものが見出される。あらゆる科学理論とおなじように、この物理学のなかには、明晰に理解され、実験によって確認されるものしか含まれていない。ただこの場合の確認は、完全さへむかっての歩みによっておこなわれる。したがって、それを成就した人びとの言葉を信じなければならない。だがわれわれは、学者たちが彼らの実験室で起こったことについて語ると、彼らが真理を愛しているかどうかも知らないにもかかわらず、言葉だけで検討もせずにそれを信じてしまう。すくなくとも真実の聖人であるかぎり、彼らの言葉を信じたほうが正しいであろう。なぜなら彼らは完全に真理を愛しているからである。

奇蹟の問題が宗教と科学のあいだで障害になるのは、問題の提起の仕方がまちがっているからにすぎない。正しい仕方でこの問題を提起するためには、奇蹟を定義する必要がある。奇蹟が自然の法則に反した事実であると言うがごときは、まったく意味のない発言である。われわれは自然の法則なるものを知らない。それにかんしては仮説を立てるのがせいぜいである。われわれが立てた仮説が事実と食いちがうなら、その仮説がすくなくとも一部誤っているからである。奇蹟は神の特別な意志の結果であると言ったところで、やっぱり不合理である。生起する諸事件のなかで、そのあるものが他のものより神の意志にもとづくと断定する理由はわれわれにまったくないのだ。ただ一般的に、生起するいっさいは、ひとつの例外もなく、創造者としての神の意志にかなったものであるということ、またすくなくとも純粋なる善の小片を含んでいるいっさいは、絶対的善としての神の超自然的霊感より発しているということを知っているだけである。だがある聖人が奇蹟をおこなうとき、よしとされるのは聖性であって奇蹟ではない。

　奇蹟は身体的な現象であるが、その前提条件の一つとして、善か悪かへの魂の全面的な沈潜が数えられる。

　善か悪かと言わねばならぬ。なぜなら悪魔的な奇蹟もあるからである。「偽キリストや偽預言者が起こって、しるしや不思議をおこない、できれば選ばれた人びとさえまどわそうとするだろう」〔マルコ福音書一三・二二〕。「その日、多くの人が私にむかって、『主よ、主よ、私たちはあなたの御名によって預言し、あなたの御名によって悪魔を追い出し、あなたの御名によって不思議なことをおこなったではありませんか』というだろう。そのとき私は、はっきり言おう、『私はいまだかつてあなたたちを知らない、悪をおこなう者よ、私をはなれ去れ』」〔マタイ福音書七・二二〕。

　善なり悪なりへの魂の完全なる沈潜に、その場合にだけしか生じない身体的現象が対応するというのは、なんら自然の法則に反することではない。もしそうでなかったとしたら、それこそ自然の法則に反することとなろう。なぜなら、人間の魂のあり方の一つ一つに、なんらかの身体的現象が対応しているからである。悲哀には目に生じる塩からい水が対応する。神秘的なある種の恍惚状態に、伝えられているような、地面から若干身体が持ち上げられるという現象がなぜ対応してはいけないのか？　事実が正確であろうとなかろうと、そんなことはさして重要ではない。確かだとされるべきは、神秘的な恍惚状態が魂におけるなんらかの現実であるとするならば、身体の側においても、魂がその状態にないときには出現しないような現象がそれに対応するはずだということである。神秘的な恍惚状態とそれらの現象とのあいだの関係は、悲哀と涙とを結びつけるメカニスムに類似したあるメカニスムによって成立する。われわれは後者のメカニスムについてはなにも知らない。だが、前者についてもそれ以上は知らないのである。

地上における唯一の超自然的事実は、聖性自体と、それに近い状態とである。これは神の命令が、神の愛する人びとにおいて、一つの原動力、活動的な力、自動車のガソリンのように、文字通り動力エネルギーになるという事実である。もし三歩の歩みが、神に従おうとする願い以外のいかなる原動力もなしになし遂げられるなら、その三歩の歩みは奇蹟となる。それが地上でおこなわれようと水の上でおこなわれようと、どちらもおなじように奇蹟である。ただ地上でおこなわれた場合には、なんら異常なこととしてそとに現われないだけである。

伝えきいたところによると、水の上を歩くとか死者が甦るとかいう事件は、インドでは日常茶飯事であって、野次馬をのぞいてだれもこの種のものをわざわざ見にゆかないという。とにかく、かかる主題にかんする物語は、かの地できわめて多いことは確かである。ルキアノスに見られるごとく、後期のギリシアにおいてもまたきわめて多かった。そのため、これらの奇蹟のキリスト教にたいする護教的価値は、いちじるしく減じられることになったのである。

あるヒンズー教の逸話はつぎのように語っている。ひとりの苦行者が、十五年におよぶ隠遁生活ののち家族に会いに行った。その兄は、彼がなにを得たかとたずねた。そこで彼は兄を河まで連れてゆき、相手の目のまえで、歩いてその河を渡った。兄は渡し守を呼んで、舟で河を渡り、一スーを支払ってから苦行者に言った。「私が一スーで手に入れることのできるものを獲得しようとして、十五年間も苦労することがあるだろうか？」と。これこそ良識ある態度である。

福音書のなかで語られている異常な出来事の確実性にかんしては、肯定しようと否定しようと、どちらかに賭けるということしかできない。だが、そんな問題は興味のある問題ではない。キリストがある特別な能力を有していたことは確実である。どうしてそれが疑えよう？　ヒンズー教の聖人なり、チベットの聖人なりも、おなじ能力を有することが確認されているのだから。個々の逸話についてそれがどの程度まで正確であるかを知ったところで、われわれにはたいして役立つまい。

キリストによって行使された能力は、証明そのものではなくして、論証の連鎖の一つの環をなしていたのだ。彼の能力は、悪なり善なりに身をゆだねた人びとのひとりとして、一般の人間の埒外にあったという確実なしるしなのだ。もちろんそれは、この二種の人間のどちらだったかを示してはいない。しかしながら、キリストにはっきりと現われている完全性、彼の生涯の純粋さ、彼の言葉の完璧なる美しさ、彼が自己の能力を憐れみの行為のためにのみ行使したという事実をもってすれば、判別することは容易である。このことから生じる結論は、彼が聖人だったということである。だが、彼が聖人であると確信していた人びとも、神のひとり子であると断言するのをきくにおよんで、その言葉の意味にかんしてためらいを感じた。とはいえ、彼らはその言葉に真理が含まれていると信じないわけにはいかなかった。なぜなら、聖人がそのようなことを口にするとき、嘘をつくことも思い誤ることも不可能だからである。われわれとて同様に、まちがった書替えが想定される場合をのぞいて、キリストの言ったすべてのことを信じないわけにはいかない。その力づよい証拠となるのは、美である。問題とされることがらが善であるとき、美は厳正にして確実なる証拠である。いや、他にいかなる証拠もありえない。他に証拠があるということは絶対的に不可能である。

キリストは言った。「だれもいままでしたことのないようなわざを、私が彼らのあいだでおこなわなかったら、彼らには罪はなかっただろう」〔ヨハネ福音書一五・二四〕と。だがまた、こうも言ったのである。「もし私がこなかったなら、私が語らなかったなら、彼らには罪はなかっただろう」〔同一五・二二〕と。他のところでも、彼は自分の《奇蹟のわざ》について語っている〔マタイ福音書一一・二一〕。わざと言葉とはいっしょに置かれている。彼のわざの例外的性格は、注意を惹きつけることのみを目的としていたことである。ひとたび注意が惹きつけられてしまうと、美、純粋さ、完全性以外の証拠は存在しえない。

トマにたいして言った言葉、「私を見ずに信じるひとは幸いである」〔ヨハネ福音書二〇・二四〕は、彼を見ずして復活の事実を信じる人たちに向けられたはずはない。だとしたら、信仰ではなく、軽信の讃美ということになってしまうだろう。蘇生した死者たちの物語を、すべて無差別に信じようとする老婆はどこにでもいる。まごうかたなく、幸いであると言われた人びとは、信じるにあたって復活というものを必要としない人たち、キリストの完全さと十字架が十分なる証拠となる人たちである。

　こんなわけで、宗教的見地からすれば奇蹟は二義的なことがらであり、科学的見地からすれば、当然、世界にかんする科学的観念のなかに入ってしまう。自然の法則の侵害ということによって神を証明しようとする考え方は、おそらく、初期のキリスト教徒たちによって言語道断なことに思われたにちがいない。そのような考え方は、世界の秩序の不動性こそ無神論者たちに正当な論拠を与えうるかに信じる、われわれの病める精神にしか現われることはなかったのである。

　世界内のもろもろの出来事の継起もまた、福音書のなかでは、メカニスムに類似した、すくなくも非人格的な意味における摂理によって規制されるものとして示されている。キリストは弟子たちにつぎのように語った。「空の鳥を見よ、播きも刈りも倉におさめもしないのに、あなたたちの天の父は、それを養っておいでになる。……野のゆりがどうして育つかを見よ、苦労もせず、紡ぎもしない。しかし私はいう、ソロモンの栄華のきわみにおいてさえ、このゆりの一つほどにも装っていなかった。……二羽の雀は一アスで売っているではないか、しかもその一羽さえ、あなたたちの父のゆるしがなければ地に落ちない」〔マタイ福音書六・二六、一〇・二九〕。このことは、神から聖人たちに向けられる配慮は、鳥たちやゆりを包んでいる配慮と同種のものであることを意味する。自然の法則は、樹液が植物のなかをのぼり、花となって開花する営み、鳥たちが糧を見出す営みを支配している。それは美が生まれ出るようなかたちに定められている。また自然の法則は、摂理によって、被造物たる人間においては、まず第一に天の父の国とその正義とを求めようとする決意が、自動的に死を招き寄せないというふうに定められているのだ。

おのぞみなら、神は一羽一羽の鳥、一本一本の花、ひとりひとりの聖人を見守っていると言うこともできよう。だが結局はおなじことである。全体の部分にたいする関係は、人間の知性に特有のものである。単なる出来事という次元においては、宇宙を一つの全体として考えようと、どんな分類でもよいが、たとえば空間なり時間なりのなかに、そのひとの欲するところにしたがって切り取られた、その任意のある部分として考えようと、あるいはまた、これこれの他の部分として、ないしはそれらの部分の集合として考えようと、つまりそのひとの欲するところにしたがって、いかなる全体と部分との観念を採用しようと、神の意志との一致は不変である。人目につかずに落ち散る一枚の葉のなかにも、乱れ落ちる葉のなかにも、おなじだけの神の意志との一致がある。出来事の次元においては、神の意志との一致の観念は、現実の観念と同一である。

善悪の次元においては、善との関係あるいは悪との関係にしたがって、神の意志との一致がおこなわれたり、おこなわれなかったりする。摂理にたいする信仰は、全体としての宇宙が、前者の意味においてばかりでなく、後者の意味においても、神の意志に一致していると確信することに存する。すなわち、この宇宙のなかで善が悪に勝つと確信することに存する。この場合、全体としての宇宙だけが問題になる。なぜなら個々の事物においては、われわれは不幸にして、悪が存在することを疑うわけにはいかないからである。したがってこの確信の対象は、世界の不変的秩序の基礎としての永遠かつ普遍的な構造である。神の摂理は、もし私の誤りでなければ、中国やインドやギリシアの聖典のなかにも、福音書のなかにも、けっしてこれとは別のかたちで現われてはいない。

しかしながら、キリスト教がローマ帝国の公的宗教になったとき、神と神の摂理の非人格的局面は蔭に押しやられてしまった。神は皇帝の代役となった。この手術は、ユダヤ教的伝統のゆえに容易なものとなった。キリスト教は、その歴史的起源によってこの伝統から脱け出すことができなかったのである。追放時代以前に書かれたテキストにおいて、ヤーヴェは、ヘブライ人にたいして主人と奴隷という法的関係を有していた。ヘブライ人はファラオの奴隷だった。ヤーヴェは彼らをファラオの手から救い出したあと、彼の権利を承け継いだ。ヘブライ人はヤーヴェの所有物となり、報償と懲罰にかんしてより広い選択権を有することをのぞけば、ヤーヴェは、任意のある人間がその奴隷たちを支配するのとおなじようにヘブライ人を支配した。またヤーヴェは、彼らにたいして無差別に善か悪かを命じたが、悪を命じることのほうがはるかに多かった。どちらの場合にも彼らはひたすら服従しなければならなかった。命令が実行されさえすれば、もっとも低劣なる動機によって彼らが服従のうちに繋ぎとめられたとしても、そんなことはどうでもよかったのである。

こうした考え方は、まさにローマ人の心情と知性の水準にぴったりだった。彼らにおいては、奴隷制があらゆる人間関係のなかに入り込み、それを堕落させてしまっていたのだ。彼らはもっとも美しいものさえ穢した。嘆願者たちにたいしては、彼らに嘘を強制することによってその名誉を奪った。感謝にかんしては、それを程度の弱い隷従と考えることによってその名誉を奪った。彼らの考え方にしたがえば、恩恵を受け入れることは、それと引きかえに自己の自由の一部を譲渡することだったのである。恩恵が重視されていたのは、一般の風潮にしたがって、恩恵をほどこす者にむかい相手が自分は奴隷であると言わざるをえなかったからにほかならない。彼らは愛の名誉をも穢した。彼らにとって愛しているとは、愛する女性を所有物として獲得するか、それが不可能な場合には、肉体的快楽を手に入れるために、十人の他の男と共有する運命に甘んじてでも、奴隷としてその女性に屈従することだったのである。彼らは祖国の名誉も奪った。愛国心とは、同国人ならざるいっさいの人間を奴隷状態に陥らせようとする意志だと考えたからである。だが、彼らが名誉を奪わなかったものを列挙したほうが簡単かも知れない。しかし、そんなものはおそらくなに一つ見つからないだろう。

とりわけ彼らは、君主権からもその名誉を奪った。正統なる君主権にかんする古代的観念は、われわれが推測するかぎりにおいて、きわめて美しいものであったように思われる。ただし、われわれは推測することしかできない。ギリシア人にはもはや存在していなかったのだから。とはいえ、十七世紀までスペインに存続していたもの、および程度ははるかに弱まるが現代までイギリスに存続しているものは、おそらくそれなのである。

エル・シッド[28]は、唐突で不正なる追放に処せられたのち、おのれの生まれた王国よりも広い領土を唯ひとりで征服し、そのあと王から拝謁を賜わることになった。はるかかなたから王の姿を認めると、彼は馬からおり、地面に両手両膝をつき、地に接吻した。ローペ・デ・ベガ[29]作『セビーリアの星』のなかでは、王は暗殺者にたいする死刑の宣告を阻止しようとする。その下手人は王から密命を受けていたからである。王は三人の裁判官をそれぞれ別に呼び出し、自分の命令を伝えた。彼らはそれぞれ跪いて全面的服従を保証した。そのあと、ただちに法廷に参集した彼らは、全員一致で死刑の宣告を下した。説明を求めた王にたいして、彼らはつぎのように答えたのである。「臣下として、われわれはあらゆることにおいてあなたに服従します。しかし裁判官としては、われわれは良心にしか服従しません」と。

この考え方は、いかなる条件にも左右されない全面的な服従、正統性にたいしてのみ捧げられる服従の考え方であって、そこには、権力にたいする、また、出世、不幸、報酬、懲罰の可能性にたいするいかなる考慮も含まれていないのである。これはまさに、修道会における長上への服従の観念とおなじ観念である。かかる服従を受ける国王は、実際上、その臣下たちにとって、修道僧にたいする修院長のように神の象り（かたど）であった。しかもそれは、王を聖なるものに思わせるがごとき錯覚のゆえにではなく、ただひたすら、人びとが神によって承認されていると信じていた慣習の結果であった。それは偶像崇拝から絶対的に自由な宗教的尊敬であった。正統の領主権にたいするこのおなじ考え方は、国王のしたでも、社会的階層の上層から下層にむかって適応されていた。かくて公的生活全体は、よき時代のベネディクト派修道院の生活のように服従という宗教的な徳に浸されていたのである。

われわれが生きている時代においても、T・E・ロレンスが観察したように、アラブ人のあいだにかかる観念が見出される。スペインにおいては、この不幸な国がルイ十四世の孫(30)を受け入れることを余儀なくされ、その結果おのれの魂を失ってしまった時代までである。ロワール以南地方においては、フランスによって征服されるまでである。いや、そのあとにも見出される。なぜなら、かかる霊感はテオフィル・ド・ヴィヨーのなかにまだ感じ取られるからである。フランスの王制は、ながいこと、右の観念とローマ的な観念とのあいだでためらっていた。しかし、ついにローマ的観念のほうを選んだ。フランスに王制を復興することが問題となりえないのはこの理由による。われわれにとって、真に正統的な王制の可能性が残されているとしたら、願ったり叶ったりのことなのだが。

いくつかの証拠から、正統的王制にかんするスペイン的観念は、古代におけるオリエント的君主制の観念であると結論すべきであろう。しかしながら、後者はあまりにも傷つけられることが多かったのである。アッシリア人はそれに多くの痛手を与えた。アレクサンドロスもまたそうである。それはアリストテレスの教育学がしからしめたところであり、アレクサンドロスはけっしてその師傅に否認されることはなかったのである。ヘブライ人、すなわちこの逃亡奴隷たちは、けっしてこの観念を知ることがなかった。必要に迫られて団結した一握りの冒険家であるローマ人にしても、おそらくはそうである。

ローマでこの観念の代役をつとめたのは、主人と奴隷との関係であった。すでにキケロは、恥ずかしげに、おのれをなかばカエサルの奴隷と考えていたと告白している。アウグストゥス以後、皇帝は奴隷の所有者という意味において、ローマ帝国全住民の主人であると見なされるようになった。

人間というものは、おのれが他人に蒙らせることをごく当然と考える不幸でも、おなじ不幸を相手がおのれに蒙らせうるとは想像しない。ところが実際にそういう結果になり、みずからその恐怖の渦中に置かれると、その不幸をごく当然と思うようになる。彼らの心情がおなじ取扱いを他人に蒙らせることを嫌わなかったために、おのれの心情の奥底に、その取扱いに対する怒りや抵抗を生み出す力の源泉を見出すことができないのだ。すくなくとも、たとえ想像力によってさえ、もはや外側から支えになってくれるものがなにもなく、心情の内奥にしか力の源泉を見出しえない破目になった場合はそうである。いわんや、過去の犯罪がそれらの源泉を破壊してしまっているならば、弱さだけがすべてであって、いかなる度合の恥辱でも受け入れてしまうのだ。この人間の心情のメカニスムのうえに、『黙示録』のなかでつぎの文章が表現している相互性の法則が成り立っている。「ひとが相手を奴隷状態のなかに引きずり込むならば、彼もまた奴隷状態のなかに引きずり込まれるであろう」〔黙示録一三・一〇〕。

多くのフランス人は、フランス植民地の抑圧された原住民たちにたいして協力を説くことをごく当然だと考えたあと、なんら苦しみも感じることなく、ドイツ人の主人たちにたいしてこのおなじ言葉を口にしつづけているが、それはこの理由にもとづく。

奴隷制を社会の基本的制度と考えていたローマ人もまた、ある男が彼らにたいし所有者としての権利を主張し、武力の勝利によってその主張を通したとき、おのれの心情のなかにそれに否（ノン）と言いうるようなものをなにひとつ見出せなかった。さらにまた、相続権によって彼らを所有物にするその後継者たちにたいしても、否（ノン）と言いうるようなものをなにひとつ見出せなかった。タキトゥスが嫌悪の情をもって列挙しているいっさいの卑劣さはここに由来する。彼はそれらにかかわりをもっていただけに[31]、嫌悪感はよけいにつよかったのだ。ローマ人は命令を受けるとすぐ自殺したが、それ以外の場合には死ななかった。奴隷が自殺などしたら、主人から盗むことになるからだ。カリグラは、食事をするとき、寛衣を着た元老院議員たちをうしろに侍立させていたが、ローマにおいてこの役目は、奴隷たちに与えられる身分的失墜を示すしるしだったのである。また饗宴の席では、十五分ほど席をはずして、だれか貴族の婦人を私室に連れ込み、しかるのち、その婦人の夫もまじっている会食者のところへ、顔をまっかにし、髪も乱れたままの彼女を連れもどすのであった。しかしながら、これらの人びとはつねに、自分たちの奴隷ばかりでなく、属州の被征服民をこんなふうに扱いながら、それをごく当然と考えていたのである。

したがって、皇帝崇拝を通じて神格化されていたのは奴隷制度であった。数百万の奴隷たちは、彼らの所有者に偶像崇拝を捧げていたのである。

宗教問題にかんするローマ人の態度を決定したものはこれである。彼らは寛容であったと言われる。じじつ彼らは、霊的内容のない宗教的礼拝のすべてに寛容だったのである。

ヒトラーが気まぐれを起こして神智学を容認したところで、おそらく危険な破目にはおちいらないであろう。ローマ人も、スノブや有閑婦人向きのいんちき東方趣味であるミトラ教[32]を簡単に容認することができたのである。

だが、ローマ人の寛容さには二つの例外があった。まず第一に、当然のことながら、だれであれ、彼らの奴隷たちにたいして所有権を主張するような者には我慢できなかった。ヤーヴェに対する彼らの敵意もこれに起因する。ユダヤ人は彼らの所有物であって、人間であれ神であれ、彼ら以外の所有主を持つべきではないからである。したがって、単に奴隷所有者同士の異議申し立てが問題だったにすぎない。あげくには、自己の威信に腐心するあまり、ローマ人は彼らが主人であることを実際に証明しようとして、所有権に異議が持ち出された人間家畜のほとんど全部を殺してしまった。

もう一つの例外は霊的生活にかんするものである。ローマ人は、霊的内容においてを豊かなものはいっさい容認することができなかった。神への愛は危険なる火であって、それに触れた場合、彼らの憐れなる奴隷制の神格化にとって致命的なものとなる。だからローマ人は、あらゆる形式の霊的生活を情け容赦なく弾圧したのだ。彼らはきわめて残酷なかたちで、ピュタゴラス学派や真の伝統につながるいっさいの哲学者を迫害した。ついでながら言っておくが、束の間だが、一度だけ、ローマ的霊感ではなくギリシア的霊感を受け継ぐ真のストア派〔マルクス・アウレリウス（一二一―一八〇）をさす〕が帝位につくことができたのは、きわめて神秘的なことである。この神秘は彼がキリスト教徒を迫害したという事実によって倍加される。ローマ人はガリアのドルイド教の神官たちを皆殺しにし、エジプトの諸宗教を根絶し、ディオニュソスの礼拝を血のなかに溺れしめ、巧みなる中傷によってそれを穢した。初期のキリスト教徒たちにたいして彼らがなにをしたかは、だれでもが知っている。

　ところがローマ人は、あまりにも粗野な偶像崇拝のなかで居心地の悪さを感じていたのだ。ヒトラーとおなじように、彼らもまた霊性のいつわりの外観の価値を知っていた。だから、できることなら真の宗教伝統の表皮だけを剥ぎ取って、彼らのあまりにもあからさまな無神論のうえに貼りつけたかったにちがいない。ヒトラーもまた、一つの宗教を見つけ出すか、それを創り出したいことだろう。

　アウグストゥスは、エレウシス[33]の神官団を味方に引き入れようと試みた。エレウシスの秘儀制度は、原因不明だが、アレクサンドロス大王の後継者の時代にはすでに、ほとんど絶滅に近いまでに衰微していた。洪水で水が打ち寄せるように、アテナイの街路に血を打ち寄せさせたスラの虐殺[34]は、なんら彼らのためになったはずはない。また、帝政時代にその真の伝統のなんらかの痕跡が残っていたことはきわめて疑わしい。しかしエレウシスの神官たちは取引きを拒んだのである。

キリスト教徒たちは、虐殺に甘んじることにあまりにも疲れ果て、栄光に満ちた世界の終末がおとずれないためにあまりにも不幸になったとき、かかる取引きを受け入れた。その結果、キリストの父なる神は、ローマ的流儀に順応して、奴隷たちの主人となり、その所有者となった。ヤーヴェが橋渡しの役を演じたのだ。もはやヤーヴェを受け入れるのになんの不都合もなかった。エルサレムの滅亡以後、ローマ皇帝とヤーヴェとのあいだには、もはや所有権の異議申し立ては存在する余地がなかったのである。

はっきり言って、福音書のなかには奴隷制から引き出された直喩がたくさんある。だがキリストの口から言われるとき、この言葉は愛の策略なのだ。奴隷とは、奴隷として心から神に身を捧げることをのぞんだ人たちのことである。そして、これは一瞬のうちに決定的におこなわれた献身なのだが、そのあとそれらの奴隷たちは、神にたいして、奴隷状態に彼らを保ってくれるように懇願することを一瞬たりとやめなくなるのである。

これはローマ人の考え方と両立しない。もしわれわれが神の所有物であるとするなら、どうして奴隷として神に自己を与えることができよう？　神はわれわれを創造したことによって、われわれを解放したのだ。われわれは神の国のそとにある。われわれが同意したときにのみ、徐々にこの過程を遡行する行為をなし遂げ、われわれ自身を、生命のないあるもの、無に類似したあるもの、しかも神が絶対的な主人であるがごときあるものたらしめることができる。

この真にキリスト教的な霊感は、さいわいにして、神秘神学によって保持された。しかしながら、純粋な神秘神学以外のところでは、ローマ的偶像崇拝がすべてを穢してしまった。そうだ、やはり偶像崇拝である。偶像崇拝を宗教から区別するものは、礼拝の形式であって、対象に与えられる名称ではないからである。もしキリスト教徒にして、ローマの異教徒が皇帝を讃美する際のごとき心をもって神を礼拝するならば、そのキリスト教徒もまた偶像崇拝者にすぎない。

神にたいするローマ的観念は、今日でもなお、マリタンのような人たちのなかにまで生きつづけている。

マリタンはつぎのように書いている。「権利の観念は道徳的義務の観念より深いものである。なぜなら、神は被造物のうえに至上権をもち、被造物にたいして道徳的義務を有しないからである(もっとも、被造物がその本性上必要とするものを与えるのは神の義務である)」。

義務の観念も権利の観念も、ともに神に適合しない。さらに権利の観念は義務の観念よりもはるかに適合しないのだ。権利の観念は義務の観念よりはるかに純粋な善に遠いからである。そのなかには善と悪とが混じりあっている。権利を所有するということは、それを善用する可能性と悪用する可能性とを含むからである。逆にある義務の完遂は、かならず無条件的に、あらゆる点から一つの善である。このゆえ一七八九年の人びとは、おのれの霊感の本源として権利の観念を選ぶことにより、きわめて不幸な誤謬をおかしたのである。

ローマ的考え方にしたがえば、最高の権利は、所有の権利、ないしは本質的にそれと同種の他のいっさいの権利を意味する。神が義務を伴わない最高の権利を有すると考えることは、神をローマの奴隷所有者に無限に近いものとすることである。この場合に許されるのは屈従的な献身のみである。相手を所有物とみなしている人間にたいする奴隷の献身は、低劣なる行為である。自由なる人間をうながして、その身体と魂とを完全なる善への服従に捧げさせる愛は、隷従的な愛の対極をなすものである。

カトリック教会の神秘的伝統のなかで、魂が通過しなければならない浄化の主要目標の一つとされているのは、神にかんするローマ的観念の全面的根絶である。その痕跡が残存するかぎり、愛における合一は不可能である。

しかし神秘家たちの輝きをもってしても、このローマ的観念は、彼らの魂のなかで根絶されたようには教会の内部で根絶されることはなかった。教会はローマ帝国とおなじようにそれを必要としたからである。つまり教会は現世的支配のためにそれを必要としていたのだ。したがって、しばしば中世にかんしていわれる霊的権力と現世的権力という権力間の分離は、人びとが考えている以上に複雑な問題である。スペインの古典的観念にもとづく王への服従は、十三世紀の大半を通じてみられたように、宗教裁判所で武装し、神にたいする奴隷制的観念を押しつけようとする教会への服従より、無限に宗教的で純粋なものだった。たとえば十三世紀のアラゴン(35)においては、国王は真に霊的な権威の保有者であり、教会はまったく現世的な権威の保有者であった可能性が十分にあるのである。なにはともあれ、ローマの帝国主義的支配の精神は、神にかんするローマ的観念を根絶できるほど教会から遠のいたためしはないのである。

当然の結果として、摂理の観念もすっかり姿を変えてしまった。摂理は思考を茫然たらしめるほどの紛れもない不合理である。真の信仰の神秘もまた不合理であるが、この不合理のほうは思惟を啓蒙し、知性にとって明白な真理を大量に現出させる。このほかのもろもろの不合理は、おそらく悪魔の神秘に属する。そしてこの両者の神秘は、現在のキリスト教思想のなかに麦と毒麦のように混じり合っている。

ローマ流の神に対応する摂理の観念は、ある特別な目的に合わせてある種の手段を調整するため、神がみずから世界に介入してくることである。彼らは、世界の秩序がそれ自体にゆだねられ、ある場所、ある瞬間、ある目的のために神が特別に介入しなければ、神の意志に適合しない諸結果を生み出すことになることを認める。また神が特別な介入を実行することを認める。しかしながら彼らは、因果律のからくりを矯正するためのこれらの介入が、それ自体因果律に服したものであることをも認めるのだ。神が世界の秩序を侵害するのは、神が生じさせようと欲するものではなく、神が生じさせようとするものを結果として導き出す原因を出現させるためなのである。

よく考えてみるならば、かかる仮説は物質をまえにした人間の立場と正確に対応する。人間はさまざまな特別の目的をもち、そのためにさまざまな特別の介入をおこなうことを余儀なくされるが、その介入は因果律の法則に従っているのである。まず、広大な領地と多数の奴隷を所有するローマの大地主を想像していただきたい。つぎに、その領地を宇宙とおなじ大きさに拡げてみていただきたい。じじつ、キリスト教の一部を支配している神の観念はかかるものであり、その穢れは、神秘家たちをのぞいて、おそらく多かれ少なかれキリスト教全体をむしばんでいるのだ。

このような大地主が、おなじ身分の者と絶対にめぐり合わず、奴隷たち以外にはいかなるつき合いもなく、たったひとりで生きていると仮定してみよう。すると、どうしてある特別の目的が彼の思考のなかに出現しうるかが疑問となってくるだろう。彼自身には満たされない要求などないのだ。彼が奴隷たちの幸福を求めたりするであろうか？　そんなことをしたら動きがとれなくなってしまうだろう。現実に奴隷たちは、犯罪と不幸との餌食になっている。もし、彼らの運命のなかで幸福だとされる要素を列挙して、けなげな感情を鼓吹しようとするなら（これはかつてアメリカの奴隷制宣伝家たちがやったと思われる手口だ）、いかに彼らの幸福の分け前が限られたものであるか、また、主人に付与されている権力と、幸福と不幸のそれぞれの分け前とのあいだにいかに不均衡が存在するかをますます際立たせるだけであろう。この事実をかくすことができないものだから、奴隷たちにたいして、彼らが不幸なのは自分たちが悪いからだと主張するようになるだろう。だがこの主張は、それを受け入れるなら、その大地主の意志がなにものであるかを知る問題になんらの解明ももたらさないことになる。その種の意志を、若干の好意が含まれた気まぐれとして以外に想像することは不可能である。じじつ人びとはそのように想像するのである。

宇宙の構造のなかに、その所有者の好意の証拠を発見しようとするいっさいの試みは、一つの例外もなく、西瓜と家族そろっての食事とにかんするベルナルダン・ド・サン＝ピエールの文章と同水準にあるものなのだ[36]。かかる試みのなかには、託身の諸結果にかんする歴史的考察のなかにおけると同様に、中核をなす一つの不合理が存在する。宇宙のなかに人間が認めるように示されている善は、完了した、有限の善である。そこに神の働きのしるしを見出そうという試みは、神自体を完了した、有限な善となすことである。これは瀆聖的な行為である。

歴史の分析におけるこれと同種の試みは、アメリカ大陸発見の最近の記念日の折に、ニューヨークのあるカトリック系の雑誌のなかで表明された巧妙な考え方が如実に示している。その雑誌の言うところにしたがえば、神がクリストバル・コロンブスを遣わしてアメリカ大陸を発見させたのは、数世紀後、ヒトラーを打ち破りうる国を存在させるためだったそうな。これはベルナルダン・ド・サン＝ピエールにも劣る議論である。残虐なる議論である。神もまた、はっきりと有色人種を軽蔑していることになる。すなわち、十六世紀にアメリカ大陸の原住民を皆殺しにしたのは、二十世紀のヨーロッパ人を救うためにはたいした犠牲ではないと神に思われたことになるし、神はもっと血腥くない手段でヨーロッパ人に救いをもたらすことができなかったことになるのだ。四世紀以上もまえにクリストバル・コロンブスをアメリカに遣わすくらいなら、一九二三年ごろヒトラーを暗殺するためにだれかを遣わしたほうがより簡単だったはずである。

　これを例外的に下等な愚劣さだと考えることは誤りである。歴史の摂理的解釈はすべて、必然的にまさにこれとおなじ水準にある。ボシュエの歴史観がそれである。彼の歴史観は、残酷であると同時に愚劣であるし、知性をも心情をもおなじように憤激させる性質のものである。この宮廷人たる高位聖職者を偉大なる精神とみなすのは、その人間が雄弁の響きにきわめて感じやすいからということになろう。

　摂理の観念が個人生活のなかに導入されると、その結果はこれにおとらず滑稽なものになる。ある人間から一センチ離れたところに落雷があって、しかもその人間が無疵なままだと、彼はしばしば摂理によって救われたのだと考えるものだ。その場所から一キロ離れたところにいる人びとは、自分たちが救われたのは神がとりなしてくれたお蔭だなどと考えはしない。宇宙のメカニスムがある人間を殺そうとしているとき、おそらく神は、その人間の生命を救うことがおのれの意にかなうかいなかを自問する。そして、救おうと決心するならば、メカニスムにはほとんど感じられないほどの指の一押しを与える。一つの生命を救うために、雷を一センチだけ移動させることはもちろんできる。だが一キロ移動させることはできない。ましてや、完全にそれが落ちないようにすることはますますできない。人びとがこのように考えていると信じるべきである。さもなければ、摂理なるものは、われわれの生涯の各瞬間に、雷が一センチ離れたところに落ちる瞬間と同程度に、落雷によってわれわれが殺されないように介入していると考えるであろう。そして、こうした人間が落雷によって殺されるのを阻止するために摂理が介入しない唯一の瞬間は、すくなくともそのようなことが起こった場合、落雷が彼を殺す瞬間だということになる。起こらないことがらはすべて、神によっておなじ程度に阻止されている。起こることがらはすべて、おなじ程度に神によって許されているのだ。

神がある特別な目的のために、個人的に特別に介入するというがごとき摂理にたいする不合理な観念は、真の信仰とは両立しない。だがこれはおのずと明らかな不両立ではない。この観念は世界にかんする科学的な観念と両立しない。この面では、不両立はおのずと明らかである。教育と環境の影響から、自分たちの内部に摂理にたいする右の観念を有しているキリスト教徒でも、同時にまた、世界にかんする科学的な観念をもっている。このため、彼らの精神は二つの区画に分割され、そのあいだには防水隔壁が設けられてしまう。一つの区画は、世界にかんする科学的観念のためのものであり、もう一つの区画は、神の個人的摂理が働く領域としての世界にかんする観念のためのものである。したがって彼らは、どちらの観念についても考えることができない。そのうえ、第二の観念もまじめに考えられていないのだ。無信仰者たちのほうは、いかなる敬意によっても束縛されないために、この個人的で特別の摂理が滑稽なものであることを容易に見抜いてしまう。その結果、信仰自体も、彼らの眼に滑稽さの烙印を押されたものに見えるのである。

人間が、神のわざであると考える特別な計画は、すべて、因果的結合の無限といってもまだ足りない複雑さから切り取った断片にすぎない。われわれは持続のなかで、ある種の出来事を、それから生まれる諸結果のうち、幾千もの数あるなかから選ばれたある種の結果に結びつけることによって、かかる切り取りをおこなう。それら切り取られた断片について、それが神の意志に適合していると言うだけなら、われわれは正しい。しかしそれは、あらゆる種類の人間の精神、あるいは人間ならざるものの精神が、いかなる大きさの段階にあるかを問わず、空間と時間とのなかで、宇宙の複雑さから切り取ったいっさいの断片と、ただ一つの例外もなく、おなじ度合において真実であるにすぎない。

人間は、空間と時間の持続そのものから、まるで一個の原子のごとき出来事を切り取ることはできない。しかし人間の言語の不完全さは、それが可能であるかに語ることを強制するのである。

時間の流れの全体のなかで宇宙を構成するいっさいの出来事、それらの出来事の一つ一つ、いくつもの出来事の可能なる結合の一つ一つ、二つないしはそれ以上の出来事のあいだの、さまざまな出来事の二つないしはそれ以上の結合のあいだの、あるいは一つの出来事といくつかの出来事の結合とのあいだの関係の一つ一つ——これらはすべて、おなじ度合において神の意志によって許されざまなものの組合せが、神の意図の欲したものであり、それらは神の特別なる意図の総体が宇宙そのものにほかならない。悪とされるものだけが例外である。それすらも、あらゆる関係において、そのすべてが例外とされるべきではなく、ただ単に、それが悪であるかぎりにおいて例外とされるにすぎない。それ以外の関係においては、神の意志に適合したものなのである。

ひどい苦痛を与える傷を受け、その傷のために彼の連隊が全滅した戦闘に参加できなかった兵士は、神が彼に苦痛を与えることではなく、彼の生命を救うことを欲したのだと信じるかも知れない。だが、それは極端なまでに無邪気な考え方であり、自己愛の罠である。神は、彼に苦痛を与えることと、彼の生命を救うことと、それから生じるいっさいの結果を生じさせることを欲したのであって、そのうちの一つを他の一つ以上に欲したのではない。

神の特別な意志を云々することが妥当な場合はただ一つしかない。それはある魂のなかに、神の命令を受けたことを明らかに示すしるしを帯びた特別の衝動が出現した場合である。しかしそのとき問題なのは、霊感の源泉としての神である。

摂理にかんする現代的観念は、《講読》と呼ばれている学科目が、できの悪い教師によって、完全なる美を有する詩をテキストにしておこなわれた場合に似ている。たとえば、その教師はつぎのように言うであろう。「この詩人は、これこれの効果を得ようとして、これこれの言葉を用いた」と。こうした説明が通用するのは、二流、十流、五十流の詩についてだけである。完全なる美を有する詩の断章においては、ある場所にある言葉が存在することによって導き入れらるべきいっさいの効果、いっさいの響き、いっさいの表象の喚起は、おなじ度合において、すなわち完全なるかたちで、詩人の霊感に照応しているのである。どの芸術についてもおなじことが言える。したがって、詩人は神に似ている。最高度の完全さに達した詩的霊感は、神の意志にかんする概念を類推させることができる人間的事象の一つである。詩人は人間である。しかしながら、彼が詩的完全さに達した瞬間には、個性を越えた霊感に貫かれるのだ。彼の霊感が個性的なものにとどまっているのは、凡庸なる瞬間にすぎない。その場合には、真の意味における霊感ではない。神の意志を類推によって理解するための表象として詩的霊感を採りあげるに際しては、その凡庸なる形ではなく、完全なる形を問題にしなければならない。

神の摂理は、世界の秩序のなかの混乱でもなければ異常でもない。それは世界の秩序そのものである。いやむしろ、この宇宙に秩序を与える原理である。諸関係を支配する網目として宇宙全体に拡がっている、唯一の永遠なる英知である。

ローマ以前の全古代は、このようなかたちでこの英知を理解した。旧約聖書のなかで古代世界の普遍的霊感が滲み込んでいる部分はすべて、この英知の観念を、比類ない言語的壮麗さに包んでわれわれに示してくれている。だがわれわれの目は盲(めし)いている。われわれは理解せずに読んでいるのだ。

暴力はこの世の支配者ではない。本性上、暴力は盲目で無限定である。この世を支配しているのは、限定であり制限である。永遠なる英知は、この宇宙を網目のなかに、限定の網目のなかに閉じこめる。宇宙はそのなかでもがくことはない。われわれに支配者のごとく思われる物質の暴力は、実際のところ、完全なる服従にほかならない。

これこそ、人間に与えられた保証、契約の櫃、この世で目に見、手に触れることのできる約束、希望の確実なる拠り所である。これこそ、世界の美に感銘をおぼえるたびごとに、われわれの心に喰い込んでくる真理である。旧約聖書の美しく純粋な部分のなかに、ギリシアのピュタゴラス学派やあらゆる賢人のなかに、中国の老子のなかに、ヒンズー教の聖典のなかに、エジプトの断簡のなかに、比類を絶した歓喜の調子をもって輝き出しているのは、この真理である。おそらくこの真理は、無数の神話や物語のなかに隠されている。もし神が、いつの日か、ハガル(37)の目をひらいたようにわれわれの目をひらいてくれるなら、この真理はわれわれのまえに、われわれの眼下に、われわれの科学のなかに姿を現わすことになるだろう。

ヒトラーが正反対の誤謬を主張している言葉を通してさえ、われわれはこの真理を識別することができる。「遊星や中心恒星が円形の軌道にしたがい、衛星が遊星の周囲をまわり、いたるところで、ただひとり力のみが、弱きものの主人として君臨し、弱きものの従順なる奉仕を強制するか、さもなくば、弱きものを打ちくだくがごとき世界では……。」どうして盲目な力が円形の軌道を生み出すことができるだろうか？　従順に力に奉仕するのは弱さのほうではない。力こそ永遠の英知に従順なのだ。

ヒトラーと彼の狂信的な青年隊とは、夜の星空を眺めながら、けっしてこんなふうに感じたことはなかったのだ。しかし、いったいだれが、このことを彼らに教えようとしたであろうか？　われわれがこんなに誇りにしている文明は、このことを隠蔽しようとしてあらゆる術策を弄してきたのである。魂の片隅でこの文明をいぜん誇りにしているかぎり、われわれはヒトラーの犯罪のどれからもまぬがれているとはいえない。

インドにおいては、《均衡》を原義とする一つの言葉は、同時に世界の秩序と正義とを意味している。つぎにこのことにかんして、聖典のテキストのなかで、象徴的な形式のもとに、世界の創造と人間の社会とについて述べた部分を引用する。

「まことに、初めに神がまったくひとりで存在していた。ひとりだったので、彼は姿を現わさなかった。彼は高次の形式、至上権を創造した。……このゆえに、至上権のうえには何ものも存在しない。このゆえに、儀式に際して神官は君主より上席に坐るのである……。

神はまだ姿を現わさなかった。彼は農民と工人と商人の階級を創造した。

神はまだ姿を現わさなかった。彼は奴婢の階級を創造した。

神はまだ姿を現わさなかった。彼は高次の形式、正義を創造した。正義は至上権の至上権である。このゆえに、正義のうえにはなにものも存在しない。権力なき人間も、正義によって、王の権威によるかのように、きわめて権力のある人間と肩を並べることができる。

正義とは真理にほかならない。このゆえに、だれかが真理を語るとき、『彼は正義だ』といわれるのである。またそれかが正義について語るとき、『彼は真理だ』といわれるのである。まことに、正義と真理とはおなじものだからである。」〔『ブリハッド・アーラニヤカ・ウパニシャッド』Ⅰ・四、一一－一四〕

きわめて古いヒンズー教の詩につぎのようなものがある。

「太陽がそこからのぼるもの、

太陽がそこに沈むもの、

神々はそれを正義とした。

この正義は、今日も明日も変わらない。」〔前掲書I・五、二三〕

アナクシマンドロスはつぎのように書いている。

「事物が誕生するのは無限なるものからである。消滅は無限なるものへの回帰であり、この回帰は必然の力によっておこなわれる。なぜなら、事物はその不正のゆえに、時の指令にしたがって、たがいに罰と償いとを果たすものだからである。」〔『初期ギリシア哲学者断片集』ディールスの分類、12A9〕

これこそ真理である。通俗の近代科学からヒトラーがすくいあげてきた奇怪な観念が真理であるのではない。目で見、手で触れることのできるいっさいの力は、それがけっして越えることのない見えざる限界に服している。海の潮は、どんどんと高まりつづける。しかしながら、空無にすぎない一点がそれを押しとどめ、ふたたび引きさがらせてしまう。おなじように、怒涛のごときドイツ軍も、英仏海峡の海岸線で停止してしまった。だれにもその理由はわからない。

ピュタゴラス学派の人たちも、宇宙は無限定なるものと、限定し、制限し、阻止する原理とから成ると言っている。

虹にかんする伝承は、あきらかにモーゼがエジプト人から借用したものであるが、世界の秩序が人間に与えるはずの希望を、もっとも感動的なかたちで表現している。

「神は言われた。……私が雲を地のうえに起こすとき、虹は雲のなかに現われる。こうして私は、私とあなたがた、およびすべて肉なるあらゆる生き物とのあいだに立てた契約を思い起こすゆえ、水はふたたび、すべて肉なる者を滅ぼす洪水とはならない。」〔創世記、九・一四―一五〕

虹の描く美しい半円は、この地上の現象がいかに怖ろしいものであれ、それらすべてが一つの制限に服しているという証言なのである。この行文のすばらしい詩情は、神にたいして、制限する原理としての彼の役割を思い出させることをねがっているのだ。

「あなたは水に境を定めて、これを越えさせず、ふたたび地を覆うことのないようにされた。」〔詩篇、一〇四・九〕

揺れ動く波のように、この地上に継起するいっさいの出来事は、そのすべてが、誕生と消滅、増大と減少によって相互に補整される均衡のなかの中断にほかならないし、かつそのすべてが、実体はないが、どんなダイヤモンドより強固な制限の網が目に見えず存在することを感じ取らせているのである。物事の変転が、非情なる必然を知覚させながらも美しいのはこのためである。いかにも必然は非情である。しかし力ではなく、いっさいの力を支配する主人なのだ。

しかも古代人を真に陶酔させた想念は、物質の盲目の力を従わせるものが、それよりさらに強い別の力ではないということだった。つまりそれは愛なのである。彼らは、物質が永遠の英知に従うのは、それに服従を肯わしめる愛の力によると考えていたのである。

プラトンも『ティマイオス』のなかで、「神の摂理は賢明なる説得をおこなうことによって必然を支配する」〔『ティマイオス』四八〕と語っている。また、前三世紀のものであるが、その霊感ははるか古い時代にさかのぼることが証明されているあるストア派の詩は、神にむかってつぎのように語りかけている。

「地球の周囲をめぐるこの全世界はあなたに従う。

あなたがどこに誘おうと、それはあなたの支配に服する。

これぞ、あなたの見えざる手が統べる下僕の美徳。

両刃の、火と燃え、永遠に生きる、おお、雷よ。」〔クレアンテス『ゼウス讃歌』〕

雷、天空から大地へ垂直に迸るこの火箭は、神とその被造物とのあいだの愛の交換である。このゆえに、《雷を投げる者》がとりわけゼウスの形容語となるのである。

《運命愛》なるストア派の観念、すなわち、彼らによってあらゆる徳の中枢に据えられた、世界の秩序への愛の観念はここからくる。世界の秩序は、それが神への純粋なる服従であるがゆえに愛されねばならない。この宇宙がわれわれを認めてくれようと、あるいは苦痛を与えようと、宇宙はひたすら従順によってそうするのだ。ながいあいだ不在で、不安のうちに待たれていた友人が手を握りにやってくるとき、その握り方が、それ自体として快いか快くないかは問題ではない。彼がつよく握りすぎて痛いくらいであっても、われわれはそれを注意しようとしたりしはしない。彼が語るとき、その声の響きが、それ自体として快いか否かをわれわれは問おうとはしない。手の握り方、声の響き、それらはすべて、ただ彼の現前のしるしなのであり、この条件において、それはかぎりなく貴重なものなのである。おなじように、生涯のあいだに起こるいっさいのことがらは、この宇宙が神へ全面的に服従していることから生じたものであって、神の意志がつくり出す絶対的な善へわれわれを接触させてくれるのだ。この条件において、いっさいは例外なく、歓びも苦しみも一様に、愛と感謝というおなじ内的態度のうちに迎え入れられなければならない。

真の善のなんたるかを知らない人間たちが神に服従しないのは、彼らが思惟する被造物たるにふさわしいかたちで、思惟の同意によって神に服従しないことを意味する。ところが彼らの身体と魂とは、物質としての肉体と心理とを絶対的な意味で支配しているメカニスムの法則に完全に服している。身体と魂のうちなる、物質としての肉体と心理とは完全にそれに服従する。この両者は、物質として完全に従順なのである。もし人間を物質のうえに高める唯一のものなる霊的光明を有しないなら、またもしそれを渇望しないなら、この両者は物質以外のものではありえない。このゆえに、この両者がわれわれに与える苦痛は、生命なき物質が与える苦痛として迎え入れられなければならない。苦しみ迷っている人間の思惟には当然同情すべきではあるが、それはさておき、これら物質的要素は、生命なき物質が愛されねばならぬようなかたちで、宇宙の完全に美しい秩序の部分として愛されるべきであろう。

いうまでもなく、ローマ人がストイシスムを採用して、これをもまた貶しめるべきだと信じたとき、彼らは傲慢にもとづく無感動をもって愛に替えてしまった。今日でもまだ一般的なのだが、ストイシスムとキリスト教は対立するという偏見はここに由来する。ところがこの両者は双生の二思想なのである。三位一体の位格(ペルソナ)を示す名称、ロゴスやプネウマは、ストア派の用語から借用されたものである。ある種のストア派の理論を知るならば、新約聖書のいくた謎めいた章句がはっきりと明らかになる。この二つの思潮のあいだには、その類縁関係のゆえに交流があったのである。両者の中枢には、謙遜、服従、愛が見出される。

しかし多くのテキストから、ストア的思潮は、極東にいたるまで、古代世界全体にひろがる思潮であったことが指摘される。かつて全人類は、われわれが置かれている宇宙が完全なる服従以外のなにものでもないという想念の眩暈のなかに生きていたのである。

ギリシア人は、科学のなかにその輝かしい確認を見出して陶酔した。それが彼らの科学にたいする熱中の原動力をなしていたのである。

科学的探究における知性の働きは、非物質的な、力ならざる関係の網目として物質を支配する必然を想念のうちにあらわにしてくれる。この必然が完全なかたちで理解されるのは、それらの関係が完全に非物質的なものとしてあらわになったときである。そのときそれらの関係は、力に服しない魂の一点から発する、高度で純粋な精神集中の結果として、想念のうちに現前するようになる。人間の魂のなかで力に服する部分は、必要の支配下にある部分である。それらの関係を非物質的な純粋さにおいて理解するためには、いっさいの必要を忘れなければならない。その境地に達するとき、満足が必要にたいして与えられたり拒否されたりする力のからくりが理解できるようになるのだ。

この地上における力は、絶対的に、必然によって決定される。必然は思惟であるところの関係によってつくられている。したがって、この地上を支配している力は、絶対的に、思惟によって支配されている。人間は思惟する被造物である。したがって人間は力に命令するものの側にある。もちろん人間は自然の支配者でも主人でもない。自分がそうであると信じるなら思いちがいだと言ったヒトラーは正しい。しかし人間はその主人の息子であり、長子である。科学がその証明である。金持ちの家の息子は、小さいあいだ、多くのことにかんして召使いに服従する。だが父親の膝のうえで、愛によって父親と一体になるときには、その権威の分け前にあずかるのだ。

自己自身の思惟、自己の個人的な思惟に魂が満たされているのを黙認するかぎり、その人間は、おのれの思惟の一番深奥のところまで、完全に必要の拘束と力のメカニックな働きとに服している。そうではないと信じるなら、彼は誤謬に陥っているのだ。しかし真の精神集中によって魂を空虚ならしめ、そこに永遠の英知への想念を流入させるならば、すべては変わってくる。そのとき彼は、自己のなかに力をも服従させる思惟を宿すことになるのだ。

関係の本質と、その関係を理解するために不可欠な精神集中の本質とは、ギリシア人の眼にとって、必然が実際に神への服従であることの明証であった。彼らはまた、もう一つ別の明証をも有していた。それは、画家の署名が画布のなかに書き込まれているように、関係自体のなかに刻み込まれている象徴であった。

ギリシアの象徴学は、半円のなかに直角三角形を描く可能性を発見したとき、ピュタゴラスは歓びのあまり犠牲(いけにえ)を捧げたという事実を説き明かしてくれる。

ギリシア人の眼からすると、円は神の象りであった。自己にそって回転する円は、なにものも変化せず、完全に自己のうえで完結する運動だからである。円運動の象徴は彼らにおいて、三位一体の位格間の関係をもたらした永遠の行為の観念を通じて、キリスト教の教義のなかに入ったのとおなじ真理を表現していたのである。

比例中項は、彼らからみて、神とその被造物とのあいだの聖なる仲介の象りであった。ピュタゴラス学派の数学的探究は、おなじ等比級数に属しない数のあいだの、たとえば一と非平方数とのあいだの比例中項を探し出すことを目的としていた。直角三角形が彼らに解決をもたらした。直角三角形はあらゆる比例中項の源泉である。しかしそれが半円のなかに内接しうるようになるや、円がかわってその役割をもつようになる。かくて神の幾何学的象りである円は、聖なる仲介の幾何学的象りの源となる。かかるすばらしい出会いは犠牲(いけにえ)を捧げるに値いしたのである。[38]

こうして幾何学は、物質のなかで作用する諸力にかんする知識を与えると同時に、神と被造物のあいだの超自然的関係について語る二重の言語となる。それは、解読前も解読後もひとしく首尾一貫していると考えられる暗号文字のごときものなのである。

象徴への関心はわれわれの科学からすっかり姿を消してしまった。しかしながら、すくなくとも、集合論や積分学のような近代数学のいくつかの分野のなかに、円や垂線の象徴のように明晰で、美しく、精神的意味に満ちた象徴を容易に読み取ることができるのであって、そのためにはしかるべき努力をすればこと足りるはずである。

現代の思考から古代の英知まで、人びとがそれをたどろうとさえするならば、道は短く、直接につづいているのだ。

現代の哲学のなかには、ほとんどいたるところに、さまざまなかたちで、完全なる感覚論を準備しうる分析が姿を見せている。かかる理論が啓示してくれると思われる基本的真理は、感覚によって知覚される対象の実在性は、感覚的印象のなかにではなく、印象が予兆をなす必然のなかに宿っているということであろう。

われわれが住んでいる感覚的世界は、必然以外の実在性を有しない。そして必然とは、高度に純化された精神集中によって支えられないとたちまち消え去ってしまう諸関係の結合である。われわれの周囲の世界は、肉体にたいして物質的に現前する思惟である。

科学は、そのさまざまな分野において、いっさいの現象を通じ、数学的関係ないしは数学的関係に類似した関係を把握する。永遠の数学、二つの目的をもったこの言語は、世界の秩序がそれによって織られる素地である。

いっさいの現象は、エネルギーの分配における変化であり、したがってエネルギーの法則によって決定される。だがいくつもの種類のエネルギーがあり、それらは高等下等の序列がつけられている。メカニックな力、たとえば、われわれがたえず束縛を感じている、ニュートンの言う意味での重力ないし引力は、一番高等な種類に属するとは言えない。触知されず、重さを有しない光は、重力の存在にもかかわらず、樹木や小麦の茎を上にむかって育てあげてゆくエネルギーである。われわれは小麦や果実に含まれている光を食い、かつ内部に入ったその存在は、立って働く力をわれわれに与えるのである。

ある種の条件のもとでは、極小のエネルギーが決定的なかたちで作用する。一点が均衡を保ちえないほど重い固体は存在しない。一つの固体は、ただ一つの点によって支えられ、その点が重力の中心であるかぎりにおいては落下しないからである。ある種の化学変化は、ほとんど目に見えないバクテリアの作用を条件としている。触媒はほとんど知覚できないほどの物質の断片であるが、その存在は別の化学変化のために不可欠である。また、ほとんど同一の組成の他の微小な断片が、その存在によって、抑制にやはり決定的な力を発揮する。最近発見された医薬のうちでもっとも強力なるものは、このメカニスムのうえに成り立っている。

かくして、ひとり数学ばかりでなく、ここでいちいち指摘しようとは思わないが、科学全体が超自然的真理の象徴的な鏡なのだ。

最近の心理学は、魂の研究を一つの科学にしようとのぞんでいる。もうすこし正確なものになれば、その目的を達することもできよう。そのためには、あらゆる物質にたいして有効な、「なにものも消滅せず、なにものも創造されない」というラヴォワジエの公理に結びついた心的物質の概念を基礎とせねばなるまい。言いかえるなら、もろもろの変化は、形体の変化であって、そのしたにあるものが存続しているか、あるいは、けっして単に見えるとか見えなくなったというのとは別のかたちで、位置の移動がおこなわれたかである。さらに制限の概念を導入し、魂の地上的部分にかんしては、すべてが有限で制限されており、涸渇が可能であることを原理として措定しなければならない。最後に心的諸現象は、物理的諸現象とおなじように、エネルギーの配分と質における変化であり、エネルギーの法則によって決定されるという仮定のもとに、エネルギーの概念をも導入しなければならない。

社会科学を樹立しようとする現代的努力もまた、もうすこしの正確さが得られるならば実を結ぶであろう。そのためには、大きな動物というプラトン的概念〔『国家』第六巻四九三〕、ないしは、けものという黙示録的概念を基礎としなければならない。社会科学は大きな動物の研究であり、その解剖学、生理学、自然反射や条件反射、馴化の難易などについてこまかく記述しなければならない。

魂の科学と社会科学はどちらも、超自然の概念が科学的概念として科学のなかに導入され、そのなかで厳密に定義され、きわめて正確なかたちで取り扱われるようにならないかぎり、その実現はまったく不可能であろう。

もし人間にかんする諸科学が、このように数学的厳密さを有する方法によって樹立され、同時に信仰との関連のうちに保たれるならば、もし自然科学と数学とのなかで、象徴的解釈がかつてとおなじ位置を回復することができるならば、この宇宙のなかに確立されている秩序の統一性は、最高度の明白さのうちに姿を現わすであろう。

世界の秩序は世界の美である。世界を構成している必然的諸関係を理解しようとする場合と、世界の輝きを観想しようとする場合と、異なるのはただ注意の用い方のみである。

神にとって永遠の英知であるものと、宇宙にとって完全な服従であるものと、われわれの愛にとって美であるものと、われわれの知性にとって必然的諸関係の均衡であるものと、われわれの肉体にとって暴力であるものとは、ただ一つの、おなじものなのである。

今日、科学、歴史、政治学、労働組織、およびローマ的穢れを受けているかぎり、宗教さえも、人間の思考に暴力しか提供しない。われわれの文明とはそのようなものである。かかる樹はそれにふさわしい実をむすぶ。

真理への回帰は、なかんずく、肉体労働の真理を明らかにするであろう。

原著編者注――以下に収録された部分は、初版刊行直後、シモーヌ・ヴェーユの草稿のなかに発見されたが、あきらかに本文の最後の文章に接続するものなので、われわれとしては、再版の機会にこれを付加しないわけにはいかないと判断した。

すすんで同意された肉体労働は、すすんで同意された死についで、服従の美徳のもっとも完全なる形態である。

『創世記』の物語〔三・一六―一九〕が示している労働の懲罰的性格は、刑罰にたいする正当な観念なしには理解されにくかったものである。この部分にわずかなりと労働にたいする軽蔑を読むならば誤りである。むしろこの物語は、肉体労働が他のいっさいの活動以上に尊ばれていたきわめて古い文明から伝えられたものであろう。

さまざまな手掛りを通じて、かかる文明が存在していたこと、および、きわめて古い時代には肉体労働がとりわけ宗教的活動とされ、そのため聖なるものと考えられていたことがうかがえる。ローマ以前の全古代の宗教である秘教祭儀は、そのいっさいが、農耕から引き出された救霊にかんする象徴的表現のうえに成り立っていた。おなじ象徴主義が福音書の譬えのなかにも見出される。アイスキュロスの『プロメテウス』におけるヘファイストス[39]の役割は鍛冶屋の宗教の想起であるように思われる。プロメテウスは、はっきりキリスト――地上に火を投じにやってきて、十字架にかけられた贖い主としての神——の永遠の投影である。福音書においてもギリシアの象徴主義においても、火は聖霊の象りである。いい加減なことをけっして言わないアイスキュロスは、プロメテウスによって人間に与えられた火は、ヘファイストスひとりの所有物であると語っている。これは、ヘファイストスが火の人格化であることを示しているものと考えられる。ヘファイストスは鍛冶屋の姿をとった神なのだ。鍛冶屋の宗教は、鉄を柔軟なものにする火のなかに、人間の本性にたいする聖霊の働きの表象を認めていたのだと想像される。

おそらく、同一の真理がいくつもの象徴体系によって表現され、しかもその各体系がなんらかの肉体労働に配分されて、それから信仰の直接的表現をつくり出していた時代があったと考えられる。とにかく、旧約聖書を含めて古代の全宗教的伝統は、各職業はもともと神によって直接に教えられたものだとしている。またその大部分が、神はこの教育的使命のために托身したと主張している。たとえばエジプト人によれば、オシリス[40]の托身はかかる実際的教育と受難による贖罪とを同時に目的にしたものと考えられていた。

極度に神秘的なこれらの物語に含まれている真理がいかなるものであれ、神によって職業が直接に教えられたとする信仰には、職業の行使がとりわけ神聖なる活動であった時代の思い出が含まれているのだ。

しかしながら、ホメーロス、ヘシオドス、古典時代のギリシア、および、われわれが他の古代文明にかんして有しているわずかの知識のなかには、かかる思い出の痕跡は残っていない。ギリシアにおいては、労働は奴隷の仕事であった。すでにヘラス人の侵入以前、ペラスギ人[41]の時代にもそうであったか、秘教祭儀がはっきりと、その密教的教説のなかに労働が尊ばれていた時代の思い出を残していたか、これらの問題については知りうべくもない。ただ古典ギリシアの初頭にはすでに、肉体労働をのぞくすべての人間活動が聖なるものとされた文明形態、美術、詩、哲学、科学、政治がいわば宗教と区別されていなかった文明形態の終焉が見られるのである。それから一世紀ないしは二世紀後、われわれにはよく識別できないが、とにかく金銭がそのなかで大きな役割を演じているメカニスムによって、これらいっさいの人間活動はひたすら世俗的なものとなり、あらゆる精神的霊感を絶たれてしまった。残存したわずかの宗教は、尊崇と関係のある場所に押し込められてしまった。当時において、プラトンはすでに遠くなった過去の生き残りであった。ギリシアのストア派は、おなじ過去のいまだ生き残っていた火花から噴出した焔であった。

無神論者で唯物論者の国民であるローマ人は、彼らが占拠した地域に残存していた霊的生命を一つ残らず根絶した。キリスト教を採用するにあたっては、その霊的内容をからにしてしまった。彼らの支配下においては、いっさいの人間活動が無差別に奴隷の仕事とされた。ついに彼らは奴隷制度からいっさいの現実性を奪い去るにいたり、その結果あらゆる人間を奴隷状態に陥れることによって、奴隷制の消滅を準備することになる。

いわゆる蛮族たち——おそらくその多くはトラキアの出身で、そのため秘教祭儀の霊性によって培われていた——は、キリスト教を真面目に考えた。その結果、キリスト教文明が出現しそうになったのである。十一世紀と十二世紀にはその約束が現われる。その輝きの主要な中心をなしたロワール河以南の諸地方は、キリスト教的霊性と古代的霊性の双方にうるおされていた。すくなくとも、アルビ派がマニ教徒であり、彼らがペルシア思想のみならず、グノーシス派、ストア派、ピュタゴラス派、およびエジプトの思想に発しているというのが事実であるとするならば。当時発芽中だった文明は、奴隷制の穢れにまったく染まっていなかったはずである。また職業は中枢に据えられていたはずである。

マキアヴェリが十二世紀のフィレンツェについておこなっている描写は、現代の言葉で組合民主主義と呼ばれるべきものの原型である。トゥールーズでは、騎士と労働者とが手を取り合ってシモン・ド・モンフォール[42]と戦い、彼らに共通のおなじ霊的資産を防衛しようとした。その懐胎期間中に創始された同業組合は宗教的制度であった。また当時の芸術が、もっともよい時期のギリシアにおけるように、信仰と不可分のものであったことを認識するためには、ロマネスク様式の教会堂の一つを見るなり、グレゴリオ聖歌の旋律の一つを聞くなり、南仏吟遊詩人の完璧なる詩の一つか、あるいはむしろ典礼のテキストを読むなりすれば十分であろう。

しかしながら、キリスト教的光明が生活全体を照らすがごときキリスト教文明は、教会による人間の奴隷化というローマ的観念が排除されてはじめて可能となるべきものであった。聖ベルナルドゥスがアベラルドゥスに挑んだ執拗なる戦いと勝利とは、この道がいかに遠いものであったかを示している。十三世紀の初頭、まだ形成途上にあったこの文明は、その主要なる中心地、すなわちロワール河以南諸地方の徹底的弾圧と、宗教裁判所の創設と、正統性という観念による宗教思想の圧殺とによって消滅した。

正統性の観念は、魂の善にかんする領域、つまり外的権威にたいする思考の無条件的服従の領域と、知性が自由であるべき、世俗的と呼ばれていることがらにかんする領域とを厳重に分離することによって、キリスト教文明の精髄たるべき宗教性と世俗性との相互滲透を不可能にしてしまった。毎日のミサにおいて、わずかの水が葡萄酒に混ぜられていても無駄だということになる。

十三世紀、十四世紀、十五世紀の初頭は、中世の衰亡期である。誕生するいとまを持たなかった一文明はしだいに解体して死滅し、単なる萌芽にとどまったその芽はしだいにひからびていった。十五世紀にいたって、最初のルネサンスが訪れる。それは、前ローマ的文明と十二世紀精神の復活のかすかな予感のごときものであった。真のギリシア、すなわちプラトンとピュタゴラスとは、当時において宗教的尊崇（そんすう）の対象であり、その尊崇はキリスト教的信仰と完全なる調和のもとに融合していた。しかしこの精神態度はきわめて短期間で終わった。

やがてこれと逆方向をめざす第二のルネサンスが訪れる。われわれが近代文明と呼んでいるものを生み出したのはこのルネサンスである。

われわれはこの文明をきわめて誇りにしている。だが、それが病んでいることを知らないわけではない。またすべての人たちが、その病気の診断において意見の一致をみている。すなわち、肉体労働とそれを実行する人びとにいかなる地位を与えるかを正確に知らないゆえに病んでいるのである。

多くの知性が暗中模索しながら、この問題にかんして脳漿をしぼっている。どこから手をつけたらよいのか、どこから出発したらよいのか、なにを手掛りに進んだらよいのか見当がつかないのだ。だからその努力は不毛である。

創世記の古い物語について瞑想し、それを当時の世界、すなわち古代思想の世界に置いてみるのが最良の方向である。

ある人間が犯罪によって善の埒外に置かれた場合、真の刑罰とは、苦痛を介して十全なる善のなかに復帰させることである。刑罰のようにすばらしいものはなにもない。

人間は服従のそとに出てしまった。神は刑罰として労働と死を選んだ。したがって労働と死は、人間が同意によってそれを受け容れるとき、神への服従という最高善のなかに移行することを意味する。

古代におけるように、物質の受動性を神への服従の完成と考え、世界の美を完全なる服従の輝きと考えるなら、このことは輝きわたる自明性となる。

天上において死の神秘的な意味がいかなるものであれ、この世における死は、わななく肉体と思念とからなる存在、のぞみ、憎み、希望し、怖れ、欲し、拒否する存在が、物質の小さな堆積に変貌することである。

この変貌への同意は、人間にとって完全なる服従の至高の行為である。このゆえに聖パウロは、受難にかんし、キリスト自身について語ったのである。「彼はさまざまな苦しみによって従順を学び、そして全き者となった」〔ヘブライ人への手紙五・八〕と。

しかし死への同意は、死がそこに存在するときにしか完全に現実のものになることはできない。それはまた、死が近くにあるときにしか完全さに近づくことはできない。死の可能性が抽象的なかたちで遠くにあるとき、同意もまた抽象的である。

肉体労働は毎日の死である。

労働するとは、おのれ自身の存在を、魂と肉体ともども物質の循環のなかに置き、物質の断片が一つの状態から他の状態へ移行する際の仲介者となり、その道具となることである。労働者は、おのれの身体と魂とをもって、彼が操作する道具の付属品となる。身体の動きと精神の集中とは、道具の要求に従属し、さらに道具自体も製造中の物質に適応する。

死と労働は必然に属することがらであって、選択に属することがらではない。宇宙が人間に糧と熱として与えられるのは、その人間が労力として宇宙におのれを与えるときのみである。しかしながら、死と労働とは反抗のうちに受け容れられることもあれば、同意のうちに受け容れられることもある。その赤裸々な真実のうちに受け容れられることもあれば、虚言に包まれたかたちで受け容れられることもある。

労働は人間の本性に無理を強制する。ある場合には、自己を消費しようとのぞみながら、そのはけ口を見出せないほどの若々しい活力の横溢がある。しかしある場合には、疲労困憊があるのだ。そのとき意志は、きわめて苦しい緊張という代償を払って、肉体的エネルギーの不足をたえず補わなければならない。思惟をあらぬかたに引き寄せる数多くの気遣いや憂悶や不安、数多くの欲望や好奇心が存在する。単調さが厭悪感をつのらせる。時間がほとんど耐えがたい重みをかけてくる。

人間の思惟は時間を支配し、いかなる間隔をも乗り越えて、たえず過去と未来とをすばやい速度で駆けめぐる。しかし労働する人間は、一瞬から他の一瞬へと順を追って進んでゆく物質とおなじように時間に服従する。とりわけこの点で、労働は人間の本性に無理を強制する。《時間はなかなかたたない》という表現によって労働者が労働の苦痛を表現するのはこのゆえである。

死への同意は、死が赤裸々なかたちで現前し、目に見える場合、各人が《自己》と呼んでいるものからの、瞬間的で最終的な離脱を意味する。労働への同意はこれほど烈しいものではない。しかしながら、その同意が完全なものである場合、それは人間の一生を通じて、毎日、朝ごとに繰返される同意となる。そして、毎日それは、夕方まで持続し、翌朝に繰返され、しばしば死まで延長されてゆくことになる。毎朝、労働者は、その日のあいだと一生涯のあいだにわたって、労働に同意を与える。悲しかろうと楽しかろうと、気遣いがあろうと遊びに飢えていようと、疲労していようと活力に満ち溢れていようと、彼は労働に同意するのだ。

死への同意についで、労働を生命の保持に欠くべからざるものとなす法則への同意は、人間が遂行するように求められている服従のもっとも完璧なる行為である。

そうなると、人間の他の活動、部下の指揮、技術的計画の立案、芸術、科学、哲学、その他もろもろの行為は、霊的な意味において、すべて肉体労働より下位に置かれることになる。

よく秩序立てられた社会生活のなかで肉体労働が占めるべき位置を決定することは容易である。肉体労働は社会生活の霊的中心でなければならない。

【訳注】

（1）一一一九年、エルサレムに結成された騎士修道会。厳格な規律のもとに修道生活を営み、かつパレスチナの治安維持に当たった。聖地が回教徒に奪われたあとはフランスに本拠を移した。時代とともに富裕になり、国王などにしばしば融資したといわれる。フィリップ美男王の差しがねでいわれのない告発を受け、一三一二年、教皇によって解散させられ、その財産は没収された。

（2）ジョワシャン・デュ・ベレー『悔恨詩集』（一五五九）、ソネット九。

（3）一八七〇年七月、フランス大使はエムスに滞在中のウィルヘルム一世と会見し、ホーヘンツォレルン家がスペイン王位継承権を主張しないむね確約してほしいと申し入れた。ウィルヘルム一世はこれを丁重に断わった。エムスからこの会見の模様を知らせる電報を受け取ったビスマルクは、故意に内容を変え、プロイセン王がフランス大使を侮辱したかのように報道させ、ナポレオン三世をしてプロイセンに宣戦布告せざるをえない立場に追い込んだ。

（4）南無阿弥陀仏のこと。梵語では、namo'mitāyurbuddhāya, namo'mitābhābuddhāya（帰命無量寿仏、帰命無量光仏）。

（5）トリポリは、一九一二年以後イタリアのリビア植民地に併合され、第二次大戦中はロンメル将軍麾下の独伊軍によって防衛されていた。一九四三年一月、ルクレール将軍の率いるフランス軍の支援を受けたイギリス軍が占領した。

（6）一八八一年生まれ。ソルボンヌ大学教授となり、一九四一年ヴィシー政府の国民青年教育相となった。解放後告発されたが、公訴棄却となり、ソルボンヌ大学名誉教授の称号を受けた。

（7）ここでいうエリコは、前一二〇〇年頃ヨシュアの率いるイスラエルの民によって滅ぼされたカナーン文化の都市。

（8）パレスチナ南西部にあった古都で、ペリシテ人の五都の一つ。サムソンによって破壊され、のちにアレクサンドロス大王に占領された。

（9）ともに紀元前十一世紀から七世紀にかけて栄えたフェニキアの商業都市で、アッシリア、バビロニア、アレクサンドロス大王、ローマによって、なんども征服破壊された。
(10) スペインの都市。ローマに従わず、長期にわたってローマ軍の攻撃に耐えたが、スキピオ・アフリカヌス(小)によって滅ぼされた。
(11) シチリアは紀元前八世紀頃からギリシア人の植民活動が盛んで、それ以前から定住していたフェニキア人とのあいだでしばしば勢力争いがおこなわれていたが、カルタゴの全盛期に、その攻撃を受けて諸都市は破壊された。
(12) ヴェルサンジェトリックスは、ローマ軍に兵糧を与えぬためにガリアの町を数多く焼いたが、「ガリアを通じてもっとも美しく、部族の護りでもあり誇りでもあった」(『ガリア戦記』七巻)アウアリクム(ブールジュ)だけは、住民の願いを容れて防衛することに決したという。
(13) 三世紀前半のギリシアの作家、哲学史家。主著は『哲人伝』。
(14) 一八五九―一九三三。コレージュ・ド・フランス教授、ガリア史の権威。主著は、『ガリア史』、『ヴェルサンジェトリックス』。
(15) ラ・フォンテーヌ『寓話詩』七巻。ペストを神の怒りとみなした動物たちが、その怒りを解くために仲間のうちでもっとも罪深い者を犠牲(いけにえ)にしようと、法廷をひらく。ライオンをはじめ残虐な猛獣どもが罪を告白するが、だれもそれを咎めない。最後にろばが他人の牧場の草を食べてしまった告白をすると、こぞってそのろばを最高の悪人としてしまった。強者の裁判の意。
(16) ルキウス・コルネリウス・スラ(前一三八―七八)。はじめはマリウスの部下として戦功を立てたが、のち彼と争い、ついにその与党を破って独裁官となった。マリウス時代の民主的制度を制限し、反動支配確立のために恐怖政治を強行し、護民官の立法権、拒否権を制限するなど、諸種の法令を定めた。
(17) 前五九―一七。四十数年をついやして厖大な『ローマ建国史』一四二巻(現存三五巻)を著した。アウグストゥス時代の高揚した国民精神を反映し、黄金時代のラテン文学の白眉と称されている。
(18) ローマ時代の《追放》とは、法律上の手続きを経ずして人を死刑ないしは追放に処し、その財産を没収して競売に付すことを意味する。オクタヴィアヌス、アントニウス、レピドゥスによる第二次三頭政治時代（前四三―前三一）には、カエサルの暗殺者たちや共和主義者たちがこの処分を受けた。

(19) 前五二〇頃―四六八頃。アテナイの政治家。清廉をもってきこえ、正義の人と称された。テミストクレスと争って陶片追放を受けたが、ペルシア軍の侵略に際して呼び戻され、サラミスの海戦とプラタイアイの戦いを指揮してアテナイに勝利をもたらした。デロス同盟以後はスパルタの指導を排してアテナイの覇権を確立し、公明正大に重責を果たしたが、赤貧のうちに死んだ。

(20) 前四〇九―三五四。シュラクサイの貴族。プラトンの讃美者で、甥のディオニュシオス二世に理想政治をおこなわせようとプラトンを宮廷に招いたが、かえってふたりとも追放された。のち、アカデメイアに出入りして名声を博し、ついで軍を率いてシュラクサイに戻り、王を追放して支配者になった。権力を奪われた富裕階級から憎まれて非業の死を遂げた。

(21) スパルタ王、アギス四世（前二六二頃―二四一）をさす。極端な貧富の差と土地所有の集中を除くため、負債の帳消しと土地再分割をおこなおうとしたが、レオニダスなどの反対を受け、死刑に処せられた。

(22) アリオスト（一四七四―一五三三）は、父の死後、弟妹を養育せねばならず、若くしてエステ家の枢機卿イポリット一世に仕えたが、経済的には冷遇された。のち、枢機卿の弟、エステ公アルフォンソ一世に仕えた。

(23) ヴェルギリウスの『アイネイアス』は、ホメーロスに範をとって、ローマ帝国の起源と建国の由来を高らかに歌う国民的叙事詩で、アウグストゥスから庇護と期待が与えられたが、詩人の死で未完に終わった。

(24) モンテーニュは、ボルドー高等法院時代、ラ・ボエシーと深い友情を結び、かつ、そのストア主義の影響のもとにあった。彼が真の自己を発見したのは、ラ・ボエシーの死によって、友人の精神的呪縛から解放されて以後のことだといわれる。

(25) 一八六九―一九一七。フランスの生物学者。パストゥール研究所からブラジルに派遣され、黄熱病研究所を設立した。のち、パリ大学教授となり、実証主義とラマルク説を擁護する多くの著作を発表した。

(26) ジョゼフ・ボノ（一八七六―一九一二）を首領とするアナーキストのギャング団に当時の新聞が与えた名称。一味は銀行襲撃や殺人など血腥い数々の犯罪をおかし、その大半は武装警官隊によって殺された。

(27)『アタリー』第一幕二場。ラシーヌの原文では、「不用意と誤謬の霊」とある。

(28) 一〇四三頃―九九。スペインの国民的英雄。カスティリア王サンチョ二世とナバラ王サンチョ四世との戦いでは、前者に味方し、ついでその後継者アルフォンソ六世に仕えたが、追放され、諸国を流浪したのち、サラゴッサにいたアラブ王に仕えて功を立てた。のち、アラブ人の支配していたバレンシアを攻略し、同地方およびムルシアを統治したが、アル・ムラビット朝の王ユースフに襲われて戦死した。

(29) 一五六二―一六三五。スペインの黄金世紀の劇作家、詩人、小説家。史上稀有の多作家で、史実に題材を求めた国民劇や、筋の変化の妙に重きをおいた恋愛喜劇を多数残した。彼の史劇には、庶民の権利や正義のために面目を立てる王を主題としたものが少なくない。

(30) スペイン王フェリーペ五世（一六八三―一七四六）のこと。スペイン・ハプスブルグ家のカルロス二世には後継者がなかったので、ルイ十四世は、血縁関係によってその王位継承権を主張し、ドイツ皇帝と争って、一七〇一年、ついに孫のフィリップをスペイン王とすることに成功した。このためいわゆるスペイン王位継承戦争がはじまったが、一七一三年、ユトレヒト条約が締結され、フランスとスペインが合併しないことを条件として、ブルボン家のスペイン王位継承が認められた。

(31)『年代記』、『歴史』を著したタキトゥス（五五頃―一一五以後）は、法務官、統領、アジア属領の長官を歴任し、当時の政治に実際に参画した。思想的には元首制に反対で、共和政時代を理想とし、首都ローマにおける帝政の暗黒面を刻明に記録した。

(32) ペルシアの宗教。ミトラは光の神であると同時に、豊饒多産と平和の神であり、かつ契約と正義の神として死後の霊を裁いた。起源は遠く紀元前十四世紀にさかのぼるが、一時期ゾロアスター教によって抑えられた。前五世紀頃に復活し、太陽神シャマシュと習合し、さらに小アジアではアポロンやヘリオスと習合した。前一世紀頃にはギリシアに達し、秘教祭儀がおこなわれるようになった。ローマ人もこれを受け入れ、ミトラが聖獣とした牛を殺して、岩窟や地下で祭式をおこなっている。

(33) エレウシスはアッティカの聖地で、デメテルとコレー(ペルセフォネ)を祀る神域があった。アテナイとのあいだを《聖道》で結ばれ、右の両女神の豊饒祭儀の中心地をなした。すなわち、ギリシア全土から集められた秘儀少女たちが《エレウシスの秘儀》に参加し、小秘儀は春にアテナイでおこなわれ、大秘儀は秋にアテナイからエレウシスへの行列をもってはじまった。秘儀はおそらく、デメテルがコレー(ペルセフォネ、すなわち冥界の王プルートンにさらわれた少女)を捜す神話の劇化で、ディオニュソス崇拝、あるいはオルフィック教的なものであり、秘儀への参加が死後の幸運を約束する。エレウシスの秘儀への威信を利用して、アテナイは全ギリシアに重きをなした。

(34) 紀元前八六年、ポントゥス王ミトラダテス六世に大勝したスラがおこなった虐殺。

(35) アラゴン王国は、十一世紀に成立して以来、南フランス諸地域と深い文化的、精神的つながりをもっていた。第三王家の祖アルフォンソ二世は、南フランスの独立をめざし、アルビジョワ十字軍と戦って死んだ。その子ヤコボ一世は、一二四五年、モンペリエを残して、プロヴァンス、ラングドックの領土を失ったが、南方および東方に版図を広げ、王国の繁栄をもたらした。息子のペドロがシチリア国王になったのも彼の治世であり、彼は国民から「征服者」と仇名された。この十三世紀、アラゴンは西地中海随一の強国となり、制海権を手中に収め、かつ一二八五年には、ローマ法王マルティヌス四世の組織した「アラゴン討伐十字軍」とアンジュー公の報復をめざすフランス軍を撃退している。

(36) ベルナルダン・ド・サン゠ピエールが自然のうちにみられる絶対的調和を示すものとして挙げている例。彼は、西瓜の皮に縦縞が入っているのは、この果物が家族で分け合うために便利な目印であって、神の摂理によるものであると考えた。

(37) ハガルはアブラハムの婢女。アブラハムの妻サラには子がなかったので、彼女は夫にすすめてハガルによって子を得ようとした。ハガルは主人の子を身ごもると、女主人を見下すようになり、結局、アブラハムのもとを去らねばならなかったが、荒野の泉のほとりで会った神の使いの教えに従い、戻って女主人の手に身をゆだねた。彼女はそこでアラブ民族の祖といわれるイシマエルを生んだ(創世記一六章)。

(38) 一般に二数の幾何平均、すなわち二数の積の平方根を比例中項という。ピュタゴラス派は、造物主と生成の世界とのあいだの仲介者(メディアシオン)として比例中項を求めた。とくに、統一を表わし、神の象徴とされる一(ユニテ)と自然数との比例中項は、彼らのあくなき探究の対象となった。図形のうえでこれに解決を与えたのが直角三角形である。直角三角形の直角の頂点から対辺に下した垂線の長さは、その垂線によって二分された線分の比例中項となる。三平方の定理のみならず、そこから必然的に導き出されるこの特質のゆえに、ピュタゴラス派は直角三角形を尊重した。ところが、その直角三角形が斜辺を直径とする半円にすべて内接するという事実を知ったとき、彼らの崇拝は、神の幾何学的象りである円にいっそう強く向けられることになった。

(39) 火および鍛冶の神で、ゼウスとヘラの子。生来跛足で、ヘラがその畸形を憎んで天上から彼を投げ落とした。鍛冶の業を営み、キュクロペスを助手として、アキレウスの楯、アガメムノンの王笏などを造ったという。

(40) エジプト神話の神、天の神ヌトと地の神ゲブの子。弟である沙漠の神セトに殺され、屍体を粉々にされたが、妻イシスはその断片を集めて蘇生させ、死者の国の支配者として不死たらしめ、子のホルスはのちに父の仇を討ったという。オシリスの性格には二つの面がある。人間のあいだに姿を現わして地を支配し、農耕の技術を教える面と、右の説話が暗示するように、季節の循環を象徴する面とである。ちなみに彼の死は、ナイル河の減水と沙漠の風の吹きはじめる季節を、その復活とホルスの復讐はナイル河の増水と新穀を意味するという。

(41) ヘラス人侵入以前、ギリシアおよびその周辺地域（カリア、クレータ、シシリア、エトルリアなど）に住んでいたとされている先住民族。

(42) 一一五〇―一二一八。アルビジョワ十字軍で勇名を馳せた軍人。トゥールーズ攻囲中に殺された。

訳者あとがき

シモーヌ・ヴェーユが『根をもつこと』の執筆をはじめたと推定される時期は一九四二年の十一月であるが、この時期はまさに、第二次大戦における戦局の転換点に当たっている。連合軍が北アフリカに上陸した結果、それまで北の占領地帯と南の自由地帯に二分されていたフランス本土はともに占領地帯とされ、フランスは完全にその独立性を失い、ドイツ軍の圧制下に置かれて真の苦難のときを迎えることになる。ヴェーユが一時滞在していたニューヨークからロンドンの自由フランス政府に到着したのはまさにこの情勢急転の直後であるが、念願だったフランス本国潜入は許可されず、与えられた部署は、対フランス活動部門であり、その任務は解放後のフランスの将来についての立案だった。この報告書の作製が、少なくとも名目上は『根をもつこと』の出発点と枠組みをなしている。

一九四〇年の敗戦の目撃証人であるヴェーユは、敗戦の原因をはっきりと見抜いて、それを〈根こぎ〉という一語で表現した。〈根をもつこと〉は人間の魂のもっとも本来的な要求であって、人間は自然なある環境(ミリュー)のなかに根をおろし、それを介して周囲に広がる世界や宇宙といきいきと交流することを求める。逆に〈根こぎ〉とは、根を掘り起こされて、天と地、光と重力の循環を断ち切られた植物がその隠喩になるような病患を、人間にたいして、身体的、精神的、社会的、文化的、宗教的、その他の領域にもたらす。これがまさに、きわめて錯綜したかたちでフランスにも生じたことなのである。

ヴェーユはまず、労働者と農民の場合について分析をおこなう。しかし、より注目すべき場合がある。「根こぎと国民」の章で論じられる〈地理学的根こぎ〉と名づけられた現象がそれである。ここで言われる国民（nation）とは、「おなじ国家の権威を認める諸地域」というのがその唯一の定義とされている以上、実質的には国家（état）と同義語である。歴史は、この国民イコール国家がすべての他の諸集団を収奪していったことを教えてくれる。フランスにおいても、ますます強力なものとなってゆく中央集権化は、まず国内の諸集団を根こぎにしたあと、植民地獲得による領土拡大によって占據した土地を根こぎにしてしまった。こうして唯一主役の座についた国家は、その権力と偉大さを讃えるべき絶対的偶像として君臨し、盲目的な忠誠の対象になる。国家にたいするこのような態度は、フランス人がフランスという祖国にたいする正しい愛をいだく妨げになる。祖国（patrie）とは国家のように絶対的なものではなく、さまざまな悪をも含んでいないわけではないが、生きるに不可欠なものを与えてくれるという最大の善をも含んだ中間的なもの（milieu）であって、この意味で一つの生命圏（milieu vital）をなすものなのである。

さて、いまや一九四〇年、一九四三年と国家としてのフランスには棍棒の痛撃が与えられた。この事態にいかに対処すべきか？　祖国というものを念頭に置いて、ヴェーユはつぎのように書いている。「祖国にたいする憐れみは、現在において、うつろな響きを立てない唯一の感情であり、フランス人の魂と肉体が置かれている情況にふさわしい唯一の感情である」と。この時期、過去のフランスの偉大さや栄光なるものを想起することは、なにかその口調にうつろなわざとらしさを伴う。

不幸のなかでのそのような想起は、〈代償作用〉であり、〈悪〉である。いま必要なのは屈辱を認めまいとする感情に打ち克ち、誤った自負を捨て、狂信的な愛国心を排して、祖国の不正義、残虐、虚言、怯懦、偽善をかくさず見すえることである。見すえることは見すてることではないし、愛を失うことでもない。ただ、ときにより多く苦しみ、苦しみの重荷を担ってゆくということである。このように憐れみについて語ったあと、ヴェーユはつぎのように結んでいる。「フランスにたいする憐れみは代償作用ではなく、与えられた苦しみの霊化である」と。この苦しみを伴った歴史の再検討が『根をもつこと』の真の内実をなすのである。

ところで、ここで〈憐れみ〉と仮訳したものの原語は compassion であり、文字通り「受難を共にする」の意味である。ヴェーユは、まさに当然のことのように、祖国の不幸をみずからに引き受け、知的努力ばかりでなく、おのれの身体そのものをもそれに参加させようとする。ロンドンの下宿では、勤務を終えた午後からは自室に引きこもり、寝食を忘れて執筆に専念した。また火の気を断ち、食事もフランス本国での一日の配給量を下回る量しか口にしようとしなかったと伝えられる。さきの引用文につづいて、執筆中のヴェーユの姿を彷彿とさせてくれるような文章も見出される。「それ（フランスにたいする憐れみ）は、寒さや飢えといった、もっとも肉体的な苦しみをも変容させることができる。飢えや寒さに苦しみ、わが身に憐れみをいだこうとする誘惑を受けている人間も、そのような誘惑に屈することなく、みずからの萎縮した肉体を通して、その憐れみをフランスのほうに向けることができる。そのとき、ほかならぬその飢えや寒さが、フランスへの愛を、肉体を通して魂の深奥にまで浸み込ませる……。」

数か月後、疲労と栄養失調が重なって健康状態が悪化、四月中旬、意識を失って入院、急性肺結核の診断が下される。その後も衰弱がすすみ、アシュフォードのサナトリウムに収容され、一週間後の一九四三年八月二十四日に死去した。三十四歳、惜しんで余りある早すぎる死だった。あとには、未完の遺作となった『根をもつこと』の大部な原稿が残されていた。

現在一巻の書物となったこの作品を読み直すとき、現象の背後を見すえる鋭い注意力、得られた結果を整合性ある論にまとめあげるみごとな構成力、これらの作業を支えるすべての領域にわたる厖大な知識量など、すぐれた良質の作品に共通する特性をすぐさまそこに見出すことができる。しかしそれ以上のものがある。それは、著者の魂の純粋さの反映であろうが、ときに行間から放散してくる光とも言うべきもの、読む者の心を揺るがさずにはおかないその輝きである。これは現代において稀有とされる貴重な価値というべきであろう。

本訳書は、最初、シモーヌ・ヴェーユ著作集の一巻として、一九六七年に出版された。底本としては、アルベール・カミュ監修による、Simone Weil "L'Enracinement", Gallimard, Collection Espoir, 1950 を使用した。今回の訳文点検にあたっては、"L'Enracinement", Collection Folio, 2007 をも併せて参照したが、テキストにかんして差異は認められなかった。

なお、一九八八年以降、ガリマール社から全十六巻の全集が年代順に刊行中であるが、残念ながら本書まではいたっていない。厳密なテキスト批判と綿密な註とを特色とするこの全集だけに、本訳書の見直し作業にさぞ有益だっただろうという思いを禁じ得ない。

（二〇〇八・十一・十八）

年　譜

1909 年

2 月 3 日，　パリに生まれる。
父はユダヤ系フランス人の医師，三歳年上にのちに世界的数学者となる兄アンドレがいる。

1917 年（8 歳）

ラヴァル高等中学に入学する。

1919 年（10 歳）

フェヌロン高等中学のクラスに編入学。

1924 年（15 歳）

ヴィクトル＝デュリュイ高等中学哲学級に入学。

1925 年（16 歳）

6 月，哲学に関する大学入学資格試験（バカロレア）に合格。
11 月，高等師範学校（エコール・ノルマル・シユペリウール）の進学準備課程を修めるためアンリ四世高等中学に入学し，同時にソルボンヌ大学に学生として登録する。アンリ四世の哲学教師だったアランの影響をふかく受ける。

1927 年（18 歳）

一種の「民衆大学（ユニヴェルシテ・ポピュレール）」の運動に参加し，無報酬で講義を行う。革命的サンディカリスムに興味をいだく。

1928 年（19 歳）

高等師範学校の入学試験に合格。入学後もアランの講義にはつづけて出席する一方，マルクシズムに興味を持ちはじめる。

1931 年（22 歳）

7 月，高等師範学校を終え，大学教授資格（アグレガシヨン）試験に合格。ル・ピュイ女子高等中学の哲学教授に任命され，赴任。

12月，失業救済事業に関するル・ピュイの労働者の要求を支持して，市長に面会を求める陳情団に同行し，「ル・ピュイ事件」の主謀者と目される。

1932年（23歳）

7月，ナチズムの台頭を調査するためのドイツ旅行に出発する。

10月，オセール女子高等中学に赴任する。

1933年（24歳）

オセール女子高等中学からロアンヌの女子高等中学への転勤を命ぜられ，赴任。

1934年（25歳）

6月，文部省に個人研究のため10月以後一年間の休暇を願い出る。

重要論文「自由と社会的抑圧にかんする諸原因についての考察」を完成。

12月4日，パリのアルストン電機会社ルクルブ工場に女工として雇われる。

12月25日，疲労のために倒れる。

1935年（26歳）

2月，職場に復帰するが疲労と頭痛はつづく。

3月，ふたたび倒れる。

4月，アルストン電機会社を解雇。パリ近外ブーローニュ・ビランクールのカルノー鉄工所に職を見つける。

5月，雇用契約が切れ，同時に疲労のために倒れる。

6月，ブーローニュ・ビランクールのルノー自動車工場に雇われる。

7月，ルノー工場をやめる。

8月，両親とともにポルトガルで夏を過し，ある漁村でキリスト教との最初の出逢いを経験し，この宗教が深く「奴隷の宗教」であることを確信する。

1936年（27歳）

8月，スペイン内戦に義勇兵として参加するためスペインに入国，エブロ河沿岸の前線に赴く。

部隊の渡河作戦に際し後方に炊事当番として残され，煮えたぎった油

鍋に片足を突っこみ火傷を負う。帰国。

10月，身体の衰弱はげしく復職は不可能である旨の理由書を添えて，休職願いを提出。

12月，健康状態回復せず，休職延長を請願，受理される。

1937年（28歳）
1月，スイス，モンターナに静養にいく。
モンターナよりイタリア旅行に出発する。キリスト教との第二の出逢い。アッシジのサンタ・マリア・デリ・アンジェリ小聖堂ではじめてひざまずく。
10月，復職して，サン・カンタンの女子高等中学に赴任する。

1938年（29歳）

1月，偏頭痛悪化のため休暇願いを文部省に提出し受理される。

3月，復活祭の前後十日間をソレームの修道院で過す。キリスト教との第三の出逢い。はげしい頭痛のうちにキリストの受難についての啓示を受ける。

6月，一ヶ月半にわたり二回目のイタリア旅行。

10月，サン・カンタンに帰り復職する。

1939年（30歳）
7月，文部省に一年間の休暇を願い出て受理される。両親の滞在していたジュネーヴに出発する。
9月，英仏がドイツに宣戦を布告し，第二次大戦はじまる。開戦とともに急いでパリへ帰る。

1940年（31歳）
6月，ドイツ軍の大攻勢はじまり，パリをあとにする難民の群れに投じ，南に向かう。ヴィシーにいたり，以後二ヶ月，両親と同地に留まる。
10月，ヴィシーからマルセーユに移る。
11月，文部大臣にあてて復職願いを提出するが，無回答に終わる（ユダヤ人にたいする教授資格剥奪の決定のためだった）。

1941年（32歳）
6月，マルセーユのドミニコ会修道院長ジャン＝マリ・ペラン神父と

信仰を結び，しばしば議論を闘わせる。

8月，かねてからの希望であった農民生活を送るために，ペラン神父に紹介され，農民哲学者ギュスターヴ・ティボンをアルデッシュ地方サン＝マルセルの農場に訪れる。ここで昼は労働し，夜はティボンを相手にキリスト教について語りあう。

9月，近隣の村の葡萄の取り入れを手伝い，農業労働者として働く。

1942年（33歳）

5月，アメリカ経由でロンドンに向かう意図をいだき，両親とカサブランカに向かってマルセーユを離れる。

6月，ニューヨークに到着する。

7月，アンリ四世高等中学の同級生モーリス・シューマンがロンドンの「自由フランス」に参加していることを知り，ロンドンに呼んでくれるよう手紙を書く。

11月，ロンドンに向けてニューヨークを去り，リヴァプールに到着する。

1943年（34歳）

1月，ロンドン，ポーランド通りに下宿する。

ド・ゴール将軍率いる「自由フランス」の文案起草者となる。『根をもつこと』所収の諸論文が執筆される。

4月，疲労と栄養失調のため健康状態悪化，ロンドンのミドルセックス病院に入院させられる。

8月，ケント州アシュフォード在グロスヴェナー・サナトリウムに移る。

8月24日，グロスヴェナー・サナトリウムにて死去。享年34歳。

8月30日。アシュフォードの墓地に埋葬される。

著者紹介

シモーヌ・ヴェーユ（Simone Weil）
1909年生まれ。フランスの思想家。リセ時代アランの教えをうけ、哲学の教職についたが、労働運動に深い関心を寄せ、工場に女工として入り8ヶ月の工場生活を体験。36年スペイン内戦では人民戦線派義勇軍に応募。40年独仏戦のフランスの敗北で、ユダヤ人であるためパリを脱出。その頃キリスト教的神秘主義思想を深める。42年アメリカに亡命、自由フランス軍に加わるためロンドンに渡るが、病に倒れ、43年衰弱死する。彼女の生涯と遺作は、不朽の思想として世界の文学者、思想家に深い感銘と影響を与えた。

訳者紹介

山崎庸一郎（やまざき・よういちろう）
1929年生まれ。学習院大学名誉教授。2013年逝去。
著書『テイヤール・ド・シャルダン』（講談社）、『「星の王子さま」のひと』（新潮文庫）、ほか。訳書　ジョルジュ・ベルナノス『悪魔の陽のもとに』（春秋社）、『サン＝テグジュペリ・コレクション』（みすず書房）、ほか。

根をもつこと

1967年9月20日　初　版第1刷発行
2009年2月10日　新　版第1刷発行
2020年8月25日　新装版第1刷発行

著　者　シモーヌ・ヴェーユ
訳　者　山崎庸一郎
発行者　神田　明
発行所　株式会社 春秋社
〒101-0021　東京都千代田区外神田2-18-6
電　話　03-3255-9611（営業）
03-3255-9614（編集）
振　替　00180-6-24861
https://www.shunjusha.co.jp/
印　刷　萩原印刷 株式会社
装　幀　鎌内　文

ISBN978-4-393-32552-0 C0010　　Printed in Japan
定価はカバーに表示してあります

† シモーヌ・ヴェーユの本 †

神を待ちのぞむ

渡辺 秀 訳

あらゆる価値観が崩壊していくいま、〃信じること〃はいかにして可能だろうか？ 教会をこえて、宗教をこえて、信仰のかたちをとうた、シモーヌ・ヴェーユの恩寵のことば。

２２００円

根をもつこと

山崎庸一郎 訳

故郷を失ったぼくらはいま、世界との絆をどうやって回復すればいいのだろうか？ 戦間期の混乱のなか、個人、共同体、国家のあり方をとうた、シモーヌ・ヴェーユの魂のことば。

２５００円

重力と恩寵

渡辺義愛 訳

ぼくらがいま、必要としているのは、パンではなく、詩なのではないだろうか？ 荒ぶる世界において、〃考えること〃を実践しつづけた、シモーヌ・ヴェーユの真実のことば。

２５００円

▼価格は税別。